1

Die Erfahrung des Todes bleibt keinem Menschen erspart. Sei es beim Sterben eines anderen, sei es am Ende des eigenen Lebens - sie kommt unausweichlich auf ihn zu. Und fast ebenso zwangsläufig wird ihm der Tod zur Herausforderung:

Er fordert seinen Intellekt, der um Verständnis eines kaum faßbaren Phänomens ringt. Was ist das - Tod? Wie kommt es, daß mein eigenes Leben irgendwann einfach aufhören soll, während ich bisher nur seine Kontinuität erfahren habe? Ist der Tod das Ende oder gibt es ein Danach? Wenn ja, was vergeht, und was existiert fort? Wie geht es weiter? Welchen Sinn macht es, die Menschen zu verlieren, denen ich tief verbunden bin? Ist der Abschied endgültig?

Da ist außerdem die Herausforderung für die fühlende und wollende Persönlichkeit, die den Tod als Bedrohung und eigene Vernichtung empfindet. Wie kann sie Sterben ertragen, da doch nur Lebenswille ist? Gibt es einen Ausweg, Hoffnung, Hilfe oder wenigstens hinlänglichen Trost? Wie kann ich überhaupt existieren, Pläne machen und für eine Zukunft arbeiten, wenn ein Ende unabdingbar ist?

Der Tod ist Teil der Unzulänglichkeit und der Leidhaftigkeit der Existenz. An ihm wird das Ausgeliefertsein an ein Erleben überdeutlich, dessen Gesetze wir nicht kennen und gegen das sich alles in uns sträubt. Wir können uns nicht damit abfinden und suchen nach einer Alternative.

> *„Versunken bin ich in der endlosen Kette*
> *von Geborenwerden, Altern und Sterben und*
> *Wiedergeborenwerden, Altern und Sterben,*
> *in Leiden versunken, in Leiden verloren.*
> *O daß es doch einen Ausweg geben möge,*
> *um dieser Leidensmasse zu entrinnen."*
> (M 29, nach Debes: Meisterung, S. 330)

Die Tatsache der Sterblichkeit zwingt nicht zu Resignation und Hoffnungslosigkeit. Für tiefer Denkende ist sie immer Ansporn gewesen, den Geheimnissen des Lebens auf den Grund zu kommen und dessen Sinn zu entdecken, vielleicht sogar zur Meisterung des Daseins zu finden. Antworten haben Philosophie und Religion seit jeher geliefert: spekulative, dogmatische, begründete und unbegründete, partielle und umfassende; solche, die den Verstand, und solche, die das Gefühl befriedigen.

Die Lehre des Buddha macht keine Ausnahme, sofern auch sie Antwort geben will. Sie behauptet jedoch, vollständig zu sein, auf Erfahrung zu beruhen und für jeden prinzipiell nachvollziehbar zu sein. Sie will Vernunft und Gemüt zufriedenstellen. Sie will Verstehen und praktische Problembewältigung ermöglichen. Sie will Leben und Sterben nicht nur deuten oder den rechten Umgang mit Sterbenden und dem eigenen Tod lehren. Sie macht darüber hinaus die Todlosigkeit zu ihrem eigentlichen Gegenstand:

„Öffnet euer Ohr, das Todlose ist gefunden.“ (M 26)

Eine kühne Behauptung ist das, mit der sich gerade der Europäer schwer tut. Allzu schnell reiht er sie in ein gängiges Raster ein und macht sie zum Ausdruck von irrationalen Hoffnungen und unerfüllbaren Wünschen oder einer überholten unwissenschaftlichen Betrachtungsweise. Sie gilt als bloße mythologische Vorstellung oder bildreiches Phantasiegebilde, besonders, wenn sie mit der Beschreibung eines nachtodlichen Daseins einhergeht. Dennoch erhebt der Buddha seinen unüberhörbaren Anspruch, erfahrene Wirklichkeit mitzuteilen. Ein Wissen, das in der Welt von großer Seltenheit ist, aber geeignet, alle Krankheit des Daseins zu heilen und den Tod völlig zu überwinden.

„Ja, was man hier gar selten sieht,
Nicht oft erscheinen in der Welt:

Ein Erwachter - der bin ich,
Der beste Künstler, beste Arzt.

Ich bin das Heil, ich bin der Herr,
Zerstörer aller Sterblichkeit:
Die Feindschaft hab' ich ausgesöhnt
Und lächle heiter, fürchte nichts."
(Thag 830/831, in Anlehnung an Neumann)

Dabei wird im Westen die Fortexistenz ebenso bezweifelt wie die Karma-Lehre. Diese beschreibt die Gesetzmäßigkeit, mit der sich das Auf und Ab der Wesen von Wiedergeburt zu Wiedergeburt gemäß ihres Wirkens vollzieht. Wir können oft nur schwer akzeptieren, daß unser "Schicksal" nur die Wiederkehr des eigenen vergangenen Tuns ist, daß unser Denken, Reden und Handeln ein entsprechendes künftiges Erleben hervorbringen - ein "himmlisches" oder ein "höllisches", sei es in diesem Leben oder in einem nächsten.

Zweifel und Unverständnis ruft nicht selten auch das Unberührtsein des Buddha oder seiner Jünger vom Tod anderer Menschen, selbst Nahestehender, hervor. Wir sehen leicht unmenschliche Gleichgültigkeit und Mitleidlosigkeit, wo erhabener Gleichmut die Stelle der üblichen gefühlsmäßigen Bindungen einnimmt. Wir vermuten Kaltherzigkeit, wo vollendete Weisheit den begrenzten Blick auf das Vordergründige hinter sich gelassen hat und alle Scheinwirklichkeit entlarvt ist.

Bisweilen emphatischen Widerspruch erregt die Lehre des Erwachten von der Ichlosigkeit und der Substanzlosigkeit aller Daseinsphänomene. Hier sind wir im Innersten tangiert, fühlen erneut das bedroht, was uns ja auch der vermeintliche Tod nehmen will: unser Ich, unsere Persönlichkeit, unser Ego. Soll Todlosigkeit wirklich nur um den Preis erworben werden, daß wir unser Liebstes aufgeben? Kann der Tod tatsächlich nur auf Kosten unserer Individualität überwunden werden?

Der Erwachte hatte nicht von sich aus den Wunsch zu lehren. Wußte er doch nur zu genau um die Weltgläubigkeit der Menschen, um ihre Verblendung, ihr Verstricktsein in Illusion und Täuschung (*avijja*). Nur wenige würden in der Lage sein, den Kern seiner Darlegungen zu verstehen, geschweige denn den Weg zur Todlosigkeit bis ans Ende zu gehen. Und das in einem Land und in einer Zeit, in denen religiöse Suche und spirituelle Praxis eine außerordentliche Rolle spielten - ganz im Gegensatz zu heute bei uns. Er lehrte gleichwohl, weil man ihn darum bat und weil es auch solche Menschen gab, die für seine Botschaft empfänglich waren.

Doch hat der Buddha seine Lehre nicht systematisch als Ganzes dargestellt. Seine Belehrungen erfolgten eher individuell, auf das Fassungsvermögen seiner Zuhörerinnen und Zuhörer zugeschnitten, an ihren Bedürfnissen und Problemen orientiert. So finden sich im Palikanon, der ältesten der uns überlieferten Sammlungen seiner Reden, keine zusammenfassenden Ausführungen über Tod und Transzendenz, wenngleich viele Texte dieses so elementare Thema behandeln. Das Folgende ist der Versuch eines Überblicks über die zahlreichen, sehr verstreuten Einzelaussagen. Dabei handelt es sich vornehmlich um eine durch möglichst viele Zitate belegte einführende Darstellung unter fast ausschließlicher Berücksichtigung der ursprünglichsten Quellen. Sie ist zugleich eine notwendige Vorarbeit zu einer historischen und kritischen Auseinandersetzung, die hier nicht geleistet werden kann.

Die ausgesuchten Worte des Buddha und seiner Nachfolger sind Themenschwerpunkten zugeordnet. In ihnen werden - ähnlich wie bei den *Vier Heiligen Wahrheiten* über das Leiden, seine Verursachung, seine Aufhebung und den Erlösungsweg - vier Leitfragen beantwortet:

Was ist das - Tod?
Wodurch ist er bedingt, was sind seine Ursachen?
Was sind die Bedingungen für sein Ende?

Welche praktische Vorgehensweise führt dahin?

Die Fundstellen sollen die Sichtweise des älteren Buddhismus authentisch vermitteln und weitgehend für sich selbst sprechen. Ihnen wird daher ein breiter Raum gewährt. Der weitere Text fügt die Einzelaussagen zu einer überschaubaren und verständlichen Einheit. Er zeigt die einzelnen Passagen wenn notwendig in ihrem Kontext und zieht Verbindungen zur Lehre des Buddha (*dhamma*)[1] insgesamt. Das Vorverständnis des Autors und seine Interpretation gehen hier notwendigerweise mit ein. So verbinden sich darstellende und reflexive Elemente.

Vergleiche mit anderen Weltanschauungen und Religionen erfolgen wie auch die Gegenüberstellung mit den geläufigen Positionen der modernen Naturwissenschaften nur gelegentlich. Desgleichen liegen die Schwerpunkte der Betrachtungen bei den zeitlosen Aussagen des Buddha und weniger bei aktuellen Bezügen.

---

[1] *Dhamma* (im Sanskrit *dharma*) ist ein Begriff mit vielen Bedeutungen; eigentlich das „Tragende", von daher auch Natur, Ding, Gesetz, Realität, und eben die Lehre des Buddha, die ja nichts anderes ist als erkannte und vermittelte Wirklichkeit.

ANNÄHERUNGEN

"Wie jedes irdene Gefäß"

Der Buddha ist als Lehrer des Todes bezeichnet worden. Bedarf es eines solchen Lehrers? Ist nicht die Tatsache der Sterblichkeit von so universeller Natur, daß besondere Aufklärung hier unnötig ist?

Wir wissen selbst, wie gerade das Nächstliegende der Aufmerksamkeit entgeht. Wie der Fisch sich des Wassers nicht bewußt ist, das ihn umgibt, und der Vogel nicht der Luft, die ihn trägt, weiß der Lebende ebensowenig um sein Leben, der Todgeweihte um sein Ende. Sicher, nach dem Sterben gefragt, wird es kaum jemand leugnen. Unser Intellekt sagt uns, daß unser Körper vergänglich ist. Er sagt uns, daß unser Leben so nicht unendlich weitergehen kann.

> *„Alle Wesen sind dem Tode unterworfen, enden im Tode, können dem Tode nicht entgehen.*
>
> *Wie jedes irdene Gefäß,*
> *Gebildet von des Töpfers Hand,*
> *Ganz einerlei, ob klein, ob groß,*
> *Am Ende doch zerbrechen muß.*
>
> *Genau so auch sind alle Wesen dem Tode unterworfen, enden im Tode, können dem Tode nicht entgehen."*
> (S 3,22, nach Nyanatiloka: Weg, S. 106)

Mehrere Faktoren jedoch verhindern, daß diese Kenntnis uns durchdringt, in unserem Innersten Wurzeln schlägt und im Alltag präsent ist und fruchtbar wird. Ein wichtiger Aspekt ist unsere

Fixiertheit auf die sinnlich wahrnehmbare äußere Welt mit ihren Verlockungen und Reizen, die den Geist in Bann schlagen und vom Wesentlichen ablenken. Unser Interesse gilt fast ausschließlich der Vielfalt der immer neu auftauchenden Erscheinungen. Der faszinierte Blick auf die Freude und Genuß versprechenden Dinge und Ereignisse ist getrübt, die Wandelbarkeit und Unbeständigkeit in der Welt und bei uns selbst bleibt ausgeblendet.

Der ungeübte Geist ist zudem sehr oberflächlich und unstet. Er hastet von Objekt zu Objekt, von Wahrnehmung zu Wahrnehmung, von einem Gedanken zum anderen. Er ist es nicht gewohnt, in die Tiefe zu gehen und seinen Gegenstand klar und umfassend zu sehen. Er gibt sich mit Teilwahrheiten zufrieden, die seinen vordergründigen Anliegen entsprechen. So wird der Tod (*marana*), so allgegenwärtig er auch sein mag, nicht zu einer uns bewegenden Erfahrung. Er bleibt äußerlich.

Schließlich stellen wir uns dieser Erfahrung nur ungern. Sie belastet, löst bedrückende und beängstigende Gefühle aus, die wir deshalb lieber verdrängen. Wir verschließen gern die Augen, wenn Einsichten uns erschrecken. Der Buddha hingegen sieht die Dinge, wie sie sind: ohne die Verzerrungen durch Zuneigung oder Abneigung, die die Weltgläubigen und Weltversessenen blenden und sie im Lebenstraum belassen. Er sieht sie ohne den Schleier, den eigenes Wünschen und Fürchten über sie breiten. Doch auch uns können die Belehrungen des Erwachten die Augen öffnen, wenn wir uns nicht gegen sie wehren und sie mit Vertrauen und Achtsamkeit aufnehmen.

> *„Wahrlich, nicht gibt es ein Mittel, daß*
> *Geborene nicht sterben;*
> *Auf das Alter folgt das Sterben, so geartet*
> *sind die Wesen.“*

„Wie bei Früchten, reif geworden, ihren baldigen Fall man fürchtet,
So auch die als Sterbliche Geborenen sind in steter Furcht des Todes.“
(Sn 575/576, nach Nyanaponika)

In schlichten Worten nennen die beiden Verse aus dem *Suttanipata* das Gesetz des Daseins. Geborenwerden und Sterbenmüssen gehören zusammen. Wo das eine ist, muß das andere folgen. Vergehen ist die Kehrseite des Entstehens, das Ende die des Anfangs. Dieses Gesetz läßt keine Ausnahme zu:

„Kein Geborener entrinnt dem Tode.“
(A 8,70, nach Nyanatiloka/Nyanaponika).

Die westliche Wissenschaft hat eine ungeheure Fülle von Daten und Fakten zusammengetragen, mehr als je zuvor in der menschlichen Geschichte. Und gerade in unserer sogenannten Informationsgesellschaft ist dieses Wissen leicht zugänglich, weltweit und gewissermaßen auf Knopfdruck. Doch diese Kenntnisse haben gerade das eine Problem nicht zu lösen vermocht, an dessen Lösung doch so vielen gelegen ist. Wie gelehrt man auch als einzelner sein mag, hier versagt weltliche Intelligenz. Und selbst der Weise, selbst ein Buddha, der die Daseinsgesetze durchschaut und im Einklang mit ihnen lebt, bleibt der Vergänglichkeit von Körper und Geist unterworfen. (D 16)

Weder persönliches Ansehen noch soziale Stellung gewähren Verschonung. Intelligenz und moralische Integrität können ebenfalls nicht ins Feld geführt werden. Gesellschaftlicher Rang wird in den letzten Stunden bedeutungslos und bietet keinen Schutz. Alle haben den Tod vor sich. Noch nie hat ein Staatsoberhaupt seiner gesellschaftlichen Funktion wegen überlebt, oder weil der Betreffende so geachtet war. Einstein wurde ebenso begraben wie Gandhi oder Leonardo da Vinci.

„Gleichwie das mächt'ge Felsgebirg'
Empor sich reckend himmelhoch,
Das Land durchziehet ringsumher
Und allerwärts es niederdrückt:
So drückt das Alter und der Tod
Die Wesen nieder in der Welt,
Die Krieger, Priester, Bürger, Knechte,
Die Feger, die Verstoßenen.
Nichts lassen beide unverschont,
Zermalmen alles, was da ist."
(S 3,25, nach Nyanatiloka)

„Junge und erwachsene Leute, Toren und auch weise Menschen,
Alle kommen in die Macht des Todes, aller Einkehr ist der Tod."
(Sn 578, nach Nyanaponika)

Jeder weiß um die Ausnahmslosigkeit des Sterbens und hofft doch im Stillen auf einen Ausweg. "Ich bin ja noch jung, mir kann nichts passieren, mein Leben hat gerade erst begonnen. Erst sind die anderen an der Reihe." Man glaubt, Kindheit und junge Jahre könnten eine Zuflucht sein. Welcher Selbstbetrug! Der Jugend ist der Tod so gewiß wie das Alter.
Und die Flucht in den materiellen Wohlstand? Liegt in ihr nicht die unbewußte Hoffnung auf ein nie endendes Leben? In dem suggestiven Gedanken etwa, daß mein Leben doch gar nicht enden kann, wenn die Dinge um mich herum immer zahlreicher und vielfältiger werden, wenn Besitz und Güter zunehmen? Verführt uns nicht die Erfahrung der nahezu unbegrenzten Einflußmöglichkeiten des Geldes zu dem unterschwelligen Glauben, der Tod lasse sich bestechen? Die Antwort des Buddha ist ernüchternd und führt uns wieder zur Universalität des Sterbens zurück.

„Es beugt sich alles der Gewalt
Des Todes, jung so gut wie alt,
Vor ihm sind Tor und Weiser gleich,
Er schont nicht arm noch reich."
(D 16, nach Franke)

„Nicht kauft man langes Leben, auch Altern
hält Geld nicht zurück.
Die Weisen sagen: Unser Leben ist kurz, es
schwindet Stück für Stück."
(M 82 nach Schmidt)

Noch immer geben wir nicht nach. Können wir den Tod mit seiner Macht nicht leugnen, wollen wir ihn zumindest aus dem Jetzt verbannen. Irgendwann einmal, ja. Nicht jedoch im Moment kann er uns etwas anhaben, wir haben Zeit. Schließlich dauert ein Menschenleben viele Jahrzehnte, sechzig, siebzig, achtzig Jahre, und möglicherweise noch länger. Vielleicht gehören wir zu den Glücklichen?! Der Erwachte läßt auch dieses Schlupfloch nicht offen. In nachdenklich stimmenden Gleichnissen lenkt er den Blick auf die atemberaubende Flüchtigkeit des Menschenlebens.

„Gleichwie etwa der Tautropfen an der Spitze eines Grashalmes beim Aufgehen der Sonne gar schnell vergeht, nicht lange bleibt, so auch ist das dem Tautropfen vergleichbare Leben der Menschen begrenzt und flüchtig ...
Gleichwie etwa, wenn eine mächtig geballte Regenwolke sich ergießt, die Blasen auf dem Wasser gar schnell vergehen, nicht lange bleiben, so auch ist das der Wasserblase vergleichbare Leben der Menschen gar begrenzt und flüchtig ...

Gleichwie die mit einem Stocke im Wasser gezogene Furche gar schnell vergeht, nicht lange bleibt, so auch ist das der Wasserfurche vergleichbare Leben der Menschen gar begrenzt und flüchtig ...
Gleichwie der fernhin eilende, schnell strömende, alles mit sich fortreißende Gebirgsstrom auch nicht für einen Augenblick, eine Weile, eine Minute stille steht, sondern immer weitereilt, weiterfließt, weiterströmt, so auch ist das dem Gebirgsstrom vergleichbare Leben der Menschen gar begrenzt und flüchtig ...“
(A 7,70, nach Nyanatiloka/Nyanaponika)

Wir haben kaum den richtigen Maßstab, um zu ermessen, wie rasend dieser Vorgang vonstatten geht. Die Aussicht auf die genannten sechzig, siebzig oder achtzig Lebensjahre vermittelt eine trügerische Sicherheit. Doch ehe man sich versieht, ist die Spanne vorüber. Bald schon wird dieser Körper hingestreckt auf dem Boden liegen. Wie ein Stück Holz, ohne Bewußtsein und unbrauchbar, heißt es im *Dhammapada*. (Dh 41)

Diese Mahnung wird wie so oft erst im Gleichnis wirklich eindringlich und hautnah. Das “bald” bleibt sonst bloßer Gedanke, abstrakt, sinnlich nicht begreifbar, nicht anschaulich genug, um aufzurütteln. Bei einer anderen Gelegenheit vergleicht der Buddha die Geschwindigkeit, mit der die Lebenskräfte zur Neige gehen, mit abgeschossenen Pfeilen, die ein Mensch noch in der Luft auffangen will. Wir brauchen nicht viel Phantasie, um uns den Ausgang des kühnen Versuches vorzustellen.

„Angenommen, es stehen da in den vier Himmelsrichtungen vier tüchtige, geübte Bogenschützen, die geschickt und gewandt sind im

Bogenschießen. Und es kommt da ein Mann und spricht: 'Die Pfeile, von diesen vier tüchtigen, geübten Bogenschützen in die vier Richtungen geschossen, die will ich auffangen, bevor sie die Erde erreichen!' Was meint ihr, ist man da nicht berechtigt zu sagen: 'Schnell ist dieser Mann, mit höchster Schnelligkeit ausgestattet?'"

"Auch wenn er nur den von einem einzigen Bogenschützen abgeschossenen Pfeil auffängt, bevor er die Erde erreicht, auch dann wäre man berechtigt zu sagen: 'Schnell ist dieser Mann, mit höchster Schnelligkeit ausgestattet', geschweige denn, wenn er dies bei vier Bogenschützen tut!"

"Größer als die Schnelligkeit dieses Menschen ist die von Sonne und Mond; größer als die Schnelligkeit dieses Menschen, als die von Sonne und Mond und als die jener Götter, die vor Sonne und Mond einhereilen, ist die Geschwindigkeit, mit der die Lebenskräfte versiegen."

(S 20,6, nach Nyanaponika)

Der Tod ist den Wesen in die Wiege gelegt und der oft übersehene Schatten des Daseins selbst. Leben ist Leben zum Tode hin. Im Moment der Zeugung bereits entfaltet sich die innere Dynamik zur endgültigen Erschöpfung der Lebenskraft. Sie ist nicht umkehrbar und folgt einer eigenen unbeirrbaren Gesetzlichkeit.

„Von jener einen ersten Nacht ab, in der der Mensch im Mutterleibe weilt, eilt er, einer

aufgestiegenen Wolke gleich, dahin; und dahineilend kehrt er nimmermehr zurück.“
(J 510, zitiert in Vis 8, nach Nyanatiloka)

Mehr noch: Körperliches Dasein selbst ist in jedem Moment ein Kampf, es muß sich jeden einzelnen Augenblick gegen seine Vernichtung wehren. Nur das günstige Zusammenspiel einer Vielzahl innerer und äußerer Faktoren ermöglicht es in dieser oder jener Form für eine unbestimmbare Zeit. Insofern spricht der frühe Kommentator Buddhaghosa davon, daß das Leben "machtlos" ist, "ohnmächtig" (Vis 8), ein komplizierter Prozeß voller Bedingtheiten und Abhängigkeiten. Es ist unselbständig und weitaus gefährdeter, als es auf den ersten Anblick erscheint. Schon bei den alltäglichen Lebensnotwendigkeiten dürfen Schwankungen und Abweichungen nur minimal sein. Wie lange können wir auf Atemluft verzichten, wie lange kommen wir ohne bekömmliche Nahrung und reines Wasser aus?
Die Gefährdungen der leiblichen Existenz durch die Umwelt sind unübersehbar. Damit sind nicht nur die Naturkatastrophen gemeint, Erdbeben, Sturm, Flut, die für den Menschen nach wie vor unbeherrschbar sind, oder starke klimatische Veränderungen.

„Wahrlich, viele Möglichkeiten des Sterbens bestehen für mich: es möchte mich eine Schlange beißen, oder ein Skorpion oder Tausendfuß möchte mich stechen ...
Ich möchte einmal straucheln und hinfallen, oder die genossene Speise möchte mir schlecht bekommen, oder Galle, Schleim oder stechende Gase möchten erregt werden, oder Menschen oder Unholde möchten mich anfallen ...“
(A 8,74, nach Nyanatiloka/Nyanaponika)

Sicher hat sich seit den Zeiten des Buddha einiges geändert. So sind es für uns weniger die wilden und gefährlichen Tiere, die wir zu fürchten haben. Ja, die vorgefundene Natur insgesamt scheint heute manchmal weniger bedrohlich als die vom Menschen selbst geschaffene Umwelt. Die Mittel, die Naturwissenschaft und Technik zur Erleichterung des Lebens ersonnen haben, kehren sich nicht selten in ihr Gegenteil und werden zur ernsten Gefahr - für den einzelnen genauso wie für die ganze Menschheit. Vergiftung der Umwelt, Klimakatastrophe und drohende atomare Verseuchung fallen uns dazu ganz spontan ein. Geblieben ist die eigene Unachtsamkeit, die Unfälle und tödliche Verletzungen zur Folge hat. Unaufmerksamkeit und Sorglosigkeit kosten im Alltag vielen Menschen das Leben. Heute stürzt man bei der Jagd nicht mehr vom Pferd und bricht sich das Genick. Das Auto hat es abgelöst, und der Verkehrstote hat in den Statistiken Einzug gehalten. Der technische Fortschritt insgesamt fordert Wucherpreise. Körperliche Labilität, physiologische Disharmonien, völlige gesundheitliche Zerrüttung, sie sind weitere Momente. Häufig selbst verantwortete zumal. Wenn das Essen schlecht bekommt, sind Übersättigung und die Maßlosigkeit unserer Konsumgesellschaft eher die Gründe als verdorbene Nahrungsmittel oder Not wie zu des Buddha Zeiten.

Geblieben sind ebenfalls die feindlichen und zerstörerischen Seiten der sozialen Umwelt. Der Mensch wird seinerseits zur Todesursache. Streit und Auseinandersetzung, Mord und Totschlag, Revolution und Krieg stehen hierfür. Die Geschichte der Menschheit ist nicht zuletzt die Geschichte von Aggression und Gewalt. Sie liefert unzählige Anlässe für individuelle und massenhafte Vernichtung. Die schutzgewährende Gemeinschaft gibt es nicht ohne ihre todbringenden Potentiale.

Viele Eventualitäten also, die das Leben beenden können.

So gewiß wir des Todes sind, so unbestimmt und unerkennbar bleibt aber sein Wann und Wie. Es gibt für uns kein sicheres Anzeichen dafür, wie lange das Leben dauern wird, wann der

Zeitpunkt seines Endes gekommen ist und was die Todesursache sein wird. Kein Indiz gibt uns Auskunft über die Art des Sterbens und den künftigen Weg. Für diese Dinge ist der normale Mensch blind.

> *„Die Lebensdauer, Krankheit, Zeit,*
> *Der Sterbeort, der Daseinsweg:*
> *Das sind fünf Dinge in der Welt,*
> *Die nimmer man erkennen kann,*
> *Da ohne Anzeichen sie sind."*
> (Vis 8, nach Nyanatiloka)

Der Kern der Lehre des Erhabenen findet sich in den *Vier Heilenden Wahrheiten* über das Leiden (*dukkha*)[2], über dessen Ursachen, über dessen Ende und den Weg dahin. Eines ist unleugbar, Sterben gehört für die allermeisten zu den augenfälligsten Formen des Leidens. Wie an der Geburt, der Krankheit und dem Alter wird an ihm die Unzulänglichkeit des Daseins besonders empfunden. Alle Form zerbricht, alles Materielle zerstiebt.

> *„Was ist die Heilswahrheit vom Leiden? Geburt ist Leiden, Altern ist Leiden, Sterben ist Leiden. Kummer, Jammer, Schmerz, Gram und Verzweiflung sind Leiden. Vereint sein mit Unliebem, getrennt sein von Liebem ist Leiden; was man begehrt, nicht erlangen, ist Leiden, kurz gesagt: Die fünf Zusammenhäufungen sind Leiden."*
> (M 141, nach Debes: Meditation, S. 364)

---

[2] *Dukkha* bezieht sich nicht allein auf Leiden im engeren Sinn. Neben physischen und psychischen Schmerzen oder Unwohlsein umfaßt es alle Formen des Nichtbefriedigtseins, des Unerfülltseins und des Unfriedens. Jedes Getrenntsein von einem Idealzustand ist *dukkha*, und sei es noch so geringfügig. *Dukkha* findet erst im Nirvana ein Ende.

Die Vorherrschaft des Todes im Leben der Wesen heißt zugleich Vorherrschaft des Leidens. Ist der Tod doch die Trennung von allem, was einem lieb und teuer ist - Trennung von den Mitmenschen, vom eigenen Körper, von der Fähigkeit des Erlebens. Er ist der Abschied von sinnlicher Wahrnehmung und Freude, von allen Zielen und Wünschen, von Aktivität und Engagement. Wie ein Damoklesschwert, das jederzeit herabfallen kann und Unglück anrichtet, ist der Tod eine stete Bedrohung, die die Wesen bedrückt und erniedrigt. Viele Niederlagen des Lebens lassen sich verkraften. Der Tod macht uns aber zu Bittstellern, deren Bitten nie gehört werden. Er zeigt uns in einer deprimierenden Ohnmacht und Abhängigkeit. Er offenbart, wie ausgeliefert und unfrei wir sind. Und zuletzt trifft er auch noch unseren Stolz.

„Vom Tode wird die Welt gehetzt,
Das Alter lauert überall,
Bedürftig darbt sie, ewig arm,
Dem Bettler gleich am Wanderstab!

Wie Feuer rasend näher kommt,
Erfaßt uns Alter, Seuche, Tod:
Kein Widerstand erweist sich stark,
Kein eilig Fliehen schnell genug.“
(Thag 449/450, nach Debes)

In dieser Not ist der Mensch auf sich gestellt. Kann er in vielen Situationen Hilfe von anderen erwarten, muß sie hier ausbleiben. Er steht vor einer Aufgabe, die er selbst zu bewältigen hat. Niemand kann sie ihm abnehmen, so nahe sich die Betreffenden auch stehen mögen. Keine staatliche Institution existiert, die dem Individuum kollektiven Beistand gewähren könnte, keine Versicherungsgesellschaft, die einem gegen hohe Prämien Schutz anbieten wollte. Merkwürdig auch, daß sich in einer Dienstleistungsgesellschaft wie der unseren niemand findet, der uns um des besten Geschäftes willen das Übel abnimmt. Nicht einmal dort, wo Solidarität und Fürsorge beispielhaft sind, im Freundeskreis oder in der Familie, werden Ausnahmen beobachtet. Eltern tun alles für ihre Kinder, und Kinder für ihre Eltern, nicht aber in diesem Fall.

„Drei Schrecken aber gibt es, wobei Mutter und Sohn einander nimmer helfen können. Welche drei? Den Schrecken des Alters, den Schrecken der Krankheit, den Schrecken des Todes ...
Nicht kann die Mutter bei ihrem sterbenden Sohne dies erreichen: 'Ich werde zwar sterben, doch nicht möge mein Sohn sterben!' Und auch der Sohn kann es bei seiner sterbenden Mutter nicht erreichen: 'Ich werde zwar sterben, doch nicht möge meine Mutter sterben!'"
(A 3,63, nach Nyanatiloka/Nyanaponika)

„Von denen, die als Todesopfer hin zu anderen Welten wandern,
schützt nicht seinen Sohn der Vater, oder Sippe ihre Sippschaft."
(Sn 579, nach Nyanaponika)

Nun mag ein Trost für die Unvermeidlichkeit des Todes in seiner Einmaligkeit gesucht werden. Man lebt nur einmal, so glauben wir vielleicht, und deshalb werden wir auch nur eines Todes sterben. Und außerdem: Wenn ich schon sterben muß, dann endet zugleich alle Mühsal des Lebens und die Furcht vor dem endgültigen Aus. Wenigstens das, will uns scheinen!

Eine trügerische Hoffnung ist das, an die sich nur solche klammern, die das wahre Wesen der Existenz nicht durchschaut haben und ihren Blick nur auf die Oberflächlichkeit der Erscheinungen richten. Der Erwachte lehrt uns dagegen zu erkennen, daß das Dasein ein unaufhörlicher Prozeß ist und was wir "Leben" nennen nur Episode. Existenz ist Kommen und Gehen, Gehen und Wiedererscheinen, es ist ein fortgesetzter Wandel von Wiedergeburt zu Wiedergeburt und von Tod zu immer neuem Tod. Der westliche Mensch tut sich mit dieser Vorstellung besonders schwer. Für ihn ist Leben begrenzt und von überschaubarer Dauer. Er sieht sein Dasein in engen zeitlichen Dimensionen. Eben so weit, wie die sinnliche Erfahrung reicht. Was er durch Sehen, Hören, Riechen, Schmecken, Tasten und Denken aufnehmen kann, ist ihm real. Das macht ihn zum Ahnungslosen.

Er weiß nicht, was *samsara* ist, der unvorstellbar lange Daseinskreislauf der Wesen. Seine beschränkte Wahrnehmungsfähigkeit gaukelt ihm Anfang und Ende vor, wo tatsächlich Fortsetzung und Weiterbestehen ist. Der Tod ist für die Individuen nicht einmalig. Sie haben ihn zahllose Male durchlebt, aber vergessen. So häufig haben sie ihn erfahren, daß es der Intellekt nicht zu fassen vermag. Im *Samyutta-Nikaya* steht:

> *„Unausdenkbar ist ein Anfang dieser Daseinsrunde, nicht zu entdecken ein Beginn der von Unwissenheit gehemmten und von Begehren gefesselten Wesen, die immer wieder den Samsara durcheilen, durchwandern."*
> (S 15,3, nach Nyanatiloka)

> *„Falls man von einem einzelnen Wesen, während es für eine einzelne Weltperiode die Daseinsrunde durcheilt und durchwandert, die Knochen aufschichtete und das Aufgeschichtete nicht verginge, so möchte eine gewaltige Knochenansammlung, ein Knochen-*

haufen, ein Knochenberg entstehen, so groß wie dieser Vepullaberg ...“
(S 15,10, nach Nyanatiloka)

Alle Materie, die sichtbar vor Augen liegt und uns überall umgibt, hat eine unnennbar lange und wechselvolle Vergangenheit. Wieder und wieder hat sie eine bestimmte Form angenommen und sich alsbald völlig verändert. Mal war sie Teil der unbelebten Natur, war Erde, Wasser oder Luft, oder sie bildete die Grundlage für die körperliche Existenz lebender Wesen. Anorganischer Stoff hat sich wie oft schon zur Pflanze gebildet; sie wurde gefressen und tierischem Leben einverleibt oder auch menschlichem. Im Zuge des Verdauungsprozesses ausgeschieden oder mit dem Leichnam verwest, kehrte sie in den fortgesetzten Lauf der Dinge zurück. Ihr Zerfall ist die Voraussetzung für neues Wachstum. Die natürlichen Elemente repräsentieren daher Entstehen und Vergehen, sie spiegeln Geburt und Sterben.

Der Tod ist so gesehen auch räumlich allgegenwärtig und tritt uns dort entgegen, wo wir ihn nicht als solchen wahrnehmen und vermuten: ausnahmslos an jedem Ort der Welt. Der Buddha bringt uns das in der Geschichte eines alten Brahmanen nahe. Sie ist in einem *Jataka* erzählt, in dem der Bodhisattva, ein Brahmane namens Upasalha und dessen Sohn auftreten. Der Brahmane ist inzwischen in die Jahre gekommen und denkt an sein bevorstehendes Lebensende. Er möchte die entsprechenden Vorbereitungen für seine Bestattung treffen, die gemäß den Gepflogenheiten seiner Kaste vollzogen werden soll. Wie immer sind auch jetzt bestimmte Reinheitsgebote zu beachten. Mit einer Bitte wendet er sich daher an seinen Sohn:

„Mein lieber Sohn, laß einmal meinen Leichnam nicht an einer Begräbnisstätte verbrennen, auf der ein Niedriger verbrannt worden ist!”

Nach langem Suchen glauben Vater und Sohn eine solche Stelle gefunden zu haben, der den hohen Anforderungen entspricht. Sie wählen den Gipfel des Berges Gijjhakuta als künftigen Beerdigungsplatz. Zufrieden kehren beide um. Auf ihrem Rückweg in die Stadt begegnen Vater und Sohn dem künftigen Buddha. Beide wollen sich ihrer Sache noch einmal vergewissern, und der Sohn befragt den Entgegenkommenden nach der Reinheit des ausgesuchten Platzes. Freilich erwartet er eine Bestätigung der Richtigkeit ihrer Entscheidung. Doch er erhält eine gleichermaßen überraschende wie enttäuschende Antwort:

> *„O junger Mann, gerade an dieser Stelle sind zahllose Menschen verbrannt worden. Allein dein Vater, der in der Stadt Rajagaha in einer Brahmanenfamilie wiedergeboren wurde und den Namen Upasalhaka erhielt, ist an diesem Platz zwischen den drei Erhebungen in vierzehntausend Existenzen verbrannt worden. Auf der Erde wirst du keinen einzigen Ort finden, der nicht irgendwann einmal Verbrennungsstätte oder Begräbnisstätte war und der nicht mit Schädeln angefüllt ist.“* (J 166, nach Mehlig)

Unserem begrenzten Blick kann die ganze Tragweite dieses Sachverhaltes nicht erkennbar werden. Wir machen uns keine auch nur annähernd richtige Vorstellung davon, wie oft sich das Rad des Lebens schon gedreht hat und wie oft unsere Körper schon aufgeblüht, verwelkt und abgestorben sind. Jeder Ort, an dem Leben in Erscheinung tritt, ist zugleich ein Ort der Verwesung. Jede Stelle, auf die wir unseren Fuß setzen, besteht aus den Gebeinen vergangener Wesen - auch den eigenen. Wo immer wir uns befinden, wir befinden uns auf einem Friedhof.

Nur in bildhafter Sprache läßt sich andeuten, wie oft eigener und fremder Tod von jedem schon erfahren und erlitten wurde. Und nur das Gleichnis erhellt das Maß des damit verbundenen Schmerzes.

> *„Was glaubt ihr, was ist wohl mehr: der Tränenstrom, den ihr auf dieser langen Daseinsrunde, mit Unerwünschtem vereint und von Erwünschtem getrennt, klagend und weinend vergossen habt, oder das Wasser der vier Weltmeere? ...*
> *Lange Zeiten hindurch habt ihr den Tod von Mutter und Vater, Sohn und Tochter erfahren, den Verlust von Verwandten und Schätzen erfahren, das Unglück der Krankheit erfahren. Und dabei habt ihr mehr Tränen vergossen, als sich Wasser in den vier Weltmeeren befindet. So habt ihr denn lange Zeiten hindurch Leiden erfahren, Qualen erfahren, Unglück erfahren und das Leichenfeld vergrößert, wahrlich genug, um sich von allen Daseinsgebilden abzuwenden, loszulösen und zu befreien."*
> (S 15,1, nach Nyanatiloka)

Spätestens jetzt beginnt man zu verstehen, daß der Erwachte mit Recht als Lehrer des Todes bezeichnet werden kann, weil er ihn in einer Universalität und Vielschichtigkeit beschreibt, die überragend ist. Er zeigt die Ausnahmslosigkeit des Todes und seine Allgegenwart. Er konstatiert das Immer-wieder-sterben-Müssen seit anfangloser Vergangenheit und dasselbe für eine unabsehbare Zukunft. Er verweist auf die ständige Todesdrohung in der Gegenwart und verdeutlicht die Ohnmacht der Wesen und ihr Auf-sich-gestellt-Sein. Er nennt die ganze Fülle des damit verbundenen Leidens und formuliert daher:

> *„Keine andere Macht kann ich erkennen, die so schwer zu bezwingen ist, wie die Macht des Todes."* (D 16)

Die buddhistische Anschauung wird häufig als pessimistisch charakterisiert, gerade weil sie das Leiden so akzentuiert in den Mittelpunkt stellt. Man könnte bei den vorangegangenen Betrachtungen über den Tod zu einer ähnlichen Auffassung kommen. Allein, das hieße die Realität völlig zu verkennen und dieser Lehre Unrecht zu tun. Tatsächlich nennt der Buddha vier Wahrheiten. Er beschreibt nicht nur das Vorhandensein von *dukkha* (Leiden) in der Welt und die Vielfältigkeit seiner Erscheinungsformen. Das ist erst der Beginn seiner Analyse. Er spricht ebenso über dessen Ursachen, über dessen Aufhebung und die dahin führende spirituelle Praxis. Dasselbe gilt auch für das Sterben und die Vergänglichkeit. Erinnern wir uns an die anfangs erwähnte Aufforderung des Erwachten:

> *„Öffnet euer Ohr, das Todlose ist gefunden."*
> (M 26)

Dieser Satz gibt Hoffnung. Er eröffnet eine befreiende Aussicht in einer sonst schier ausweglosen Situation, und er behauptet die Möglichkeit der Überwindung der drei Schrecken Alter, Krankheit und Tod:

> *„Es gibt einen Weg, es gibt einen Pfad, der zum Vermeiden und Überwinden dieser drei Schrecken führt. Welches aber ist dieser Weg? Es ist eben dieser edle achtfache Pfad ..."*
> (A 3,63, nach Nyanatiloka/Nyanaponika)

Wer sich um eine wirklichkeitsgemäße Sicht der Dinge und eine angemessene Motivation bemüht, beschreitet die ersten beiden Etappen des Weges ins Freie. Er erwirbt damit Weisheit (*panna*).

Wer in Worten und Taten korrekt handelt und einem einwandfreien Lebenserwerb nachgeht, sorgt mit seinen hohen ethischen Maßstäben für ein immer harmonischeres Verhältnis von Ich und Umwelt (*sila*). Wer endlich an der Überwindung seiner charakterlichen Unzulänglichkeiten arbeitet, sich außerdem um Bewußtheit und geistige Sammlung (*samadhi*)[3] bemüht, hat sich auf alle acht Übungsfelder begeben. Sie wurden von dem Erwachten als unfehlbare Methoden der Emanzipation von jeder Unzulänglichkeit gelehrt, Tod und Sterben einbegriffen. Sie lassen den Geist die Nichtigkeit des Vergänglichen erkennen und befreien ihn von jeder Abhängigkeit.

Der Tod ist bedingt und trotz all seiner "Macht" besiegbar, wenn sein Wesen durchschaut wird und wir die Identifikation mit allem Sterblichen aufgeben. Das ist an dieser Stelle lediglich eine Behauptung, die der weiteren Begründung und Veranschaulichung bedarf. Doch es lohnt sich, sie ernst zu nehmen. Die letzten Worte des Buddha, die er kurz vor seinem Hinscheiden an seine Mönche richtet, bringen beides zusammen - die Vergänglichkeit des Seins und die Ermutigung, nicht zu resignieren. Jede Erscheinung muß schwinden, sagt er, und deshalb soll man unermüdlich kämpfen (D 16). Wer sich zu Lebzeiten befreit hat, braucht den Tod nicht zu fürchten.

es geht um Ver..nie

---

[3] *Sila, samadhi* und *panna* sind die drei großen Übungs- und Entwicklungsetappen auf dem vom Buddha gezeigten Heilsweg. Dieser beginnt mit dem Bemühen um moralisch korrektes Verhalten (Tugend) im Reden und Handeln. Der zweite Teil, die Schulung des Geistes, zielt auf die volle Entfaltung besonders von Achtsamkeit und Sammlung (Einigung), *Panna* schließlich meint die auf dem Fundament von *sila* und *samadhi* wachsende tiefe Einsicht in die wahre Natur der Dinge; Weisheit und Klarblick. Vgl. das Kapitel „Der Weg".

„Den gleichsam Blumen pflückenden,
Im Herzen angehang'nen Mann,
Den reißet mit sich fort der Tod,
Gleichwie die Flut ein schlafend Dorf."
(Dh 47, nach Nyanatiloka)

„Hast du als Schaumgebilde diesen Leib erkannt,
Erkannt als eine Spiegelung der Luft,
Magst Du des Mahrens Blütenpfeile tilgen
Und dieses Todesfürsten Blick entgeh'n."
(Dh 46, nach Nyanatiloka)

FORTEXISTENZ UND JENSEITS

"Leere Worte?"

Dieser "Kampf" gilt zunächst einem richtigen Verständnis der Wirklichkeit und den nötigen Voraussetzungen dafür. Weit gespannt ist das Netz der Meinungen und Ansichten, die man sich zu eigen machen kann. Und viele Knoten finden sich darin. Jeder hat so seine Lieblingstheorien und Auffassungen darüber, was richtig und falsch oder gut und schlecht ist. Und auch über die praktischen Alltagsdinge hinaus zimmert sich jeder bewußt oder unbewußt sein Weltbild. Ohne ein solches können wir uns nicht zurechtfinden. Wo wir die Realität nicht kennen und uns authentisches Wissen fehlt, reimen wir uns etwas zusammen oder übernehmen, was andere für richtig halten. Das gilt für alle Bereiche unseres Lebens und natürlich auch für unsere Auffassungen über den Tod.

Es gibt, so der Erwachte, spirituelle Lehrer oder Philosophen, die sich über die nachtodliche Zukunft der Wesen Gedanken machen und eine Antwort auf die Frage nach Fortexistenz oder Vernichtung geben wollen. Genau vierundvierzig solcher Glaubenslehren sind es, die er bei seinen Zeitgenossen ausmacht. Vierundvierzig Varianten, die zugleich alle denkbaren Möglichkeiten beinhalten. (D 1; ähnlich S 24,37-44) "Selbst und Seele bestehen nach dem Tode", wird da gelehrt. Aber wie soll man sich dieses Weiterleben vorstellen? Ist das fortbestehende Ich gestaltet oder gestaltlos? Ist es endlich, das heißt von begrenzter zeitlicher Dauer oder unendlich? Oder ist sie beides, oder keines von beidem? Wie steht es darüber hinaus um die Bewußtheit der Seele. Wird sie, wie manche behaupten, im Sterbevorgang ohnmächtig, oder wird sie halbbewußt oder in voller Klarheit sein? Und weiter: Wird sie sich glücklich oder unglücklich vorfinden? Ist also der nachtodliche Zustand schön oder entsetzlich? "Selbst und Seele fallen mit dem Tode der Vernichtung anheim", wird von anderen mit derselben Gewißheit entgegnet. Für sie ist der Tod also das Ende. Und nicht nur das körperliche Ich wird zerstört, das jeder kennt und dessen Verfall jeder beobachten kann. Nein, auch ein anderes, feineres Ich hört auf zu existieren, mit dem normalerweise nur der Eingeweihte und spirituell Geschulte vertraut ist.

Zwei völlig entgegengesetzte Positionen treffen da aufeinander. Mit dem Tod ist alles aus, sagen die einen. Dafür scheint unsere Erfahrung zu sprechen, und aus dieser Auffassung resultiert für manchen ein Gefühl von Bedrohung und Resignation. Ich will doch leben, aber ich muß eines Tages sterben. Da kann man nichts machen. Nach dem Tod geht es weiter, behaupten andere und geben damit vielen Menschen Hoffnung. Zu ihnen gehört auch der Buddha. Was immer man vom Tod halten mag, eines ist er nicht, die Zerstörung des Lebens. Davor braucht sich also niemand zu fürchten. Läßt sich diese Frage eindeutig entscheiden? Läßt sich zumindest ein Ansatz zeigen, wie man zu einer Lösung finden kann, ohne dauerhaft auf bloße Spekulation angewiesen zu sein, ohne einer traditionellen Auffassung blind zu folgen? Kann ich in dieser Angelegenheit wirklich etwas wissen oder muß ich wohl oder übel glauben?

Die heute gängige Auffassung, daß das Ende des physischen Leibes das Ende der Persönlichkeit ist, daß der Tod also den Schlußstrich unter die individuelle Existenz zieht, ist keineswegs modern. Schon zu Zeiten des historischen Buddha wurde ein Über-den-Tod-Hinaus vielfach geleugnet, wurden Jenseitsvorstellungen als Phantasien betrachtet und Jenseitserfahrungen für unmöglich gehalten. Damals hörte sich das so an:

> *„Es gibt keine jenseitige Welt ...*
> *Der Mensch besteht aus den vier Elementen. Wenn er stirbt, geht das Feste in die Erde, das Flüssige zum Wasser, die Wärme zum Feuer, das Flüchtige in den Wind, und*

in den Raum gehen die Sinne. Vier Männer tragen den Toten auf der Bahre, bis zur Verbrennungsstätte werden Lieder gesungen, dann bleichen die Knochen, die Opfergaben fallen nieder, es ist Torheit, dafür etwas zu spenden. Jene täuschen und lügen, die da behaupten, es habe einen Zweck. Wenn der Körper zerfällt, schwinden Toren und Weise gleichermaßen dahin und nach dem Tode sind sie nicht mehr."
(M 76, nach Schmidt)

Wir kennen den materialistischen Standpunkt, der den physischen Körper zur alleinigen Grundlage des Lebens macht und alle seelischen und geistigen Vorgänge von ihm abhängig sieht. Danach beginnt Leben mit der Zeugung. Aus den Stoffen der Umwelt bildet sich der Leib mit allen seinen Sinnesorganen. Er besitzt die gleichen Grundeigenschaften wie die "vier Elemente" der ihn umgebenden Welt. Zunächst hat er eine räumliche Ausdehnung und die Festigkeit beziehungsweise den Widerstand der "Erde". Das ist Ausdruck der Gegenständlichkeit und Dinglichkeit des Körpers. Dann kommt die Kohäsion des "Wassers". Sie steht als Symbol für Ganzheitlichkeit, die Bezogenheit der einzelnen Bestandteile des Körpers und seine strukturierte Einheit. Weiter die Wärme und die Temperatur des "Feuers", das die energetischen und dynamischen Eigenschaften des Materiellen ausdrückt. Und schließlich nennt der zitierte Text die Flüchtigkeit der "Luft". Sie vertritt den Aspekt der Bewegung der Dinge im Raum, die Veränderung und den Wechsel.

Nur in einem ganz bestimmten Zusammenspiel dieser Faktoren entsteht nach dem Urteil einiger die Fähigkeit zu sinnlicher Wahrnehmung. Sehen, Hören, Riechen, Schmecken und Tasten sind demnach nicht nur eng mit dem Körperlichen verbunden, sondern direkt von seinen Organen abhängig. Für jede weitere und darauf aufbauende Äußerung des Psychischen gilt das gleiche: Erkennen, Denken und Wissen als Tätigkeit des Geistes haben die Materie zur notwendigen Bedingung; Fühlen und Wollen als Ausdruck des Seelischen ebenfalls. Dem Gesetz der Materie gemäß erfolgen das Wachstum, das Altern und der Zerfall des Leibes und entsprechend das Entstehen und Vergehen der erlebenden Person. Ihr Dasein ist vom Dasein ihres Körpers nicht zu trennen.

Aus dieser Perspektive ist eine Fortexistenz nach dem Tode undenkbar. Das Dasein der Individuen endet im Sterben. Das gilt für den, der als Außenstehender und Beobachtender, als Verwandter oder Freund, Tod und Zerfall eines anderen sieht, und für den Betreffenden selbst, dem das eigene Ich mit einem Mal und für immer untergeht. Bei einer solchen Anschauung bleibt auch kein Platz für eine jenseitige Welt, die anderen als den gemeinhin anerkannten physischen, chemischen oder biologischen Gesetzen unterliegt. Ein Daseinsbereich, in dem es etwa eine "geist-unmittelbare" Geburt und ein "geistiges" Dasein geben könnte. Auf welchen Grundlagen könnte diese Welt bestehen, und wer sollte sie bewohnen? Nur folgerichtig ist es, wenn - wie in der gerade eben zitierten Textstelle - die gebräuchlichen Rituale der Bestattung belächelt und die Verfechter der Fortexistenz als Dummköpfe, Schwätzer oder Lügner bezeichnet werden.

Diese Sichtweise ist heute dominierend, und die meisten Menschen unserer kulturellen Prägung bekennen sich zu ihr. Dafür gibt es im wesentlichen zwei Gründe. Zum einen verleitet der Augenschein dazu, denn unsere Sinneswahrnehmung läßt (fast) keinen anderen Schluß zu. Vor unseren Augen entstehen und verschwinden die Wesen. Sie kommen scheinbar aus dem Nichts und gehen scheinbar in das Nichts. Mehr ist nicht zu erkennen. Zum anderen geben die Naturwissenschaften vor, den Beweis für diese Anschauung zu liefern. Ihr systematisches und methodisches Vorgehen erweckt mit einem gewissen Recht unser Vertrauen, und ihre Erfolge gerade auf dem technischen Sektor sprechen für sie. Hält diese Auffassung jedoch der Überprüfung stand? Sind ihre Grundlagen tatsächlich gesichert und ihre Erkenntnisvoraussetzungen stichhaltig?

Im buddhistischen Kanon findet sich eine Lehrrede in der *Längeren Sammlung*, die in aller Ausführlichkeit das Für und Wider untersucht. Man ist erstaunt, wie wenig sich die Argumente von damals und heute in ihrer Substanz unterscheiden. In der genannten Sutte wird die Begegnung des buddhistischen Mönches Kumarakassapo mit dem Kriegerfürsten Payasi geschildert. Beide nehmen in dieser Grundsatzfrage zunächst eine völlig konträre Haltung ein. Payasi formuliert seine Position eindeutig:

> *„Es gibt kein Jenseits, es gibt keine geist-unmittelbare Geburt, es gibt keine Saat und Ernte guter und böser Taten."*
> (D 23, in Anlehnung an Neumann)

Wie sich herausstellt, ist Payasi durchaus stark an den Fragen von Transzendenz und Fortexistenz interessiert, und er hat sich seine Meinung nach reiflichem Überlegen und eingehender Beobachtung gebildet. Offensichtlich ist er nicht wie viele seiner Zeitgenossen gewillt, ungeprüft die Ansicht der damals herrschenden Religion der Brahmanen zu übernehmen, die von der Wiedergeburt der Wesen ausging. Sie ist für ihn eine unbewiesene Doktrin, er aber will Wissen. Er lehnt die These der Fortexistenz aber auch nicht von vornherein ab. Aufgrund seiner gesellschaftlichen Stellung und Tätigkeit ist er gewohnt, eigenständig und global zu denken, Überkommenes kritisch in Frage zu stellen und an der eigenen Erfahrung zu messen. Die aber läßt ihn im konkreten Fall zu anderen Ergebnissen kommen.

Auf eine erste Frage Kumarakassapos nach der Begründung für seine Haltung berichtet er, wie er Todkranke und Sterbende gebeten hat, doch nach ihrem Tod zurückzukehren und über das Jenseits zu berichten. Die Absicht ist klar. Er, der Sterben und ein mögliches "Danach" noch nicht selbst erlebt hat, erhofft sich Aufschluß von denjenigen, die kurz vor der Todeserfahrung stehen. Von Menschen, die er lange als vertrauenswürdig kennt und deren Aussage er als authentisch anerkennen würde. Sie sollen ihm Informationen aus erster Hand liefern und seine Zweifel beseitigen.

Er beginnt seine Prüfung mit solchen, die nach traditioneller Auffassung wegen ihres schlechten Lebenswandels eine "höllische" Fortexistenz zu erwarten hätten:

> *„Wenn ihr Lieben bei der Auflösung des Körpers, nach dem Tode, wirklich abwärts geraten seid, auf üble Fährte, zur Tiefe hinab, in höllische Welt, dann bitte kommt doch zurück und meldet es mir: 'Es gibt ein Jenseits, es gibt eine geist-unmittelbare Geburt, es gibt eine Saat und Ernte guter und böser Taten.' Ihr Lieben seid mir ja vertrauenswürdig und glaubwürdig. Was ihr gesehen habt, soll für mich gelten, als ob ich es selbst gesehen hätte. Mit dem Worte 'Gewiß' haben sie es mir versprochen, sind aber nicht gekommen und haben auch keinen Boten gesandt. Das ist ein Umstand, der mich zu der Meinung veranlaßt: 'Es gibt kein Jenseits ...'“*
> (a.a.O.)

Die Fragestellung beinhaltet genau genommen drei grundlegende Aspekte. Gibt es transzendente Welten beziehungsweise gibt es jenseitige Daseinsbereiche? Gelangen die Wesen dorthin und auf welche Weise kommen sie dort zur Erscheinung? Wie ist ihr künftiges Erleben; ist es tatsächlich abhängig von ihrem früheren Tun und Lassen, wie es viele Religionen lehren? Die

Antworten bleiben aus. Keiner der Angesprochenen kehrt zurück und meldet sich, und der Kriegerfürst fühlt sich in seiner Skepsis bestärkt. Er nimmt die nicht gehaltenen Versprechen als Beweis für die Vernichtung derer, die sie gaben.

Payasi hat es bei diesem mißglückten Versuch nicht belassen und seine Bitte auch gegenüber Männern und Frauen geäußert, die ein mehr oder weniger ethisch einwandfreies Leben geführt haben und der Überlieferung gemäß in "himmlischer Welt" hätten wiedererscheinen müssen. Wieder bleibt er ohne Erfolg, keiner der Verstorbenen bestätigt seine jenseitige Existenz. Deshalb verwirft Payasi die Vorstellung eines Weiterlebens nach dem Tode noch überzeugter.

In seiner Erwiderung trägt der Mönch Kumarakassapo dem Fürsten nun in Analogie zu dem Geschilderten mehrere Gleichnisse aus einem überschaubaren Erfahrungsbereich vor. Sie zeigen, wie sich Menschen aus den verschiedensten Gründen aus den Augen verlieren oder von einander getrennt werden und jegliche Verständigung zwischen ihnen unmöglich wird, obwohl es ganz und gar nicht ihren ursprünglichen Absichten oder Wünschen entspricht. Wenn das schon im Alltagsleben der Fall ist, muß dieselbe Möglichkeit auch für einen so gravierenden Einschnitt gelten, wie es der Tod nun einmal ist. Kumarakassapo will demonstrieren, daß sein Gesprächspartner zwar unbezweifelbare Erfahrungen gemacht hat, aber aus ihnen dennoch vorschnell falsche Schlüsse zieht.

Hier die drei Gleichnisse: Da wird der Mörder und Verbrecher genannt, der von den Henkersknechten weggeführt, ins Gefängnis gesperrt oder hingerichtet wird, ohne sich von den Seinen verabschieden oder noch einmal Kontakt mit ihnen aufnehmen zu können. Da ist der Mann, der in eine stinkende, übelkeiterregende Jauchegrube gefallen war und nun gesäubert, wohlgekleidet, blumengeschmückt und parfümiert die angenehme Atmosphäre eines Palastes genießt. In dem dritten fiktiven Beispiel Kumarakassapos entschließt sich ein Verstorbener, der in der Welt der langlebigen "Götter der Dreiunddreißig" wiedererschienen ist, tatsächlich, sein Versprechen einzulösen und Payasi Bericht zu erstatten. Doch will er zuvor lediglich zwei oder drei Tage das ungewohnte himmlische Glück seines jetzigen Zustandes genießen und sich dann auf den Weg machen. Doch ehe er sein Vorhaben in die Tat umsetzen könnte, heißt es nun, wäre der Fürst auf der Erde schon längst gestorben.

Mit diesen Gedankenspielen will der Mönch wenigstens eine Vorstellung vermitteln, wieso die Wesen verschiedener Sphären in der Regel nicht miteinander in Berührung kommen und die für sie jeweils transzendenten Welten auch jenseitig bleiben.

Im ersten Fall verläuft der "Schicksalsweg" des Verstorbenen so verschieden von dem unseren, daß er gegen seinen Willen von uns getrennt bleibt. Wie der Verbrecher hat er sich eine so gänzlich andere Zukunft bestimmt, daß keine weiteren Gemeinsamkeiten existieren. Damit ist die Karma-Lehre angesprochen. Sie besagt, daß das Erleben nicht nur von unseren aktuellen Wünschen und Aktivitäten, sondern wesentlich von unserem früheren Wirken abhängt. Die von Payasi gefragten sittlich verrohten Menschen haben sich durch ihre üble Gesinnung und ihr niederträchtiges Verhalten innerlich und äußerlich so weit von menschlicher Art entfernt, daß sie nun auch nicht mehr menschlich erleben können. Sie sind einer gänzlich anderen Daseinsqualität verhaftet, der sie wenigstens im Moment beim besten Willen nicht entfliehen können. Sie sind Gefangene ihrer Wesensart geworden und an die Resultate ihres einstigen schlechten Tuns gebunden.

Das zweite Beispiel hebt mehr subjektive Momente hervor und zielt auf den inneren Zustand desjenigen, der in einem "himmlischen" Bereich wiedergeboren wurde. Hier sind die neu gewonnenen paradiesischen Erlebnisse so unvergleichlich höher und beglückender, daß ein Zurück überhaupt nicht mehr in Erwägung gezogen wird. Selbst wenn es dem Betreffenden möglich wäre, würde er es nicht wollen. In ihm kann nur der Wunsch nach dem Besseren und Schöneren aufkommen, nicht aber der, in das vergleichsweise triste Dasein als Mensch zurückzukehren. Deshalb bleibt er. In der überwältigenden Erfüllung der Sinne, durch das Wohl der seligen Gegenwart, vergißt er vielleicht sogar die Vergangenheit.

Ist im ersten Vergleich das momentane Erleben von früherem Wollen und Tun bestimmt, ist im zweiten der Wille vom gegenwärtigen Erleben abhängig. Der Inhaftierte will den Kontakt herstellen, kann und darf aber nicht. Der Himmelsbewohner kann es, hat aber kein Interesse mehr. Das dritte Argument berührt das ganz unterschiedliche Zeiterleben und Zeitempfinden in der "himmlischen" und "irdischen" Welt, das die Wesen trennt. Wir kennen eine Vielzahl von Tieren, die nur wenige Jahre, ja oft nur wenige Tage alt werden. Wir als Menschen können Generationen von ihnen kommen und gehen sehen, während wir noch immer "dieselben" sind. Ihr Alterungsprozeß verläuft in einem gänzlich anderen Rhythmus. Während in unserem Leben kaum etwas Nennenswertes geschehen ist, geht der Zyklus von Geburt, Altern und Tod bei ihnen bereits zu Ende. Die Behauptung Kumarakassapos ist nun, daß eine vergleichbare Beziehung zwischen den höher entwickelten Wesen, den übermenschlichen *devata* oder Gottheiten, und dem Menschentum besteht, wenn auch in einer noch ganz anderen Größenordnung:

> *„Was da, Kriegerfürst, bei den Menschen ein Jahrhundert ist, das ist bei den Dreiunddreißig Göttern eine Tagnacht. Dreißig solcher Nächte sind ein Monat, zwölf solcher Monate sind ein Jahr, und die Lebensdauer der Dreiunddreißig Götter beträgt tausend solcher himmlischer Jahre. Deine Freunde, Genossen, Verwandte, Angehörige nun ..., die sind bei der Auflösung des Körpers, nach dem Tode, auf gute Fährte, in himmlische*

Welt emporgelangt, zur Gemeinschaft mit den Göttern der Dreiunddreißig. Wenn nun diese etwa dächten: 'Nachdem wir da zwei oder drei Tage mit den fünf himmlischen Genüssen umgeben und überall damit bedient verbracht haben, wollen wir alsbald Payasi dem Kriegerfürsten Bericht erstatten: Es gibt ein Jenseits, es gibt eine geist-unmittelbare Geburt, es gibt eine Saat und Ernte guter und böser Taten'; könnten die wohl zu dir kommen und es melden?"-
„Freilich nicht, Kassapo, denn wir wären ja lange schon gestorben."
(a.a.O.)

Das Gespräch läßt Payasi bis dahin unbeeindruckt, er beharrt auf seiner Position. Mit Recht kann er immerhin einwenden, daß die Hinweise Kumarakassapos die Unterschiedlichkeit jenseitiger und diesseitiger Welten und die faktische Isolierung ihrer Bewohner anschaulich machen. Sie können jedoch nicht ihre Existenz selbst beweisen. Die Aussagen des Mönches sind in sich widerspruchsfrei, aber ihr Wirklichkeitsgehalt ist noch nicht verbürgt, und sie haben für ihn noch einen rein spekulativen Charakter. Man kann sich das alles auch ausdenken und zusammenphantasieren. Möglichkeit ist nicht auch schon Wirklichkeit. Folgerichtig fragt er:

„Wer aber hat das dem verehrten Kassapo erzählt: 'Es gibt Götter der Dreiunddreißig' oder 'So lange leben die Götter der Dreiunddreißig'? Ich glaube das nicht, daß es die Götter der Dreiunddreißig gibt beziehungsweise daß sie so lange leben.
Stell' dir vor, da wäre ein Blindgeborener;

der sähe keine schwarzen und keine weißen Gegenstände, keine blauen und keine gelben, keine roten und keine grünen, er sähe nicht, was gleich und was ungleich ist, sähe keine Sterne, weder Mond noch Sonne. Und er spräche also: 'Es gibt nichts Schwarzes und Weißes, es gibt keinen, der Schwarzes und Weißes sieht; es gibt nichts Blaues und Gelbes, es gibt keinen, der Blaues und Gelbes sieht ... Ich selber weiß nichts davon, ich selber seh' nichts davon - darum gibt es das nicht.' Hätte der wohl recht?"
„Keineswegs, Kassapo, denn es gibt Schwarzes und Weißes, und man sieht es; es gibt Blaues und Gelbes, und man sieht es ..."
(a.a.O.)

In dieser Passage wird der eigentliche Kern der Jenseitsproblematik thematisiert: die unmittelbare Konfrontation mit jenem ganz Andersartigen. Bisher hat Payasi nur davon gehört, es aber nie selbst direkt erlebt, und deshalb haben ihn die Worte seines Gesprächspartners nicht überzeugt. Sie sind ihm nicht beweiskräftig, er möchte unmittelbare Evidenz durch eigene sinnliche Wahrnehmung. Da sie ihm fehlt, leugnet er "himmlische" und "höllische" Welt kategorisch.

Er muß allerdings schnell zugeben, daß der Mangel an eigener Erfahrung nicht mit der Unmöglichkeit einer solchen Erfahrung schlechthin gleichzusetzen ist. Das Gleichnis vom Blinden zeigt, daß es sehr wohl Farben und Formen, Licht und Schatten und allerlei wahrnehmbare Gegenstände gibt, ohne daß sie zugleich jedem auch sichtbar wären. Wenn also Payasi nicht in der Lage ist, über seinen eigenen Horizont hinauszukommen, bedeutet das nicht, daß das generell unmöglich ist.

Tatsächlich sind wir im Sinne Kassapos Blinde, weil uns im

allgemeinen die Fähigkeit fehlt, die engen Schranken unseres Bewußtseins zu sprengen und das Jenseitige zu sehen. Dazu kommt die Neigung, dieses Andere nach den üblichen Maßstäben zu messen und mit dem vertrauten Handwerkszeug des Geistes zu fassen.

> *„Man darf, Kriegerfürst, das Jenseits nicht so betrachten, wie du glaubst - mit diesem fleischlichen Auge. Die da als Asketen und Priester im Walde an abgelegenen Orten ein einsames Leben führen, die können, sich unermüdlich, ernsthaft und hingebungsvoll bemühend, das himmlische Auge öffnen. Mit dem himmlischen Auge, dem geläuterten, über menschliche Grenzen hinausreichenden, erkennen sie diese Welt wie auch jene und die geistunmittelbar Geborenen. So ist das Jenseits zu betrachten und nicht, wie du glaubst, mit diesem fleischlichen Auge."*
> (a.a.O.)

Damit ist zumindest klar, daß es zur eigenen, unmittelbaren und anschaulichen Erfahrung des Transzendenten ganz anderer Erkenntnisvoraussetzungen bedarf, als sie dem normalen Menschen zur Verfügung stehen. Die gewohnte sinnliche Wahrnehmung, die uns ein Bild der materiellen Umwelt verschafft, ist dazu nicht geeignet. Augen und Ohren oder die anderen Sinnesorgane des groben stofflichen Leibes sind für diesen Zweck untauglich. Es gilt eine Sensibilität ganz anderer Art zu entwikkeln.

Das Gespräch der beiden Kontrahenten hat inzwischen eine wichtige Wendung genommen, wenngleich der entscheidende Durchbruch noch aussteht. Wohl kennt Payasi jetzt theoretisch den Weg, über den allein Evidenz und Sicherheit zu erhalten sind. Aber dieser Weg ist lang und mühsam, und er ist ihn noch keineswegs gegangen. Er hilft ihm also für den Moment nur wenig.

Der Zweifler gibt sich noch immer nicht geschlagen, und so führt er andere Methoden ins Feld, die er angewandt hat, um Beweise für die Endgültigkeit des Todes zu finden. Interessant ist dabei seine systematische Vorgehensweise. Bisher bezogen sich seine Einwände auf die Objektivität transzendenter Daseinsbereiche. Für ihn gibt es kein Jenseits, das sich irgendwo da "draußen" in welchen räumlichen und zeitlichen Dimensionen auch immer ausmachen ließe. Er selbst hat keinen direkten Zugang, und ihm fehlen authentische Zeugen. Jetzt will er untermauern, daß es diese gar nicht geben kann.

Payasi obliegt als Herrscher die Gerichtsbarkeit und die Aburteilung von Verbrechern. Von Fall zu Fall hat er wie damals üblich schon Todesurteile ausgesprochen und bei den Exekutionen seine Beobachtungen angestellt. Ja, man kann nicht einmal ausschließen, daß er solche Hinrichtungen für Experimente der verschiedensten Art mißbraucht hat.

> *„Da haben, Kassapo, meine Leute einen Räuber, einen Verbrecher gefaßt und mir vorgeführt: 'Hier, Herr, ist ein Räuber und Verbrecher. Bestimme seine Strafe!' Und ich habe gesagt: 'Nun, ihr sollt den Mann noch lebendig in eine Kufe setzen, diese mit dem Deckel verschließen, mit feuchten Fellen überziehen, eine dicke Lehmschicht auftragen und dann in den Backofen einlegen und Feuer anmachen.' So geschah es. Als wir nun wußten 'Der Mann ist tot', wurde die Kufe hervorgeholt, aufgeschlagen, der Deckel entfernt, und wir sahen behutsam hinein, ob wir wohl den entweichenden Lebensgeist*

> *wahrnehmen könnten: Aber wir haben keinen entweichenden Lebensgeist bemerkt. Auch das ist ein Umstand, der mich zu der Meinung veranlaßt: 'Es gibt kein Jenseits ...'"* (a.a.O.)

Payasi berichtet also von einem Versuch, die menschliche Psyche außerhalb und losgelöst vom Körper wahrzunehmen und so ihre, vom Materiellen unabhängige, Existenz zu beweisen. Unter sorgsam festgelegten und kontrollierbaren Bedingungen wird ein Mann getötet. Nach brahmanischer Auffassung müßte das Lebendige in ihm, der Lebensgeist, den Körper und damit das irdisches Dasein verlassen, um in eine andere Sphäre einzutreten. Es wundert uns indessen nicht, daß Payasi wieder keinen Erfolg hat und die "Seele" des Delinquenten beim Öffnen des Gefäßes weder sehen noch hören, noch ihrer sonstwie habhaft werden kann.

Das an dieser Stelle nicht näher beleuchtete Gegenargument Kumarakassapos ist für uns heute nicht mehr ohne weiteres einleuchtend, wenn auch folgerichtig. Im alten Indien war es für viele selbstverständlich, daß sich die menschliche Psyche während des Schlafes vom stofflichen Körper lösen und sich auch räumlich von ihm entfernen kann. Im "Traum" finden dann Leben und Erleben in einer anderen Dimension statt. Sie unterliegen andersartigen Gesetzen, sind aber nicht minder real als das Tagesbewußtsein. Payasi macht sich diese Auffassung - vielleicht unbewußt - zu eigen. Er kann auf die entsprechende Frage zwar ohne Schwierigkeiten zugeben, daß keiner der Bediensteten je seinen Geist hat entweichen sehen, wenn er etwa Mittagsruhe hält. Er hat jedoch den Widerspruch zu seiner sonstigen Leugnung des Transzendenten dabei nicht bemerkt. Ungewollt hat er eingeräumt, daß Leben nicht mit der Dimension der Körperlichkeit und dessen Funktionen identisch ist.

Wenn der direkte Nachweis für seine These nicht gelingt, ist dann wenigstens eine indirekte Bestätigung möglich? Ein anderes Experiment soll sie erbringen. Es besteht darin, das Gewicht eines weiteren Delinquenten vor und nach seiner Hinrichtung zu ermitteln und etwaige Unterschiede festzustellen. Vielleicht ist das ein Weg, das Vorhandensein von Seele oder Geist nachzuweisen. Doch das Resultat ist scheinbar paradox. Wo ein Leichnam erwartet wird, der leichter ist, weil die Psyche den Körper des Getöteten verlassen hat, machen die Henker eine gegenteilige Beobachtung:

> *„Da haben, Kassapo, meine Leute einen Räuber, einen Verbrecher gefaßt und mir vorgeführt: 'Hier, Herr, ist ein Räuber und Verbrecher. Bestimme seine Strafe!' Und ich habe gesagt: 'Nun, ihr sollt den noch lebenden Mann wiegen, danach mit einem Strange erdrosseln und ihn dann noch einmal genau wiegen.' So geschah es. Solange er lebte, war er leichter, geschmeidiger, biegsamer; dann aber tot, war er schwerer, starrer und steifer geworden. Auch das ist ein Umstand, der mich zu der Meinung veranlaßt: 'Es gibt kein Jenseits ...'"*
> (a.a.O.)

Aber auch damit noch nicht genug. In einem neuerlichen Test glaubt der Fürst, den Lebensgeist vielleicht doch noch irgendwo zu finden - und zwar durch das Zerlegen und Sezieren der Leiche. Die Ergebnisse sind ebenfalls negativ, und sie bestärken ihn nur noch mehr Ansicht, daß Leben und Bewußtsein nur mit dem physischen Körper gegeben sind, und nur so lange, wie dieser unversehrt ist.

Die traditionelle Naturwissenschaft hat oft eine ähnliche Vorgehensweise. Sie nimmt sich vor, die seelischen und geistigen

Phänomene zu erforschen, indem sie den physischen Körper zum Ausgangspunkt nimmt. Sie will, soweit es, geht mit "fleischlichen" Augen sehen, also mittels der menschlichen Sinnesfähigkeiten etwas über die Wirklichkeit des Psychischen erfahren. Sie will aber auch messen und wägen, also Instrumente und technische Hilfsmittel einsetzen, wo der unmittelbaren Wahrnehmung Grenzen gesetzt sind. Und gelegentlich versucht sie, die kleinsten Details des menschlichen oder tierischen Organismus untersuchen, um dort dem Leben auf seine Spur zu kommen. Doch letztlich ohne Erfolg. In keiner Gehirnzelle wurde je Bewußtsein entdeckt, in keiner Nervenzelle Gefühl oder Emotion.

Es ist nicht nötig, an dieser Stelle alle Argumente des Mönches Kumarakassapo zu nennen, aus denen ersichtlich wird, warum das so sein muß. Vielleicht genügt wieder ein Beispiel. Diesmal wird die Geschichte eines unerfahrenen und einfältigen Jungen erzählt, der mit Hilfe eines Reibzeuges Feuer entfachen will. Er benutzt es aber nicht, wie es sich gehört. Er glaubt in seiner Unwissenheit vielmehr, sein Ziel erreichen zu können, indem er sein Reibzeug in immer kleinere Scheite spaltet. Irgendwo in diesem Holz muß doch das Feuer enthalten sein. Wenn nicht in dem größeren Scheit, dann in seinem Inneren. Freilich entdeckt auch dort nicht einen Funken. Nicht, weil es das Feuer nicht gibt oder weil das Holz nicht zu entflammen ist. Wohl aber, weil es nicht die richtige Vorgehensweise ist.

Das gleiche gilt für den Umgang mit dem Transzendenten, das seinen eigenen Zugang und seine eigene Gesetzmäßigkeit hat. Man muß erkennen, um welche Dimension der Realität es jeweils geht und welche Art und Weise des Umgangs geeignet ist. Der Schatten ist nicht mit der Hand zu fassen. Das Subtile entzieht sich dem groben Instrument. Wie gesagt, ist das Jenseits mit diesseitigen Augen nicht zu sehen. Deshalb schließt Kumarakassapo:

„Ebenso, Kriegerfürst, glaubst du töricht und uneinsichtig, auf unangemessene Weise das Jenseits erforschen zu können. Gib' diese verderbliche Ansicht auf, damit sie dir nicht für lange Zeit Unheil und Leiden bringt."
(a.a.O.)

Jetzt bleibt für Payasi noch eine letzte Hürde: sein Stolz. Der hindert ihn zunächst, sich selbst und der Öffentlichkeit den Irrtum in einer Sache einzugestehen, in der er sich völlig sicher glaubte. Aber auch ihn überwindet er schließlich.

TRANSZENDIERUNG

"Wie Schwert und Scheide"

Den meisten Menschen geht es in einer Hinsicht wie Payasi, ihnen sind Transzendenz-Erfahrungen fremd. Das Jenseits ist für sie bestenfalls Glaubenssache, nicht Teil einer Welt, die man kennt, in der man sich bewegt und zu Hause ist. Andererseits berührt sie die Frage in aller Regel nicht tief genug, um sie zu einer intensiven und systematischen Untersuchung anzuspornen, wie wir sie eben kennengelernt haben.

Um so bedauerlicher ist dann ein Bemühen, das von Offenheit geprägt und von der richtigen Motivation geleitet ist, aber fehlgeht, weil die verwendete Methode ungeeignet ist und dem Gegenstand nicht entspricht. Fast tragisch ist ein solches Vorgehen deshalb, weil das Suchen in der falschen Richtung ergebnislos bleiben wird, auch wenn der gesuchte Gegenstand existiert. Wären Payasis Erkenntnisvoraussetzungen und vor allem seine falschen Schlüsse nicht im Gespräch mit Kumarakassapo korrigiert worden, hätte gerade eine "wissenschaftliche" Betrachtungsweise zum "Beweis" der Nichtexistenz des Jenseitigen geführt. Mit allen praktischen Konsequenzen.

Unsere vertraute Welt ist die der sinnlichen Wahrnehmung. Wir leben mit und von den Objekten in Raum und Zeit. Wir sehen Formen und Farben, wir hören die Töne der Umgebung, riechen ihre Düfte. Wir schmecken das Schmeckbare und tasten, was fest ist und dem Greifen Widerstand bietet. Die Sinnesorgane sind die Mittler. Über ihre Bahnen kommen die Eindrücke eines "Außen" zu einem "Innen". Auge und Ohr, Nase und Zunge sowie der ganze empfindungsfähige Körper sind die Instrumente der Kontaktaufnahme.

Aus den einzelnen Sinneseindrücken wird jedoch nur dann eine "Welt", ein geordnetes Gesamtbild von Wirklichkeit, wenn der Geist die chaotische Vielfalt der einzelnen Sinnesdaten zu einem strukturierten sinnvollen Ganzen zusammenfügt. Nur das Gesehene, Gehörte, Gerochene, Geschmeckte und Getastete zusammen machen Gegenstände aus, die wir im Raum ausgebreitet finden und denen wir Bezeichnungen und Bedeutungen geben.

Es wäre allerdings ein entscheidender Fehler, würde man diese Aussage aus einer einfältigen Weltgläubigkeit heraus mißdeuten. Da "draußen" gibt es nicht eine "objektive" Realität, die unabhängig von uns einfach "da" ist. Wir haben, nach dem Buddha, nicht Wahrnehmung von der Welt, weil sich ihre Gegenstände gewissermaßen über die Sinnesorgane in unser Bewußtsein drängen und dort ein mehr oder weniger getreues Abbild hinterlassen. Sehen gibt es nach der buddhistischen Psychologie nur dann, wenn im Auge gleichermaßen der Drang nach Sehen vorhanden ist und eine entsprechende Sehfähigkeit. Gehört wird nur, weil dem Hörorgan der Wunsch nach Tönen und die notwendige Hörfähigkeit innewohnt. Riechen, Schmecken und Tasten erfolgen nur soweit, als in den jeweiligen Sinnesorganen das Bedürfnis nach Tönen, Säften und Tastbarem steckt und zugleich die Befähigung zu dieser Art von Wahrnehmung.

Es ist kaum notwendig hervorzuheben, daß das gleiche auch für das Denkorgan gilt. Nur weil auch ein Wille zur Erkenntnis existiert, gibt es Verstehen, Orientierung, Denken. Und nicht, weil besondere biochemische Prozesse innerhalb des Gehirns Bewußtsein und Wissen hervorbringen.

Genau besehen, läßt die Lehre des Buddha keinen Raum für einen naiven Realismus, der von der Objektivität von Ich und Welt in einem (unkritisch) naturwissenschaftlichen Sinne ausgeht. Wo Wahrnehmung stattfindet, ist dies weniger auf äußere Faktoren zurückzuführen als auf "subjektive" Momente. Innere Antriebe und Neigungen lassen nach Sinneseindrücken suchen, so daß die Sinnesorgane für sie eigentlich bloße Werkzeuge sind; materielle Hilfsmittel in einer dinglichen Welt für die wahrnehmungsbedürftige und auch wahrnehmungsfähige Psyche.

Wir werden im nächsten Kapitel sehen, was es mit den äußeren Phänomenen des Daseins auf sich hat, woher sie kommen und warum sie so sind, wie sie gerade sind. Für jetzt ist festzuhalten, daß Welterlebnis nur sein kann, soweit Wille dazu vorhanden ist. Das bedeutet zugleich, daß Art und Umfang der Bewußtwerdung immer abhängig sind von der geistig-seelischen Beschaffenheit der Wesen. Das Sehen-Wollen bestimmt weitgehend das Sehen selbst. Der Erlebnisdrang der Psyche diktiert das Hören, Riechen, Schmecken und Tasten, er gibt dem Denken, Erkennen und Verstehen Richtung und Form. Er ist die meist übersehene Hauptquelle der Realitätserfahrung.

Haben wir einen differenzierten Geist mit vielerlei Anliegen und Wünschen, ist das Erlebte entsprechend vielgestaltig und bunt. Bleibt unsere Motivstruktur schlicht und begrenzt, sind es die Sinneseindrücke und unsere Denkmuster ebenfalls. Sind die Tendenzen der Psyche grob und derb, können die aufkommenden Bewußtseinsinhalte nicht subtil sein. Und je fixierter und starrer schließlich die seelischen Tendenzen sind, um so unwandelbarer, stabiler und solider müssen ihnen die Daseinserscheinungen gegenüberstehen.

Daraus ergeben sich sehr weitreichende Konsequenzen für die Frage nach der Erlebnismöglichkeit des Jenseits. Die angedeuteten Zusammenhänge erklären, warum für die meisten von uns Transzendenz-Erfahrungen faktisch ausgeschlossen sind: Unser Wollen ist so selbstverständlich, so unbeirrt und ausschließlich auf die grobstofflich wahrgenommene, „materielle" Welt gerichtet, daß wir für alles andere nicht sensibel genug sind. Mit den uns umgebenden Dingen, Menschen und Ereignissen verbinden uns so starke Interessen, daß sie uns eben dadurch zur ausschließlichen Wirklichkeit werden. Die innige Verflechtung mit der Alltagsrealität und die blinde Identifikation mit dem uns Vertrauten, blenden alle anderen potentiellen Erlebnisbereiche aus. Das führt schließlich dahin, daß wir die tatsächlich und oft gemachten Erfahrungen mit der Erfahrungsmöglichkeit überhaupt verwechseln. Wir leben in einer geradezu neurotischen, wahnhaften Verengung unseres Blickes. Und dieser Realitätsverlust geht irgendwann so weit, daß man sich aus dieser Gebundenheit an das "Irdische" das "Jenseits" nicht einmal mehr vorstellen kann.

Dabei ist das "Transzendente" keineswegs fern, es beginnt gewissermaßen vor unseren Augen. Transzendent ist im Grunde schon alles, was die übliche Reichweite unserer Sinne übersteigt. Wie relativ Diesseits und Jenseits sind, zeigt bereits ein Vergleich der Wahrnehmungsfähigkeit der Menschen untereinander bei den gleichen Objekten der Umwelt. Was für den einen unter der Wahrnehmungsschwelle liegt, liegt für den anderen darüber. Noch deutlicher wird das im Vergleich mit dem Tier. Töne ab einer bestimmten hohen Frequenz sind für den Menschen nicht mehr hörbar, für ihn also sinnestranszendent, für den Hund beispielsweise nichts besonderes und Teil seiner Erlebniswelt. Wollten wir solche Töne für nicht existent oder gar für unmöglich erklären, bloß weil sie uns nicht zugänglich sind? Wollten wir etwa das von den Bienen registrierte Farbspektrum für irreal halten, nur weil das menschliche Auge es nicht erfassen kann? Sicher nicht, denn es gibt diese subjektiven Erlebensmöglichkeiten und ihre äußeren Entsprechungen. Es gibt sie, physikalisch betrachtet, auf einer anderen Schwingungsebene, so wie es darüber hinaus Radiowellen, atomare Strahlungen und eine Vielzahl weiterer energetischer Impulse gibt, von denen wir nur indirekt durch technische Meßinstrumente Kenntnis haben.

Wie kann man da die Realität des (nachtodlichen) "Jenseits" kategorisch leugnen, bloß weil es nicht in der gleichen "Nähe" zu dem menschlichen Alltagsbewußtsein zu finden ist wie die eben genannten Phänomene und wir (noch?) keine brauchbaren Apparaturen für ihren unwiderleglichen Nachweis besitzen? Und weil sie nicht nur Erscheinungen der unbelebten Natur, sondern auch lebende Wesen einschließt, die gleicherweise in einer anderen energetischen Dimension zu Hause sind?

Die Unfähigkeit zur Transzendenz-Erfahrung - vor allem im letzten Sinn - ist aber keineswegs absolut, sie ist geworden und damit bedingt. Wie alle menschlichen Eigenschaften ist sie erworben und kann deshalb überwunden werden. Es war schon davon die Rede, daß die Fixierung des Geistes die Inhalte unseres Bewußtseins beeinflußt und sich mit der Auflösung dieser geistigen Unbeweglichkeit auch der Erfahrungshorizont weitet. Die Gewöhnung an eine grobe sinnliche Weltwahrnehmung bindet an sie und verhüllt alle subtilen Formen von Realität. Die Entwöhnung von ihr befreit und eröffnet neue Möglichkeiten. Wer starr nach vorne schaut, kann nur sehen, was unmittelbar vor Augen liegt. Man muß den Kopf herumdrehen, um die ganze Fülle der Tatsachen zu bemerken. In einer Unterredung mit Sakuludayi, einem bekannten und gelehrten Zeitgenossen, betont der Buddha sogar, daß der Abbau der Beschränktheit unserer Erlebensfähigkeit zu den zwangsläufigen Ergebnissen des buddhistischen Übungsweges gehört. Neben vielen anderen positiven Auswirkungen der von ihm gelehrten spirituellen Praxis weitet sich das Feld des Gewahrseins unausbleiblich.

> *„Darüber hinaus, Udayi, habe ich meinen Schülern die Wege gezeigt, auf denen sie mit dem himmlischen Gehör, dem geklärten, menschliche Fähigkeiten übersteigenden, beide Arten Töne hören, die himmlischen und die menschlichen, die fernen und die nahen.“*
> (M 77, in Anlehnung an Dahlke)

Hier wird wie selbstverständlich und sehr bestimmt ausgesprochen, daß die Fähigkeit des Hörens nicht immer an grob-materielle Bedingungen geknüpft ist. Lufterzeugte Schallwellen und ein Ohr aus Fleisch und Blut mögen bei dem normalen Menschen Voraussetzungen für ihre Tonwahrnehmung sein, sie sind es aber nicht für das Hören schlechthin. Es gibt nach der Aussage des Buddha ein "himmlisches Gehör", das jenseits davon funktioniert. Das gleiche gilt für das Sehen, für das wir Linse und Netzhaut benötigen und das von den Gegenständen reflektierte Licht. Aber Sehen ist nicht auf diese physikalisch definierte Weise beschränkt. Das "himmlische Auge" braucht weder das eine noch das andere und liefert doch Einblicke in die Realität. Weitgehende Einblicke, wie das gleich folgende Zitat belegt. Das himmlische Auge sieht nämlich nicht nur räumlich weit entfernte Gegenstände oder uns sonst verborgene Ereignisse. Bei einem bestimmten Entwicklungsgrad ist es sogar in der Lage, den nachtodlichen Gang der Gestorbenen unmittelbar zu verfolgen. Dem Betrachter wird das Geborenwerden, Sterben und Wiedergeborenwerden der Wesen (nach dem karmischen Gesetz beziehungsweise nach ihrem Handeln) zum anschaulichen Erlebnis.

> *„Darüber hinaus habe ich meinen Schülern die Wege gezeigt, auf denen sie in vielfacher Weise mit dem himmlischen Auge, dem geklärten, menschliche Fähigkeiten übersteigenden, die Wesen sehen, wie sie verschwinden und wiedererscheinen."*
> (a.a.O.)

Es gibt eine seelische Verfassung, in die man hineinwachsen kann und die völlig neue Erfahrungshorizonte eröffnet - bar aller Phantasie und Träumereien. Der Buddha selbst hat sie am Ende seines langen Weges der Befreiung erlangt und anderen gelehrt. Die scheinbar so starren Grenzen zwischen diesseitiger und jenseitiger Welt werden durchlässig, ungekannte Formen des Erkennens und Erlebens tun sich auf, beide Sphären werden für den Sensibilisierten zugänglich und gleichermaßen Realität. Jenseits wird Diesseits und Diesseits Jenseits, je nach der aktuellen

Perspektive. Das jedoch setzt die Umgestaltung der Persönlichkeit voraus und eine andere Lebensweise als die für uns übliche. Über solche inneren Wandlungsprozesse und ihre Folgen informiert uns der Palikanon an verschiedenen Stellen.

In einer Unterredung mit dem Buddha berichten die schon fortgeschrittenen Mönche Anuruddho, Nandiyo und Kimbilo über ihre Bemühungen um geistige Vertiefung und meditative Sammlung. Sie haben erste Erfolge, aber sie stoßen noch an enge Grenzen und kommen an einem bestimmten Punkt nicht weiter. Deshalb suchen sie Rat, um den einer von ihnen, Anuruddho, den Erwachten bittet:

> *„Da nehmen wir, o Herr, während wir unermüdlich, eifrig, zielbewußt weilen, eine Lichterscheinung wahr und eine Andeutung von Formen; aber diese Lichterscheinung und die Andeutung von Formen entschwindet uns bald wieder und dieses Zeichen meistern wir nicht."*
>
> *„Dieses Zeichen, Anuruddha, müßt ihr eben meistern! Auch ich habe vor der vollen Erwachung, als noch nicht Vollerwachter, als Bodhisatta, die Lichterscheinung wahrgenommen und die Andeutung von Formen; aber diese Lichterscheinung und die Andeutung von Formen ist mir bald wieder entschwunden. Da kam mir der Gedanke: 'Was ist wohl der Grund, was ist die Veranlassung, daß mir diese Lichterscheinung entschwindet und die Andeutung von Formen?' Da kam mir der Gedanke: 'Zweifel ist in mir aufgestiegen; Zweifel war die Ursache, daß die Vertiefung mir verloren ging. Weil die Vertiefung verloren ging, entschwand die Lichterscheinung*

und die Andeutung von Formen; ich muß mich also so einrichten, daß Zweifel mir nicht wieder aufsteigen wird.'"
(M 128, nach Dahlke)

Der Buddha bestätigt seinen drei Schülern, daß auch er auf dem Weg zu seiner Erwachung die gleichen Entwicklungsschritte durchlaufen hat. Er weiß daher um die notwendigen Bedingungen und die möglichen Hindernisse für diesen Transformationsprozeß. Die wichtigsten Voraussetzungen sind schon in dem Gespräch mit den Mönchen zum Ausdruck gekommen, das der zitierten Passage bereits vorangegangenen ist. Noch vor ihrem aktuellen Problem haben sie einige grundsätzliche Dinge besprochen, die für das Thema von Bedeutung und für das Verständnis wichtig sind.

Ihr Lehrer hat die drei nach der Begrüßung zu verschiedenen Aspekten ihrer gegenwärtigen Lebensumstände befragt und jedesmal eine positive Antwort bekommen. Alle können berichten, daß die materiellen Voraussetzungen für ihr Mönchsdasein befriedigend sind. Vor allem herrscht kein Mangel bei Essen und Trinken und bei der Versorgung mit den sonstigen Bedarfsgegenständen. Damit ist die körperliche Gesundheit und Ausgeglichenheit als eine der Grundvoraussetzungen für die spirituelle Entwicklung genannt. Mangelhafte Ernährung, körperliche Schwäche oder Krankheiten können große Hemmnisse sein. Hier sind sie glücklicherweise nicht vorhanden. Aber nicht nur das. Das Zusammenleben von Anuruddho, Nandiyo und Kimbilo gestaltet sich auch auf der persönlichen Ebene einwandfrei. Ihre zwischenmenschlichen Beziehungen sind harmonisch, sie kommen ohne Streitigkeiten miteinander aus und verhalten sich rücksichtsvoll und zuvorkommend. Es bestehen keine Interessengegensätze und Meinungsverschiedenheiten. Gegenseitige Vorbehalte und Gefühle der Abneigung oder gar der Aggression sind ihnen fremd. Das bedeutet in unserem Zusammenhang:

Wer zu stark in äußerem Zwiespalt lebt, in sozialen Beziehungen voller Spannungen und Auseinandersetzungen, wer mit der Welt im Zwist liegt, der wird das Ziel nicht erreichen. Er bleibt dem Vordergründigen und Alltagsmäßigen, dem Banalen und Unwürdigen verhaftet. Er kann den Übertritt in eine andere geistige Dimension nicht schaffen. Für die drei Freunde besteht dieses Problem nicht. Der Buddha hört von den Mönchen weiter, daß die Erfordernisse des Alltages ohne große Mühen und Aufregungen erfüllt werden und deshalb genügend Zeit für Fragen der Lehre und die spirituelle Praxis bleibt. Ihre Kräfte werden nicht für unnötige Dinge vergeudet.

Wir verstehen jetzt die einzelnen Voraussetzungen und Entwicklungsschritte für den in Frage stehenden Vorgang der Öffnung. Anuruddho, Nandiyo und Kimbilo haben ihr Interesse von der "Welt" schon weitgehend abgewandt, der Umgang mit ihr ist auf ein Minimum beschränkt, die Art des Umgangs ruhig und harmonisch. Ihre Aufmerksamkeit ist nicht wie bei dem gewöhnlichen Menschen vom Wirbel des Draußen zerfahren und unstet. Die Achtsamkeit ist mehr bei ihnen selbst. Die sonst ununterbrochene, zwangsläufige äußere Weltwahrnehmung ist mehr der Beobachtung der eigenen inneren Gegebenheiten und Vorgänge gewichen. Sie ist zugleich ruhiger, konzentrierter, unabgelenkter, nicht von wechselnder sinnlicher Zuneigung oder Abneigung getrieben.

Diese grundlegende Änderung der Blickrichtung und ihre schon gewandelte geistige Verfassung lassen sie nun in der Meditation eine "Lichterscheinung" und "Andeutung von Formen" schauen - erste Bilder des Jenseits. Daß sie noch vage und hinfällig sind, hängt mit den noch verbliebenen Unvollkommenheiten des eigenen Gemütes zusammen, die jetzt zu beseitigen sind. Darauf zielt die Belehrung des Buddha, der insgesamt elf solcher Unreinheiten benennt, die Hindernisse für den weiteren spirituellen Fortschritt sind. Hier nur die wichtigsten:

Da ist der "Zweifel", ob es wohl Jenseitiges gibt oder nicht, ob das Wahrgenommene eine Einbildung ist oder nicht, ob die eigenen Bemühungen sinnvoll sind oder nicht. Es ist völlig klar: Was man nicht für denkbar hält, kann man weder anstreben noch erreichen. Wenn ich nicht an die Realität von etwas glaube oder wenigstens an seine Möglichkeit, wie sollte das dann eine praktische Bedeutung für mich haben? Wenn ich das Jenseits als etwas Irreales beurteile, bleibt mein Geist ihm gegenüber verschlossen. Wenn ich von meinem Vorhaben nicht überzeugt bin, fehlt mir die Motivation, es umzusetzen.

Nicht minder wichtig ist eine feste und unirritierte "Achtsamkeit" im Umgang mit Dingen des Lebens. Unaufmerksamkeit verhindert genaueres Betrachten und tieferes Vertrautwerden mit einem Gegenstand. Ein oberflächlicher Blick liefert ein unklares Bild. Nur wenn die Aufmerksamkeit geschärft ist und lange genug auf ein Objekt gerichtet bleibt, offenbaren sich seine Eigenschaften. Das gilt schon für den Alltag und mehr noch für Unbekanntes oder gar Jenseitiges. Was ich kennenlernen will, muß ich genau unter die Lupe nehmen und unvoreingenommen und intensiv beobachten. Das erfordert Wachheit.

Von der Fixiertheit auf das Alltägliche und Banale habe ich eingangs schon einmal gesprochen. "Trägheit" und "Schlaffheit" - im wörtlichen wie im übertragenen Sinn - sind nicht zu unterschätzende Ursachen für das Kleben am Dinglich-Weltlichen. Daß das eine Fessel ist, zeigt sich nun erneut, und es bedarf beständiger Mühe und Anstrengung, um die Macht unserer Gewöhnung zu durchbrechen und eine neue Orientierung zu finden. Wenn das Verharren im Gewohnten nicht aufgebrochen wird, können auch unsere geläufigen Muster der Weltwahrnehmung nicht transzendiert werden.

Das wird ebenfalls nicht funktionieren, wenn "Ängstlichkeit" und "Gefühlsüberschwang" den Geist beunruhigen. In dem einen Fall mag Furcht entstehen, weil in der Meditation die vertraute Welt und das vertraute Ich verblassen und sich eine neue, unbekannte Dimension der Wirklichkeit zeigt. Verunsicherung kommt auf. Deshalb wagt man den entscheidenden Schritt meist nicht und scheut sich, die Schwelle zu dem Unbekannten zu überschreiten. In dem anderen Fall können eine allzu gespannte Erwartung auf ungewöhnliche Erlebnisse und geistige Zustände oder die Faszination der gerade aufsteigenden Bilder eine so starke innere Erregung mit sich bringen, daß die Transzendierung mißlingt. Man verliert die gerade gewonnene Konzentration und fällt zurück.

> *„Und als ich, Anuruddha, merkte: Zweifel ist eine Verunreinigung des Gemütes, da wurde er abgetan; als ich merkte: Unachtsamkeit ist eine Verunreinigung des Gemütes, da wurde sie abgetan; als ich merkte: Trägheit und Schlaffheit sind Verunreinigungen des Gemütes, da wurden sie abgetan; als ich merkte: Ängstlichkeit ist eine Verunreinigung des Gemütes, da wurde sie abgetan; als ich merkte: Gefühlsüberschwang ist eine Verunreinigung des Gemütes, da wurde er abgetan ..."*
> (a.a.O.)

Die volle Transformation des Normalbewußtseins ist ein gradueller und allmählicher Prozeß. Sie geschieht in der Regel nicht unvermittelt und plötzlich, und selten gelingt sie sofort vollständig. Es gibt Vorstöße und Rückfälle, vorsichtiges Hineinfinden und tastende Versuche, Teilerfolge und schließlich sichere Fähigkeit. Ein Exempel für solche Entwicklungsschritte liefert der Mönch Sunakkhatto, der auf seinem Weg schon ein bemerkenswertes Stück vorangekommen ist. Er hat das "himmlische Auge" schon ausgebildet, aber noch nicht das "himmlische Ohr". Er kann jenseitige Formen sehen, aber keine jenseitigen Laute hören. Ein Bekannter von ihm, Mahali, erfährt davon und unterhält sich anschließend mit dem Buddha, weil er sich diesen besonderen Umstand nicht erklären kann. Wieso geht das eine und das andere nicht?

„Vor einigen Tagen, o Herr, kam Sunakkhatto, der junge Licchavier, zu mir und sprach: 'Seitdem ich da, Mahali, mich dem Erhabenen zugesellt habe - es ist erst drei Jahre her - kann ich himmlische Gestalten wahrnehmen, holdselige, dem sinnlichen Begehren entsprechende, reizende, aber ich höre freilich keine himmlischen Töne, holdselige, dem sinnlichen Begehren entsprechende, reizende.' Gibt es nun himmlische Töne und Sunakkhatto hört sie nur nicht oder gibt es überhaupt keine?"
"Es gibt in der Tat, Mahali, himmlische Töne, der junge Licchavier Sunakkhatto hört sie nur nicht."
"Was ist nun die Ursache, was der Grund, daß Sunakkhatto sie nicht hört?"
"Da hat, Mahali, ein Mönch die Konzentration entwickelt, die speziell auf die Wahrnehmung himmlischer Gestalten gerichtet ist, nicht aber auf das Hören himmlischer Töne, und so nimmt er eben bloß himmlische Gestalten wahr, nicht aber hört er himmlische Töne.
Da hat ein Mönch die Konzentration entwickelt, die auf das Hören himmlischer Töne gerichtet ist, nicht aber auf die Wahrnehmung himmlischer Gestalten, so hört er eben bloß himmlische Töne, nicht aber nimmt er himmlische Gestalten wahr.
Da hat ein Mönch die beiderseitige Konzentration entwickelt, die sowohl auf die

Wahrnehmung himmlischer Gestalten wie auf das Hören himmlischer Töne gerichtet ist, und so nimmt er eben himmlische Gestalten wahr und hört himmlische Töne."
(D 6, nach Grimm: Samsaro, S. 28)

Der Buddha spricht hier von der Entfaltung ganz bestimmter Eigenschaften. Er sagt, daß geistige Sammlung und Integration immer umfassender, tiefer und beständiger werden müssen. Erst sind die negativen und hemmenden Seiten des Geistes zu beseitigen. Seine Unausgeglichenheit, seine Grobheit und Fixiertheit beschränken ihn. Nur für den, der geistige Energielosigkeit oder Überreiztheit, der Verlangen nach äußeren Reizen oder inneren Widerwillen schrittweise ablegen kann, wird "Jenseitiges" immer gewisser zu "Diesseitigem". In dem Maße, wie man "hier" die Sinne verschließt, öffnen sie sich "dort". Ein gewandelter Geist macht eine andere Wirklichkeit zugänglich. Wie weit das gehen kann, schildert der Erwachte bei vielen Gelegenheiten. Aus zunächst einzelnen oder sporadisch wahrgenommenen Tönen und Bildfetzen werden nach und nach vollständige Erlebniszusammenhänge. Neue Daseinsräume erschließen sich, "jenseitige" Wesen werden sichtbar und werden "greifbare" Realität.
Auch dem noch um sein Erwachen ringenden, künftigen Buddha ergeht es so. Ihm zeigt sich nach eigenen Aussagen zunächst der undifferenzierte und formlose Lichtschein aus jener anderen Sphäre. Allmählich werden die Konturen schärfer, Wesen werden sichtbar, die eine immer deutlichere Gestalt annehmen und mit denen er sich bald sogar unterhalten kann. Ihr Realitätsgehalt und der ihres Umfeldes unterscheiden sich nicht von dem der Menschen auf der Erde. Diese himmlischen Wesen haben kollektive und individuelle Eigenschaften und lassen sich klar unterscheiden und beschreiben. Sie haben persönliche Merkmale und eine Geschichte, die sie nicht selten mit dem Buddha verbindet. All das offenbart sich einem gereinigten Geist.

„Während ich nun in der Folgezeit unermüdlich, eifrig und entschlossen weilte, nahm ich einen Lichtglanz wahr, bemerkte die Gestalten, weilte, sprach und unterhielt mich mit jenen Himmelswesen; wußte, ob sie zu dieser oder jener Gruppe von Himmelswesen gehören; wußte, auf Grund welchen Wirkens sie von hier abgeschieden und dort wiedererschienen waren, wovon sie sich nähren, welch Glück und Leid sie empfinden, wie alt sie werden und wie lange sie leben, sowie auch, ob ich schon früher einmal mit ihnen zusammen gelebt hatte oder nicht."
(A 8,64, nach Nyanatiloka/Nyanaponika)

Jenseitiges wird indessen nicht nur passiv erlebt, so wie etwa der Besucher eines Kinos einen Film auf der Leinwand sieht, aber selbst nicht eingreifen kann. In diesem Fall tritt der Betreffende vielmehr in eine neue Welt ein, bewegt sich in ihr und wird in ihr heimisch. Er ist nicht nur Zuschauer, sondern ist Agierender. Er kommuniziert mit den dortigen Wesen, versteht sie, und er wird verstanden. Wer so weit gelangt und zu diesen Dingen fähig ist, hat mehr als nur seine Wahrnehmungsfähigkeit transzendiert. Er ist in eine neue Dimension der Wirklichkeit und seines Lebens hineingewachsen. Er ist zum Wanderer zwischen zwei Welten geworden.

Das erst Außergewöhnliche und für die allermeisten Menschen sogar Undenkbare wird irgendwann zur Normalität. Es verliert den Charakter des Besonderen, so wie im Laufe der Zeit für ein Kind vieles zur Selbstverständlichkeit wird, was es in den ersten Jahren fasziniert und in Erstaunen versetzt hat. Komplizierte Tätigkeiten und Bewegungsabläufe werden Routine, ungewöhnliche Erlebnisse zu belanglosen Begegnungen. Wie selbstverständlich berichtet der Buddha von vielen Jenseitskontakten in seinem späteren Leben. Von eigenen und denen solcher Mönche, die ebenfalls innerlich rein geworden waren. In den kanonischen Texten finden sich Zeugnisse von jenseitigen Wesen, die ihn "hier" besuchten, und von solchen, die er "dort" aufsuchte.

> *„Diese Nacht, zu vorgerückter Stunde, kamen zahlreiche Gottheiten, mit ihrem herrlichen Glanz den ganzen Jetahain erleuchtend, zu mir heran, begrüßten mich ehrfurchtsvoll und standen zur Seite. Seitwärts stehend sprachen jene Gottheiten also zu mir: 'Früher, o Ehrwürdiger, als wir noch Menschen waren ...'"*
> (A 9,19, nach Nyanatiloka/Nyanaponika)

Umgekehrt begibt sich der Buddha wie gesagt auch in die Daseinsbereiche anderer Wesen. Meist tut er das, um sie zu belehren oder vor falschen Anschauungen zu bewahren. So sucht er etwa Bako auf, einen hohen Brahma-Gott, dem wir später noch einmal begegnen werden. Kaum anders als wir in das Haus eines Nachbarn oder einer Freundin eintreten, betritt er eine andere "Welt". Mit welcher Leichtigkeit solche Kontakte zustande kommen, sehen wir an der Formulierung zu Beginn des folgenden Zitates, die sehr häufig gebraucht wird. Der Buddha versetzt sich in eine andere Sphäre, und er muß sich dazu nicht mehr anstrengen, als wenn jemand seinen Arm bewegt.

> *„So wie ein kräftiger Mann den gebeugten Arm ausstrecken oder den gestreckten Arm beugen kann, ebenso verschwand ich da von Ukkattha und erschien in jener Brahmawelt. Da sah mich der Brahma Bako wie von ferne herankommen ..."*
> (M 49, in Anlehnung an Neumann)

Der Eindimensionalität der überkommenen Weltvorstellung steht also eine faktische Vieldimensionalität des Daseins entgegen. Die uns bekannte und für uns einzig reale sinnlich-materielle Welt ist nur eine Daseinsform von vielen. Jene anderen kennen wir nicht und halten sie vielleicht sogar für Hirngespinste, nur weil sie jenseits unserer gegenwärtigen Wahrnehmungsfähigkeit liegen. Wir kennen den Teich, wissen aber nichts vom Meer.

Welche Konsequenzen ergeben sich nun aus all dem für das Verständnis des Menschseins? Es ist viel umfassender und komplexer, als wir ahnen, und es beinhaltet Möglichkeiten und Qualitäten, von denen wir nicht einmal träumen. Der Körper, auf den wir aus völliger Verblendung am meisten fixiert sind, ist nur die äußerste, derbe Schale und spiegelt eine ebenso grobe Psyche. Dagegen verbürgen sich alle spirituell begabten und großen Seher für eine nicht minder reale "feinstoffliche" Körperlichkeit, die den normalen Sinnesorganen verborgen bleibt.

Die Identifikation und die permanente Beschäftigung des Menschen mit seinem "dichten" materiellen Leib läßt ihn blind werden für dessen subtilen und subtilsten Elemente, die es in den vielfältigsten Abstufungen und Schichtungen gibt. Der Erwachte lehrt, neu und anders zu beobachten und den Blick auf das Ganze des Daseins zu lenken. Er befähigt, Feines und immer Feineres zu entdecken. Zu dieser neuen Sichtweise und der zunehmenden Vertrautheit mit dieser anderen Realität kommt schließlich die Fähigkeit, mit ihr auch praktisch umzugehen. Die menschliche "Körperbeherrschung" erweitert sich.

> *„Darüber hinaus, Udayi, habe ich meinen Schülern die Wege gezeigt, auf denen sie aus diesem Körper einen anderen Körper hervorgehen lassen, formhaft, geistig gestaltet, mit allen Gliedern und Sinnesfunktionen versehen. Wie wenn ein Mensch aus einem*

Munjagras einen Halm herauszöge und dabei dächte: 'Das ist das Munjagras, das ist der Halm; das eine ist das Munjagras, das andere der Halm'."
(M 77, in Anlehnung an Dahlke)

Hier ist sogar die zeitweilige, bewußte und gewollte Trennung des feinstofflichen vom grobstofflichen Körper als möglich genannt. Wer dazu befähigt ist, kann seinen "himmlischen" Körper aussteigen lassen und in ihm und mit ihm weiterleben. Er tut es mit einem für uns transzendenten Leib in einer für uns transzendenten Welt - mit den Fähigkeiten der Körpersinne und mit Denken, Fühlen und Wünschen. Im vorangegangenen Kapitel haben wir dieses Phänomen bereits in einem anderen Zusammenhang kennengelernt. Dort unterhielten sich Kumarakassapo und Payasi über Schlaf und Traum, und beide gingen wie selbstverständlich davon aus, daß die menschliche Psyche den Körper im Schlaf verlassen kann, um einen anderen Erlebnisraum zu betreten. An dieser Stelle zeigt sich, daß diese Trennung auch willkürlich zustande gebracht werden kann und zu den Anlagen des Menschseins gehört, auch wenn sie meist unbekannt und "ungenutzt" bleiben.

„Wie wenn ein Mensch ein Schwert aus der Scheide herauszöge und dabei dächte: 'Das ist das Schwert, das ist die Scheide; das eine ist das Schwert, das andere die Scheide; eben aus der Scheide ist ja das Schwert herausgezogen.'"
(a.a.O.)

Der hier von dem Buddha gebrauchte zweite Vergleich gibt einen aufschlußreichen Hinweis. Er sagt, daß man jenen Körper aus diesem wie ein Schwert aus der Scheide herausziehen kann.

Damit ist zugleich ausgedrückt, was von den beiden das wichtigere und wertvollere ist. Die Scheide umgibt nur den Stahl. Auf ihn aber kommt es an, und er kann ohne seine Hülle sein und benutzt werden.

Wenn wir erkennen, daß wir schon "zu Lebzeiten" vielgestaltig sind, daß wir "Diesseitige" und "Jenseitige" sind, bekommen wir eine Ahnung, was Sterben wirklich ist. Tod heißt nur Ende dieser menschlichen Persönlichkeit in ihrer derzeitigen Form. Tod bedeutet nicht das Ende der Person schlechthin, sondern die Zerstörung und das Zurücklassen des grobstofflichen Körpers, der Hülle. Empfinden, Erleben und Wahrnehmen sind nicht aufgehoben. Sehen und Hören, Denken und Erinnern gehen weiter. Wünschen und Wollen setzen sich einer eigenen Gesetzmäßigkeit entsprechend fort. Die Wesen agieren nicht weniger als vorher.

Wir legen lediglich ein grobes Instrument ab, geschaffen für die Lebensdauer und die Zwecke in einer groben Welt. Durch den Wegfall des stofflichen Leibes tritt das zu Tage, was immer schon da war, dem von Äußerlichem Geblendeten nur nicht bemerkbar. Der Mensch hat zu Lebzeiten bereits Anteil am Transzendenten, in das er mit dem Tod gänzlich wechselt und in dem er dann aufgeht. Jetzt ist seine Transzendierung vollkommen, und es gibt (vorläufig) kein Zurück mehr. Das "Leben" geht weiter mit allen denkbaren Leiden und Freuden, mit angenehmen und unangenehmen Begegnungen, Mühen und Anstrengungen, weil das im eigentlichen Sinne "Lebendige" etwas ganz anderes ist als der biologische Organismus.

Zwei weitere Bilder aus derselben Rede sollen vor allem das Verhältnis von Physischem und Psychischem veranschaulichen. Ersteres, belebt nur durch die innewohnenden seelischen Kräfte, zerfällt und endet mit dem Tod, letzeres besteht fort. Die Schale zerbricht, der Kern kommt zum Vorschein.

„Darüber hinaus, Udayi, habe ich meinen Schülern die Wege gezeigt, auf denen sie erkennen: 'Das hier ist mein Körper, formhaft, aus den vier Elementen bestehend, von Vater und Mutter gezeugt, von Speise und Trank genährt, der Vergänglichkeit, der Vernichtung, der Auflösung, dem Zerfall, dem Untergang unterworfen - und dies ist mein Bewußtsein, daran geknüpft und gebunden.' Wie wenn da ein Edelstein, ein Diamant wäre, strahlend, von vollendeter Beschaffenheit, achteckig, wohlbearbeitet, durchsichtig, klar, mit allen Kennzeichen versehen; da wäre ein Faden hindurchgezogen, ein blauer oder gelber oder roter oder weißer oder farbloser; den würde jemand mit guten Augen in die Hand nehmen und betrachten: 'Das hier ist ein Edelstein, ein Diamant, strahlend, von vollendeter Beschaffenheit, achteckig, wohlbearbeitet, durchsichtig, klar, mit allen Kennzeichen versehen; da ist dieser Faden hindurchgezogen, ein blauer oder gelber oder roter oder weißer oder farbloser' - ebenso habe ich meinen Schülern die Wege gezeigt, auf denen sie erkennen: 'Dies hier ist mein Körper, formhaft, aus den vier Elementen bestehend, von Vater und Mutter gezeugt, von Speise und Trank genährt, der Vergänglichkeit, der Vernichtung, der Auflösung, dem Zerfall, dem Untergang unterworfen - und dies ist mein Bewußtsein, daran geknüpft und gebunden.'"

(a.a.O.)

Wer auf den Körper sieht, sieht nur Vergänglichkeit, Verwesung und Zerfall. Aber man muß ihn durchschauen, ihn durchsichtig machen und das sehen, was "in" ihm ist. Der Buddha hat beschrieben, wie man ihn so "bearbeiten" kann, daß er wie ein "Juwel" transparent wird und den "Faden" offenbar werden läßt. Auf den Faden wird der Edelstein aufgezogen, vielleicht sogar mehrere. So wie er auf der anderen Seite des Steines wieder zum Vorschein kommt, weiterläuft und mit seiner ihm eigentümlichen Farbe sichtbar ist, so gibt es auch Kontinuität jenseits des Körpers: die Kontinuität der Psyche und ihrer feinstofflichen Erscheinung (in der Übersetzung Dahlkes mit "Bewußtsein" wiedergegeben).

Für den Materialisten ist der Körper Ausdruck des Lebens, ja sein Wachstum das Leben selbst, und aus ihm gehen Bewußtsein und Gefühl, Denken und Wollen, Wünschen und Erleben hervor. Mit seinem Untergang schwinden Seelisches und Geistiges. Nicht so für den Wissenden. Für ihn ist der Körper aus Fleisch und Blut nichts den Wesen Eigenes. Er wird angelegt und abgelegt und ist überhaupt nur funktionsfähig, wenn er "bewohnt" ist. Er ist sichtbarer Ausdruck unsichtbarer Tendenzen, die ihn zum Instrument ihrer Zwecke machen. Sie sind ohne ihn die wirkende Kraft, er kann nur aus ihnen hervorgehen und für kurze Zeit existieren.

KARMA

"Eigner und Erben ihres Wirkens"

Wer hätte sich nicht schon selbst immer wieder gefragt, woher die unterschiedlichen Schicksale der Menschen kommen, die Verschiedenheit ihres Lebensweges, die Ungleichheit schon bei der Geburt! Sollte das alles dem Zufall überlassen sein? Sind wir den blinden Kräften der Natur unterworfen? Bestimmt ein uns unsichtbarer und unbegreiflicher Gott, ob wir als Pflanze keimen, in einen Tierschoß gelangen oder als Mensch geboren werden?

Wenn wir menschliche Gestalt annehmen, welche wird es sein, mit welchen körperlichen, seelischen und geistigen Eigenheiten? Verdanken wir es Glück oder Pech, wenn der Tod uns erst nach vielen Jahrzehnten ereilt oder das Leben schon vor seiner Reife beendet? Weshalb stirbt der eine ruhig, gelassen, in Frieden, während der andere ein dramatisches und grausames Ende hat? Auf den folgenden Seiten soll von der Karma-Lehre die Rede sein. Sie gehört wie auch die Lehre von der Fortexistenz nicht zu den spezifisch neuen, für den Buddha allein charakteristischen Aussagen. Schon vor seiner Zeit war sie in weiten Kreisen der Bevölkerung heimisch und Bestandteil der brahmanischen Doktrin. Beide Säulen der indischen Weltanschauung hat der Erwachte jedoch ungleich tiefer gefaßt und in einen umfassenden Zusammenhang gerückt.

Die Grundbedeutung des (üblicherweise verwendeten) Sanskritausdruckes *karma* (*kamma* im Pali) ist "Wirken", "Tätigkeit", "Aktion". Doch benennt er nicht nur körperliches Handeln, Sprache und Denken, also die Instrumentarien, mit denen wir in das Geschehen um uns herum eingreifen, die Welt verändern und gestalten. Er steht nicht nur für die verschiedenen Formen menschlicher Aktivität, sondern in seinem erweiterten Gebrauch zugleich für eine universelle Daseins-Gesetzmäßigkeit.

Die Karma-Lehre ist die Antwort auf große Menschheitsfragen. Woher kommen wir und unsere Erlebnisse? Warum ist alles so, wie es ist, und nicht anders? Unterliegt unser "Schicksal" ebenfalls einer nachweislichen Kausalität wie die Erscheinungen der Natur?

Wohin gehen unsere Taten? Gibt es nur ihre sichtbaren Folgen oder noch andere? Welches Verhältnis von Ursache und Wirkung gilt für Freude und Sorge, Glück und Unglück? Welche Bedeutung hat das für das Thema Tod?

> *„Eigner und Erben ihres Wirkens sind die Wesen, ihrem Wirken entsprossen, mit ihrem Wirken verknüpft, haben ihr Wirken zur Zuflucht und werden das gute und schlechte Wirken, das sie verüben, als Erbschaft haben ...*
> *So steht es mit der Wiedergeburt der Wesen: Danach, was sie tun, werden sie wiedergeboren, und wiedergeboren treffen sie Eindrükke. Darum sage ich, sind die Wesen die Erben ihres Wirkens."*
> (A 10,205, nach Nyanatiloka: Weg, S. 34)

Diese Zeilen enthalten eine weitreichende existentielle Aussage: Was die Wesen tun, bestimmt, wie sie wiedergeboren werden. Was sie tun, bestimmt ihr Erleben. Beides, das von ihnen vorgefundene "Ich" und die vorgefundene "Welt", ist bedingt durch ihr eigenes Wirken. Jede Begegnung von Ich und Welt, alles Angenehme und Unangenehme, Erwünschte und Unerwünschte hängt davon ab. Die Welt ist die Widerspiegelung von *karma*. Als "Eigner ihres Wirkens" stehen die Menschen mit ihrem Tun und Lassen in einer nicht lösbaren, intimen Beziehung, auch wenn sie es nicht wissen oder dieses ihr "Eigentum" gar leugnen wollen. Irgendwann werden sie die "Erben" ihres Wirkens werden, sie werden ein großes oder kleines, ein gutes oder ein schlimmes Erbe antreten. Wer die Zusammenhänge nicht kennt, steht staunend vor vielen offenen Fragen.

> *„Was ist da wohl, Herr Gotama, die Ursache, woher kommt es, daß man auch unter den menschlichen Wesen, den als Mensch Geborenen, Elend und Wohlfahrt findet? Denn man sieht ja unter den Menschen kurzlebige und sieht langlebige Menschen. Man sieht Menschen mit Gebrechen und man sieht gesunde. Man sieht unschöne und schöne Menschen. Man sieht dürftige Gemüter und seelisch reiche Menschen. Man sieht besitzlose Menschen und sieht wohlhabende. Man sieht niedrig gestellte und hochgestellte Menschen. Man sieht stumpfsinnige und sieht klare Geister. Was ist da wohl die Ursache, woher kommt es, daß man auch unter den menschlichen Wesen, den als Mensch Geborenen, Elend und Wohlfahrt findet?"*
> *"Eigentum des Wirkens, Subha, sind die Wesen, des Wirkens Erben, des Wirkens Kinder, an das Wirken gebunden. Das Wirken ist ihr Betreuer, das Wirken ist es, das die Wesen unterschiedlich werden läßt zwischen elend und gut lebenden."*
> (M 135, nach Debes: WW, Nr. 11-12/84, S. 326)

In seiner Antwort verweist der Buddha den Fragenden, den jungen Brahmanen Subha, unmißverständlich auf die Eigenverantwortlichkeit der Menschen für ihr "Schicksal". Es kann nur das erlebt werden, was einst als Tat in die Welt geschickt worden ist. Alle Lebewesen, auch die Menschen mit allen ihren je besonderen Eigenschaften, sind aus ihrem Tun hervorgegangen; sie sind sein Produkt, sein Ergebnis, seine "Kinder". Sie sind zugleich "Eigentum" des Wirkens, ihm also verpflichtet, von ihm abhängig, von ihm gelenkt und geführt.

In dem gerade begonnenen Gespräch muß Subha zugeben, daß er diese kurze Betrachtung in ihrer praktischen Bedeutung und Tragweite noch nicht verstehen kann, und er bittet Gotama, den Erwachten, um eine eingehendere Erklärung. Was bedeutet das konkret?

> *„Ist jemand gewalttätig, so gerät er nach dem Tode auf den schlechten Weg, hinab in die Hölle, oder er wird, als Mensch wiedergeboren, kränklich und leidend sein. Lebt jemand gewaltlos, so geht er nach dem Tode den guten Weg, hinauf in den Himmel, oder er wird, als Mensch wiedergeboren, gesund und kräftig sein.*
>
> *Ist jemand jähzornig und zänkisch, so gerät er nach dem Tode auf den schlechten Weg, hinab in die Hölle, oder er wird, als Mensch wiedergeboren, häßlich sein. Ist jemand verträglich und umgänglich, so geht er nach dem Tode den guten Weg, hinauf in den Himmel, oder er wird, als Mensch wiedergeboren, schön sein.*
>
> *Ist jemand eifersüchtig und neidisch, so gerät er nach dem Tode auf den schlechten Weg, hinab in die Hölle, oder er wird, als Mensch wiedergeboren, unbedeutend sein. Ist jemand frei von Eifersucht und Neid, so geht er nach dem Tode den guten Weg, hinauf in den Himmel, oder er wird, als*

Mensch wiedergeboren, einflußreich sein. Ist jemand geizig, so gerät er nach dem Tode auf den schlechten Weg, hinab in die Hölle, oder er wird, als Mensch wiedergeboren, ärmlich sein. Ist jemand freigebig, so geht er nach dem Tode den guten Weg, hinauf in den Himmel, oder er wird, als Mensch wiedergeboren, reich sein.
Ist jemand stolz und hochmütig, so gerät er nach dem Tode auf den schlechten Weg, hinab in die Hölle, oder er wird, als Mensch wiedergeboren, sozial niedrig gestellt sein. Ist jemand bescheiden und demütig, so geht er nach dem Tode den guten Weg, hinauf in den Himmel, oder er wird, als Mensch wiedergeboren, sozial hochgestellt sein.
Läßt sich jemand keine guten Lehren geben, so gerät er nach dem Tode auf den schlechten Weg, hinab in die Hölle, oder er wird, als Mensch wiedergeboren, töricht sein. Läßt sich jemand gern gute Lehren geben, so geht er nach dem Tode den guten Weg, hinauf in den Himmel, oder er wird, als Mensch wiedergeboren, weise sein."
(M 135, in Anlehnung an Schmidt)

Der Buddha veranschaulicht an insgesamt sieben elementaren Gegebenheiten, wie sich aus dem Wirken Körperliches, Seelisches und Geistiges in ihrer jeweiligen Qualität zu einer "Person" und ihren Lebensumständen fügen.

Auf der Ebene des physischen Organismus: Aus Gewaltlosigkeit, Güte und Mitleid resultiert Gesundheit, aus Geduld und Sanftmut Schönheit. Roheit und Rücksichtslosigkeit führen zu Gebrechlichkeit, Zorn und Ärger machen häßlich. Gleichermaßen wirkt das "Gesetz der erlebten Tat" auf den Gemütszustand. Mitfreude und Teilnahme lassen den Betreffenden gemütsreich werden, Neid und Eifersucht innerlich dürftig, seelisch arm und kümmerlich. Nicht zu vergessen unsere geistigen Potenzen und Fähigkeiten. Sie werden bestimmt durch Suchen nach Sinnlich-Vordergründigem und Denken an Alltägliches und Banales oder durch geistiges Ringen, das über das Hier und Jetzt, vielleicht über den Tod hinausgeht. Stumpfheit und Dummheit oder Intelligenz und Weisheit sind die Folgen.

Der Buddha stellt außerdem klar, daß die Tat nicht nur den Täter hervorbringt und gestaltet. Was für das "Ich" gilt, gilt auch für das "Mein". Damit ist das persönliche Umfeld des Menschen gemeint. Alles, was ihm unmittelbar zugeordnet ist, sein Besitz, seine soziale Stellung, gesellschaftlicher Einfluß. Geben und Großzügigkeit sind die besten Voraussetzungen für Wohlstand und Reichtum, indessen führen Geiz und Verweigern zu Armut. Dem anderen Achtung und Anerkennung zollen, läßt Ansehen finden. Stolz und Hochmut enden in Verachtung und niederem sozialen Status. Im Leben unbedeutend oder einflußreich sein, ist die Folge des Neidens, Mißgönnens und der Eifersüchtelei und umgekehrt.

Was aber ergibt sich aus der Wirkensweise des Karma-Gesetzes für Tod und Sterben? Welche besonderen Konsequenzen lassen sich in Hinsicht auf unsere eigentliche Thematik ziehen? Eine erste Antwort finden wir in derselben Lehrrede.

> *„Da ist, Subha, irgendeine Frau oder ein Mann mörderisch, grausam und blutgierig, gewohnt an Totschlag und ohne Mitempfinden mit den Lebewesen. Da läßt solches Wirken, also angewöhnt und zu eigen gemacht, nach dem Versagen des Körpers jenseits des Todes abwärts geraten auf üble Bahn,*

zur Tiefe hinab in höllisches Dasein; oder aber, wenn man nicht dorthin gelangt, sondern wieder Menschentum erreicht, wird man, wo man da neu geboren wird, kurzlebig sein.
Das ist also die Vorgehensweise, die zu Kurzlebigkeit führt, daß man da mörderisch, grausam und blutgierig ist, gewohnt an Totschlag und ohne Mitempfinden mit den Lebewesen.
Da hat aber, Subha, irgendeine Frau oder ein Mann das Töten von Lebewesen abgetan; dem Töten von Lebewesen widerstrebt ihr ganzes Wesen: Ohne Stock, ohne Schwert, teilnehmend und rücksichtsvoll, hegt man zu allen lebenden Wesen Liebe und Mitempfinden.
Da läßt solches Wirken, also angewöhnt und zu eigen gemacht, nach dem Versagen des Körpers jenseits des Todes auf gute Bahn geraten, in himmlische Welt; oder wenn man nicht dahin gelangt, sondern Menschentum erreicht, wird man, wo man da neu geboren ist, langlebig sein.
Das ist also die Vorgehensweise, die zu Langlebigkeit führt, daß man da das Töten von Lebewesen abgetan hat ...“
(M 135, nach Debes: WW, Nr. 11-12/84, S. 329)

Gewiß, der Tod ist unvermeidbar, aber es ist ein Unterschied, ob er in jungen Jahren eintritt oder am Ende eines erfüllten, langen Lebens. Es ist nicht gleichgültig, ob die Möglichkeiten des Lebens ausgeschöpft werden können oder die Zeit dafür nicht vorhanden ist; ob Wachsen, Reifen und Sterben einem natürlichen Rhythmus folgen oder der Tod eine jähe Unterbrechung und ein abruptes Ende ist.

Das alles ist kein Zufall. Den unzeitigen und gewaltsamen Tod anderer herbeiführen bedeutet, irgendwann selbst einen unzeitigen Tod erleben zu müssen. Das Leben anderer verkürzen heißt, sich selbst dem Tod näherzubringen, seine Lebenskraft zu schmälern und zu schwächen. Und umgekehrt. Wer nicht mörderisch, grausam und blutgierig gesinnt ist, sondern rücksichtsvoll und mitempfindend, und wer das Leben anderer Wesen schont, schützt und verlängert, trägt zu eigener künftiger Langlebigkeit und Gesundheit bei. Das liegt in der Natur der Dinge. Der Buddha sagt in diesem Zusammenhang über sich selbst:

> *„Weil eben der Vollendete in früherer Geburt, in früherem Dasein, in früherem Bestande, wie er vor Zeiten Mensch geworden war, Lebendiges umzubringen verworfen hatte, Lebendiges umzubringen ihm ferne lag, und er ohne Stock, ohne Schwert, fühlsam, voll Teilnahme, zu allen lebenden Wesen Liebe und Mitleid empfunden: weil er solch ein Wirken vollbracht, immer gepflegt, vermehrt und vergrößert hatte, war er bei der Auflösung des Körpers, nach dem Tode, auf gute Fährte, in selige Welt emporgelangt. Von dort abgeschieden, zu dieser Welt wiedergekehrt, ... wird er, wenn er im Hause bleibt, König werden, Kaiser. König geworden erlangt er nun was? Lange Lebensdauer hat er, langen Bestand, ein langes Leben hindurch dauert er aus, er kann nicht vorzeitig zutode kommen ...*
> *Wenn er aber aus dem Hause in die Hauslosigkeit zieht und ein Erwachter geworden ist, erlangt er dann was? Lange Lebensdauer hat er ...“*
> (D 30, nach Neumann)

Der Buddha spricht hier nicht von dem Verzicht, Menschen zu verletzen oder umzubringen. Er spricht von der Schonung des Lebendigen generell. Es gibt keinen prinzipiellen Unterschied zwischen den Wesen. Was atmet, braucht Schutz und Sicherheit. Wo Leben ist, will es sich behaupten und wehrt sich gegen seine Vernichtung. Ein gewaltsames Ende ist für den Lebenswilligen immer eine Katastrophe, ein vorzeitiger Tod zusätzliche Qual. Wir denken an das Tier, das in unserer Rechtsprechung noch immer als "Sache" zählt. Was ist ein Tierleben gewöhnlich wert, das eine Mahlzeit hergibt oder dem Gaumenkitzel dienen soll! Zu des Buddha Zeiten war nicht der Fleischgenuß das vorrangige Problem oder die Ausbeutung der Tiere für andere wirtschaftliche Zwecke. Damals wurden sie - oft in großer Zahl - als Opfer in den Tod geschickt; gemäß den brahmanischen Ritualen, von denen man sich reichen Segen erhoffte. Das geschah nicht selten auch auf Feiern zu Ehren der Verstorbenen. Liegt ein Sinn darin, wird der Buddha bei manchen Gelegenheiten gefragt, wenn bei den Totenfeiern Ziegen, Schafe und so weiter geopfert werden? Nein, ist die kategorische Antwort, diese üble Sitte hat sich erst im Laufe der Zeit aus Unkenntnis herausgebildet. Töten hat stets negative Folgen für den Täter.

Zur Illustration berichtet der Buddha über eine 'längst vergangene Zeit'. Die Erzählung handelt von einer sprechenden Ziege, die für eine solche Zeremonie ausersehen ist. Als sie dafür vorbereitet wird, lacht sie zur Verwunderung der Umstehenden zunächst und bricht dann in Tränen aus. Nach den Gründen für ihr Verhalten gefragt, antwortet sie: Gelacht habe ich, weil heute mein fünfhundertstes Dasein als Opfertier zu Ende geht. Denn weil ich einstmals selbst als Priester eine Ziege geopfert habe, hat man mir vierhundertneunundneunzig Mal den Kopf vom Rumpf getrennt, heute wird das letzte Mal sein. Geweint habe ich, weil ich sehe, was dem bevorsteht, der mich enthauptet. (J 18) Die Wirkung ist ihrer Ursache gemäß. Es ist eine Gesetzlichkeit geistiger, nicht vordergründig materieller Realität, die hier maßgeblich ist. Die Qualitäten des Tuns und des Erlebens entsprechen einander. Andere töten, ist letztendlich Hand an sich selber legen!

Der Palikanon überliefert eine ganze Reihe von konkreten Beispielen aus dem menschlichen Bereich, die das "Gesetz von Saat und Ernte" anschaulich widerspiegeln. Viele prominente Zeitgenossen sind dabei, deren Biographien sehr aufschlußreich sind. Wie weitreichend die Folgen insbesondere des Elternmordes oder der Ermordung von Heiligen sind, betonen wiederholte Aussagen des Buddha. Man kann sich vorstellen, was sich im Inneren eines Menschen abspielen muß, wieviel an Aggressivität und Verblendung sich summiert und verfestigt haben müssen, um in eine solche extreme Tat zu münden. Seiner Mutter oder seinem Vater das Leben zu nehmen, setzt ein erhebliches Potential negativer Energien voraus. Und wie die "Wiederkehr" derartigen Verhaltens aussehen mag, kann man sich leicht ausmalen. Mahamoggallano, einer der ganz großen Jünger des Buddha, heißt es, hat in einer früheren Existenz seine Eltern umgebracht. Das Resultat diese Handlung bleibt sehr lange latent und reift erst, als er schon in den Orden eingetreten und ein Heiliger geworden ist. Dennoch bleibt sie nicht aus. Moggallano wird von gedungenen Mördern umgebracht und grausam zugerichtet. Er legt einen geschundenen, blutenden Körper ab. (J 522 E) Er, der Leben zerstörte, muß Zerstörung an sich wahrnehmen. Die karmische "Gerechtigkeit" nimmt ihren Lauf, freilich oft ganz anders als die irdische, die vielleicht den abscheulichen Mord mit einer Hinrichtung geahndet hätte.

Zu allen äußeren Folgen unseres Tun und Lassen kommt ein weiteres. Keine Tat läßt den Täter unverändert. Sie beeinflußt ihn beziehungsweise sein Inneres unmittelbar, auch wenn die genannten äußeren Folgen womöglich auf sich warten lassen. Nach einer Handlung bin ich nicht mehr derselbe wie vorher. Ihr Charakter wird Teil meines Charakters. Daß ein so gräßlicher Akt wie Elternmord die eigene geistige und seelische Entwicklung unmöglich macht oder mindestens blockiert, zeigt sich am Beispiel von König Ajatasattu. Er hat sich seines Vaters Bimbisaro entledigt, um an dessen Stelle die Herrschaft des nordindischen Königreiches Magadha anzutreten. Erst spät ergreifen ihn Skrupel, und er wird ein Anhänger des Buddha, der ihn in seine Lehre einweist und zu tiefem Verständnis führt. Doch das auf ihm lastende Verbrechen verhindert einstweilen die letzte und höchste Einsicht. Der Buddha zu seinen Mönchen:

> *„Dieser König ist im Innersten getroffen und ergriffen. Hätte er nicht seinen rechtschaffenen Vater, den gerechten König, um's Leben gebracht, so wäre ihm hier auf diesem Sitze das unverschleierte, ungetrübte Auge der Wahrheit aufgegangen."*
> (D 2, in Anlehnung an Franke)

Mit ihrem früheren Verhalten haben die Menschen ihre Gegenwart geschaffen, mit ihrem jetzigen bauen sie die Zukunft. Sie ernten das von ihnen Gesäte in den Jahren bis zu ihrem Tod und in der Zeit "jenseits des Todes". Was erwartet einen "danach"? Gutes oder Schlechtes, Erwünschtes oder Befürchtetes? Kann man über das Künftige etwas wissen, Verantwortung dafür übernehmen und Vorsorge treffen? Was kann man tun, damit eine bessere Zukunft eintritt, daß künftiges Dasein weniger und nicht mehr Unzulänglichkeiten bringt? Wer das Karma-Gesetz kennt, kennt die Antwort. Der Buddha drückt sie so aus:

> *„Geschaut worden von mir, ihr Jünger, sind Wesen, mit schlechtem Wandel in Werken, Worten und Gedanken behaftet, Lästerer der Edlen, schlechten Ansichten ergeben und in*

ihrem Handeln von schlechten Ansichten bestimmt, - die sind bei der Auflösung des Körpers, jenseits des Todes, in den Abgrund, auf den schlimmen Weg, ins Verderben, in die Hölle gelangt ...
Geschaut worden von mir sind Wesen, mit gutem Wandel in Werken, Worten und Gedanken ausgestattet, keine Lästerer der Edlen, rechten Ansichten ergeben und in ihrem Handeln von rechten Ansichten bestimmt, - die sind bei der Auflösung des Körpers, jenseits des Todes, auf den guten Weg, in die Himmelswelt gelangt."
(It 70/71, nach Seidenstücker)

Äußeres ist immer nur Wiederkehr. Der erlebte Kosmos mit all seinen Erscheinungen und Ereignissen; die belebte und unbelebte Umwelt, Mitmenschen und Natur, alles Wohl und Wehe sind Reflex eigener vergangener Aktivität. Sie sind so "höllisch" oder "himmlisch" wie ihre Ursachen. Das gilt für das "Diesseits" und das "Jenseits".

Diese Tatsache erklärt den eigentlichen Sinn aller ethischen Überlegungen und moralischen Regeln. Sie sind ursprünglich nicht willkürliche Vorschriften, autoritäre Gebote oder bloß gesellschaftlich notwendige Spielregeln. Sie sind Verhaltensempfehlungen, die für die eigene bessere Zukunft und die der anderen dienlich sind. "Tugendliches" Verhalten ist eben "taugliches" Verhalten für das unmittelbare und noch mehr für das fernere Schicksal nach dem Tod. Wer Leidlosigkeit und Glück erfahren will, darf nicht selbst Leid und Elend verbreiten.

Der Buddha empfiehlt, vor allem in fünf Bereichen des Lebens besonders acht zu haben und bestimmte Grenzen im Tun möglichst nicht zu überschreiten. Auch wenn man nicht gleich perfekt sein kann und immer wieder Ausrutscher unterlaufen, auf jeden Fall sollte man die entsprechenden Maßstäbe anerkennen und sich nach ihnen richten, so gut es geht. Die Regel ist: nicht zu töten, sich nichts Ungegebenes anzueignen, keine unrechtmäßigen sexuellen Beziehungen zu haben, nicht zu lügen und keine berauschenden Mittel zu sich zu nehmen. Diese fünf *sila* sind die wichtigsten Übungsfelder im Alltag. Sie sind jedoch nur Minimalanforderungen, die ein Absinken auf ein untermenschliches Niveau verhindern. Sie sind die Basis für jede spirituelle Höherentwicklung und die unabdingbaren Voraussetzungen für die letztendliche Befreiung.

Das erste *sila* bezieht sich auf den Schutz des Lebens und auf die körperliche Unversehrtheit der Mitwesen. Das leibliche und seelische Wohlbefinden des Mitmenschen ist für mich ein unantastbares Gut. Das zweite will fremdes Eigentum und Besitz wahren. Was einem anderen gehört, ist für mich Tabu, es sei denn, er gibt es mir aus freien Stücken. Die dritte Regel soll verhindern, daß gewachsene und Sicherheit bietende zwischenmenschliche Beziehungen zerstört werden. Es verbietet sich, in Ehen und Freundschaften einzubrechen, jemanden zu verführen, sexuell auszubeuten oder zu mißbrauchen. Absehen von Lüge heißt viertens Irrtum und Orientierungslosigkeit nicht zu vermehren. Dieses *sila* betont den Wert der Ehrlichkeit und der wahrheitsgemäßen Rede. Wer sich nicht berauscht, bewahrt schließlich Aufmerksamkeit und Geistesklarheit, die verantwortliches Tun erst ermöglichen. Auf Alkohol, Drogen und andere das Bewußtsein trübende Substanzen verzichtet man aus diesem Grund.

Auf ein naheliegendes Mißverständnis sei besonders hingewiesen. Nicht auf die äußerlich sichtbare Tat kommt es an. Die Absicht, sagt der Erwachte, ist die Tat. Es geht um das Motiv, das Bewegende, die treibende Kraft, aus der alles weitere folgt. Gehirn, Zunge und Hand sind nur Mittel, die den Willen umsetzen und ihm materielle Gestalt verleihen. Wer sich den Tod eines anderen wünscht, hat im karmischen Sinne bereits etwas

Negatives getan, auch ohne zum Messer zu greifen. Töten ist, jemanden umbringen zu wollen, an seinem Tod Freude oder Genugtuung zu finden. Verletzen ist, schädigen zu wollen, Neigung zu Gewalt und Roheit zu haben. Schonen und Nichtverletzen bedeutet, dem Töten innerlich vollkommen abgeneigt zu sein. Unsere aggressiven Triebe und Neigungen bestimmen letztlich unsere Aktionen. Sie tun es genauso wie unsere wohlwollenden und freundschaftlichen Tendenzen. Aus Gesinnungen und inneren Haltungen gehen Denken, Reden und Handeln hervor. "Ich" und "Welt" sind Projektionen des "Herzens", gefährlich und tödlich, friedlich und harmonisch, je nach dem. Die entscheidende Weichenstellung für die Zukunft erfolgt also auf einer äußerlich nicht direkt erkennbaren Ebene. Zunächst geht es um geistige Orientierung. Meine Vorstellungen davon, was richtig und falsch, was erstrebenswert ist und Wichtigkeit besitzt, stehen am Anfang:

„Vom Geiste geh'n die Dinge aus". (Dh 1)

Meine Anschauungen müssen mit der Daseinsgesetzlichkeit übereinstimmen, denn nur auf der Basis einer realistischen Sichtweise lassen sich tragfähige Lebensziele formulieren, die nicht schon bald zu neuen Enttäuschungen führen. Je klarer und überzeugender Ideen sind, um so leichter werden sie zu dauerhaften Leitbildern, mit denen ich mich immer stärker identifiziere. Aus solchen richtunggebenden Gedanken werden bald gestaltende Kräfte, denn was ich für wirklich lohnend halte, muß ich auf Dauer auch in die Tat umsetzen. Entsprechend strenge ich mich an. Aus Einsichten des Geistes entstehen Motivationen, und aus ihnen alle Handlungen. Kopf, Herz und Hand kommen auf diesem Weg zusammen.

Im Grunde ist das, was wir eine menschliche Person nennen, nicht anderes als ein Komplex von solchen, individuell gefärbten Gedanken und Idealen, Gefühlen und Reaktionen. Durch ihre Eingewöhnung werden sie irgendwann zu unverwechselbaren Charakterzügen. Unsere spezifischen Wahrnehmungs-, Empfindungs- und Handlungsmuster machen uns zu dem, was wir sind. Und diese Grundzüge von uns selbst geben unserer Zukunft Richtung und Qualität, ganz gleich, ob wir das wissen und anerkennen oder nicht. Unser Charakter ist unser Schicksal.

> *„Wenn ich, o Herr, den Erhabenen oder verehrte Mönche gehört habe und danach am Abend wieder die Stadt betrete, dann begegnen mir Elefanten, Pferde, Wagen und Menschen: ein wilder Wirbel. Und meine Gedanken, die zuvor auf den Erhabenen, auf die Lehre, auf die Jüngerschaft gerichtet waren, sind dann bald wieder zerfahren. Und da fürchte ich nun: Wenn ich in solchem Augenblick stürbe, wie wäre mein Ergehen, was würde mir im nächsten Leben begegnen?"*
> (S 55,21, nach Debes: Meisterung, S. 257)

Die Sorge um den eigenen nachtodlichen Werdegang wird hier von Mahanama, einem langjährigen Anhänger des Buddha, ausgesprochen, für den die Frage nach der Fortexistenz im Grundsatz schon längst beantwortet ist. So ist sein eigentliches Anliegen an dieser Stelle nur bei genauem Hinsehen auszumachen. Mahanama ist an spirituellen Themen interessiert und dem Erwachten vertrauensvoll zugewandt. Schon lange hat er Zuflucht zum Buddha, seiner Lehre und seiner Gemeinschaft genommen. Als Mann aber, der mitten im Leben steht, eine Familie hat und als König vielfältigen Regierungsgeschäften nachkommen muß, sieht er sich immer wieder abgelenkt. Neben den tiefsten Gedanken bewegt ihn immer wieder auch der Trubel des gesellschaftlichen Lebens. Er ist sich daher nicht sicher, was ihm im

Falle eines plötzlichen Todes bevorsteht. Deshalb seine ängstliche Frage.[4]

Der Buddha erklärt daraufhin, daß nur der Körper dem Wandel durch die Zeit und im Sterben dem radikalen Verfall unterworfen ist. Die Psyche des Menschen aber besteht und lebt weiter. Und durch sie kommt es zu neuem Welterleben - ganz gemäß ihrer Beschaffenheit.

> *„Fürchte dich nicht, Mahanama, fürchte dich nicht, Mahanama, dein Tod wird untadelig sein, du wirst ein untadeliges Ende haben. Wenn das Herz lange Zeit geübt ist in Vertrauen, in Tugend, in Wahrheitsverständnis, im Loslassen, im Klarblick, dann mag dieser Leib, der von Vater und Mutter gezeugt, aus fester und flüssiger Nahrung zusammengehäuft ist, der Vergänglichkeit, Aufreibung, dem Zerfall unterworfen ist, von Würmern, Raben, Krähen, Schakalen oder Hunden gefressen werden: Das Herz aber, lange geübt in Vertrauen, in Tugend, in Wahrheitsverständnis, im Loslassen, im Klarblick, das strebt empor und gewinnt Höheres.*
> *Gleichwie etwa, Mahanama, wenn ein Mann einen Krug mit Butter oder Öl in einen tiefen See würfe und der Krug auf dem Boden des Sees in Scherben zerbräche, die Butter aber oder das Öl sogleich nach oben steigen, zur Oberfläche gelangen würde - ebenso auch*

[4] die vor allem auch aus der Sorge heraus gestellt wurde, ob er denn nach dem Tode weiterhin dem Buddha und seiner Lehre anhängen werde. Er war ein gesicherter Nachfolger (sotapanna) und der Erwachte gab ihm die entsprechende, beruhigende Antwort. (s.S. 167)

mag da dieser Leib, der von Vater und Mutter gezeugt, aus fester und flüssiger Nahrung zusammengehäuft ist, der Vergänglichkeit, Aufreibung, dem Zerfall unterworfen ist, von Würmern, Raben, Krähen, Schakalen oder Hunden gefressen werden: Das Herz aber, lange geübt in Vertrauen, in Tugend, in Wahrheitsverständnis, im Loslassen, im Klarblick, das strebt empor, gewinnt Höheres."
(a.a.O.)

"Wirken" (*kamma*) ist wie schon angedeutet von doppelter Art. Es richtet sich nach außen, wenn wir in der Welt tätig werden, unsere Umgebung verändern, mit der Natur und den Menschen umgehen. Es richtet sich nach innen, wenn wir uns selbst gestalten und unser eigenes Wesen formen.

Es ist ganz offensichtlich, welches Tun letztendlich das entscheidende ist. Auch wenn Mahanama fürchtet, in einer Zeit zu sterben, in der er gerade in weltlichem Treiben und Geschäften steckt, innerlich hat er sich bereits zu einem ganz anderen Sein entwickelt. Sein "Herz" ist an einem anderen Ort zu Hause, sein Gemüt ist über die Banalität der Alltagsbegebenheiten hinausgewachsen, geschweige, daß er noch ein unmoralisches Leben führen könnte. Um es noch einmal zu wiederholen: Unser Charakter bestimmt unser zukünftiges Erleben.

Die Beachtung der Erfordernisse der leiblichen Existenz ist von sehr begrenzter Bedeutung. Wegen der ihm eigenen Vergänglichkeit zerfällt der Körper nach nur kurzer Zeit. Die Bestandteile des zusammengegessenen physischen Organismus kehren in den Naturkreislauf zurück. Die selbstgeschaffene Psyche aber bleibt, sie steigt aus und lebt weiter. Wohl dem, der wie Mahanama eine Entwicklung genommen hat, die ihn "nach oben" führt, wie das Öl des zerbrochenen Kruges aufgrund seines spezifischen Gewichtes in die Höhe steigen muß. Je länger, bewußter und intensiver diese innere Umbildung erfolgt, um so sicherer und geradliniger wird ihr Ergebnis zutage treten.

Es sollen auch in diesem Zusammenhang die negativen Beispiele nicht fehlen. Devadatto, ein Vetter des Buddha, so wird berichtet, wird am Ende seiner Tage unmittelbar von der Erde verschlungen und in die Hölle geschleudert und muß unvorstellbar lange Zeit in ihr leiden. Der Grund? Er hat zu Lebzeiten unter anderem versucht, den Orden zu spalten, und mehrere vergebliche Mordanschläge auf den Erwachten verübt. (J 466 E) Dem vorausgegangen sind lange Jahre des aufgestauten Grolls gegenüber dem Buddha, an dessen Stelle an der Spitze des Ordens sich Devadatto gerne gesehen hätte. Neid, innere Auflehnung und Eifersucht haben den Charakter des Vetters von Buddha mit der Zeit völlig verändert und sich in den Vordergrund geschoben. Zum Schluß sind alle seine guten Eigenschaften, die ihn früher einmal in den Orden gebracht und zu einem eifrig Übenden gemacht haben, den genannten negativen Zügen gewichen.

In Devadatto manifestiert sich ein extremes Maß an innerer Verkommenheit und Schlechtigkeit, so daß sein Tod dramatisch und seine Zukunft derart schrecklich sein müssen. Wir dürfen nicht übersehen, daß sich seine üblen Absichten gegen ein erleuchtetes Wesen richten und deshalb Ausdruck höchster Ignoranz und Mißachtung sind. Mit dem Tod treten alle Verfehlungen wieder an ihren Verursacher heran. Sie werden jetzt ebenso peinvoll und "höllisch" erlebt.

Wieder anders steht es mit Angulimalo. Vor seinem Eintritt in den Orden ist er ein gefürchteter Mörder, der viele Menschen auf dem Gewissen hat. Sein Name rührt von der grausigen Gewohnheit, von seinen Opfern je ein Fingerglied (*anguli*) abzutrennen und es an einer Kette (*mala*) um seinen Hals zu tragen. Später soll der Erwachte ebenfalls ein Opfer werden, aber dieser bringt Angulimalo zur Räson und nimmt ihn sogar in die klösterliche Gemeinschaft auf. In seiner Mönchszeit kommt es dann zur völligen Umgestaltung seiner Wesensart, und er erreicht sogar die Heiligkeit. Dennoch bleiben Taten der Vergangenheit abzutragen. Auf einem Almosengang wird er erkannt, und die zum Teil noch immer aufgebrachte und rachedurstige Bevölkerung mißhandelt ihn.

> *„Als er wieder einmal in Savatthi Speise sammelte, wurde er mit Erdklumpen, Stöcken und Scherben beworfen. Mit blutendem Kopf, zerbrochener Schale und zerrissenem Gewand kam er zum Erhabenen, und dieser sagte zu ihm: 'Nimm es geduldig hin, Heiliger. Die Taten, für die du sonst viele tausend Jahre in der Hölle büßen müßtest, die büßt du jetzt schon in diesem Leben ab'."*
> (M 86, nach Schmidt)

Dieser Vorgang zeigt einen weiteren wichtigen Aspekt des Karma-Gesetzes. Nicht alles muß in der gleichen Weise und mit der gleichen Wucht zu dem Täter zurückkehren. Sicher, alles Gewirkte wird "zur Fühlbarkeit" gelangen und das heißt zum Erlebnis werden. Aber bis dahin kann anderes, besseres Karma folgen, das vorangegangenes schlechtes relativiert und mildert. Manches kann so schon in diesem Leben abgetragen werden und verliert seine sonst womöglich viel weiter reichenden jenseitigen Folgen.

Nicht immer stehen Ursache und Wirkung in einem engen zeitlichen Zusammenhang. Nicht zuletzt ist das auch der Grund, warum dieses Gesetz so schwer zu durchschauen ist. Manche Tat wirkt sich unmittelbar oder schon sehr bald aus, manche erst nach geraumer Zeit. Der Buddha geht noch weiter, und aus seiner überragenden Sicht kann er sagen: Wirken hat ein Ergebnis entweder in diesem Leben oder im nächsten oder in einem noch späteren. (A 6, 63)

Der Erwachte warnt jedoch ausdrücklich, der Wirkensweise des Karma-Gesetzes in konkreten Fällen und in allen Einzelheiten nachzugehen. Menschliches Erkenntnisvermögen wäre bei weitem überfordert, wollte es alle Verästelungen und Details dieses unendlich komplexen Beziehungsgefüges von Ursache und Wirkung aufdecken. Das Mühen wäre vergeblich oder müßte im Wahnsinn enden. Es ist abgesehen davon auch sinnlos und verleitet nur zu überflüssigen Spekulationen. Wohl aber lassen sich die Grundzüge dieser Lehre anschaulich und für die praktischen Konsequenzen ausreichend beschreiben. Als einprägsame und zugespitzte Formel gilt:

„Sterben müssen alle Wesen,
Das Leben endet mit dem Tod.
Der Tat entsprechend zieh'n sie hin,
Gut oder böse Frucht folgt nach.

Wer Böses wirkt, zur Hölle eilt,
Wer Gutes wirkt, zu heitrer Welt.
Drum übet edle Taten aus
Als Vorkehr für die nächste Welt;
Denn Gutes gibt in nächster Welt
Den Wesen allen einen Halt."
(S 3,22, nach Nyanatiloka)

SAMSARA

"Fünf Daseinsfährten gibt es"

Jeder von uns hat seine eigenen Vorstellungen über die Existenz. Der Buddha schaut sie, wie sie wirklich ist, umfassend, unverschleiert, unverzerrt. Was er gesehen hat, gibt er weiter. Er lehrt, jede perspektivisch gebundene und damit beschränkende Sichtweise zu überwinden und vollständiges Wissen zu gewinnen. Die bisherigen Betrachtungen haben bereits einige gewohnte Ansichten nachhaltig in Frage gestellt. Tod ist nicht mehr das Ende, Jenseits nicht mehr bloßes Hirngespinst und Transzendenz-Erfahrung plausible Möglichkeit.

Und wie steht es um das Wesen der "Welt"? Ist sie wirklich das, wofür wir sie bis jetzt gehalten haben? Die im vorangegangenen Kapitel skizzierte Karma-Lehre führt zu dem Resultat: Jedes erlebte Ich ist ein gemachtes Ich. Alle erlebte Welt ist eine gemachte Welt. Bis in die tiefsten Wurzeln erschüttert die Karma-Lehre die Auffassung von einer objektiven Welt in Raum und Zeit, die unabhängig von uns "da" ist, in der wir gezeugt werden und unser Leben verbringen, bis wir schließlich im Tode vernichtet werden. Dasein ist für den Erwachten: Gewirktes erleben und im Erleben weiter wirken, nichts sonst. "Welt" ist nur ein Begriff, ein konventioneller Ausdruck für die Summe von tatsächlichen Erlebnissen und Erlebnismöglichkeiten. Sie gilt es nun näher zu untersuchen.

Menschliches Dasein kennen wir aus eigener Anschauung. Wir wissen, welche Freuden es bringt und welchen Schmerz. Wir erleben beides, Angenehmes und Unangenehmes, Freudvolles und Leidvolles. Wir erfahren beides im Wechsel, in unterschiedlichen Graden und zu unterschiedlichen Zeiten. Wie die menschliche Aktivität gemischt ist aus "gut" und "schlecht", moralisch und unmoralisch, klug und unklug, wohlwollend und engherzig, egoistisch und mitfühlend, so mannigfaltig präsentiert sich auch die menschliche Welt. Das eine Mal zeigt sie sich von ihrer Sonnen- und das andere Mal von ihrer Schattenseite. Aber Menschentum ist nach der Aussage des Buddha nur eine Daseinsform. Die Existenz als ganze aber ist so komplex und so dynamisch wie das Wirken (*karma*) insgesamt vielfältig und beziehungsreich sein kann.

> *„Es gibt fünf Daseinsfährten: die Hölle, das Tierreich, das Gespensterreich, die Menschenwelt und die Götterwelt. Diese Daseinsfährten kenne ich, und ich kenne auch die Wege, die nach dem Tode zu diesen Daseinsfährten führen ...“*
> (M 12, nach Schmidt)

Der Buddha trifft hier eine pragmatische Einteilung für eine erste und grobe Orientierung. Fünf hauptsächliche Kategorien von Erlebnisqualitäten gibt es. Er sagt dann, daß er die Wege zu den einzelnen Daseinsbereichen nennen kann. Sie wurden vorhin in ihren Grundzügen umrissen: Wirken aus verblendetem oder weisem Geist, Handeln nach tauglichen oder untauglichen (ethischen) Maßstäben, Tun und Lassen aus niedrigen oder hohen Motiven. Der Buddha bekräftigt darüber hinaus, daß er diese “Daseinsfährten” selbst genau kennt und sie präzise charakterisieren kann.

Alle Wesen wünschen Wohl und verabscheuen Wehe. Erlittenes Leid und erfahrenes Glück sind Hauptmerkmale ihres Lebensweges, und nach diesen Maßstäben von mehr Schmerz oder mehr Freude benennt der Erwachte jene prinzipiellen Seinsmöglichkeiten.

> *„Ich durchschaue das Herz eines Menschen und erkenne, daß er infolge seines Lebenswandels nach dem Tod in Leid und Qual,*

an Stätten der Pein, in die Hölle gelangen wird, und später sehe ich ihn mit himmlischem, klarem, übermenschlichem Blick, wie er in der Hölle nichts als Qual, Pein und Schmerz erduldet.
Das geschieht so wie in diesem Gleichnis: Da ist eine mannstiefe Grube voll glühender Kohlen ohne Flammen und ohne Rauch. Geradenwegs auf diese Grube zu wandert ein in der Sonnenglut erhitzter, ausgedörrter, dürstender Mann. Ein scharfsichtiger Mann, der ihn erblickt, sagt voraus, daß jener auf seinem Wege zu der Kohlengrube kommen wird, und später sieht er ihn, wie er, in die Grube gefallen, dort nichts als Qual, Pein und Schmerz erduldet."
(a.a.O.)

In dem zitierten Text wird mit "Hölle" die Seinsweise beschrieben, in der Wünschen und Erleben in diametralem Gegensatz zueinander stehen. Wo Glück erhofft wird, wird ausschließlich schlimmster Schmerz erlitten. Im Gleichnis wird dem Dürstenden kein erfrischendes Getränk, sondern nur zusätzliche Hitze und Glut zuteil.

Wie muß die Psyche dessen beschaffen sein, dem die Welt alles verweigert, was er braucht? Dem alle Begegnung zur qualvollen Begegnung wird, der nur die Extreme des Leidens erfährt? Dem immer nur das Gegenteil von dem zukommt, was er ersehnt? Höllische Welt ist Projektion von höllischen Antrieben. Wer ganz dem Haß und der Aggression verfallen ist, sich tief in Verweigern, Entreißen und Übelwollen verstrickt hat, dem muß als Frucht dieses Wirkens nach dem Tod "Hölle" zuwachsen. Töten, Foltern, Quälen, Verletzen, Schaden, jemandem auf übelste Weise Mitspielen - mit Absicht und innerer Genugtuung -

stimmen auf Dauer ein Gemüt so und beladen es mit solcher Spannung, daß es später unter diesem selbst erzeugten Druck unsäglich leiden muß. Die ganze "Weltwahrnehmung" wird schließlich danach. Wer hier als "Teufel in Menschengestalt" sein Leben führt, kann dort nur als gepeinigter Peiniger wiedererscheinen.

Ein gegenteiliges Agieren führt zwangsläufig auch zum entgegengesetzten Ende auf der Erlebnisskala. Dorthin also, wo ausschließlich Glück und Zufriedenheit empfunden werden und wo es die höchste Übereinstimmung von Wunsch und Erfüllung gibt. Unsere Sprache und Vorstellungswelt kennt für diesen Erlebnismodus den Ausdruck "Himmel".

> *„Eines anderen Menschen Herz durchschaue ich und erkenne, daß er infolge seines Lebenswandels nach dem Tode in himmlische Welt gelangen wird, und später sehe ich ihn mit himmlischem Blick, wie er in himmlischer Welt nichts als Glück erlebt.*
> *Das geschieht so wie in diesem Gleichnis: Da ist ein Sommerpalast mit luftiger, wohlgeglätteter Terrasse, die mit einem Geländer versehen ist; die Fenster sind überschattet. Dort steht ein Ruhelager, weich und bequem gepolstert, mit wollenen Decken und zarten Gazellenfellen behängt, zu beiden Seiten purpurne Kissen. Geradenwegs auf diesen Palast zu wandert ein in der Sonnenglut erhitzter, ausgedörrter, dürstender Mann. Ein scharfsichtiger Mann, der ihn erblickt, sagt voraus, daß jener auf seinem Wege zu dem Palast kommen wird, und später sieht er ihn, wie er auf dem Ruhelager auf der Terrasse des Palastes nichts als Glück erlebt."*
> (a.a.O.)

Geblieben ist die Sehnsucht des Wanderers nach Wohl und Zufriedenheit, das Verlangen nach einer Pause, nach Stärkung und Schutz. Wie anders stellt sich im Gleichnis die Umgebung dar, die er nun vorfindet. Gegen die Sonnenglut gibt es ein schützendes Dach, der Erschöpfte kann sich auf einer Terrasse ausruhen, alles entspricht seinen Bedürfnissen, seine Anliegen finden weitestgehende Befriedigung. Die Situation ist entspannt und harmonisch.

Diese Situation zeigt sich gewährend, weil das einstige Tun des Betreffenden ebenfalls gewährend war. Wirken und Wirkung stimmen in ihrer Art überein. Der auf Harmonie Bedachte muß letztendlich konfliktfreie Begegnungen haben. Der im Geben, in Wohlwollen und Güte verankerte und gefestigte Mensch muß zwangsläufig sanfte, befriedigende und beglückende, also wahrhaft "göttliche", Erlebnisse haben.

Zwischen diesen beiden extrem gezeichneten Seinsweisen, der "höllischen" und der "himmlischen", die ihrerseits noch alle denkbaren Abstufungen und Variationen beinhalten, liegen weitere. Auch sie sind für einen Buddha, und natürlich nicht nur für ihn, einsehbar.

> *„Eines anderen Menschen Herz durchschaue ich und erkenne, daß er infolge seines Lebenswandels nach dem Tode in das Gespensterreich gelangen wird, und später sehe ich ihn mit himmlischem Blick, wie er im Gespensterreich viel Qual erduldet.*
> *Das geschieht so wie in diesem Gleichnis: 'Da steht auf schlechtem Boden ein Baum mit spärlichem Laub, der undichten Schatten wirft. Geradenwegs auf diesen Baum zu wandert ein in der Sonnenglut erhitzter, ausgedörrter, dürstender Mann. Ein scharfsichtiger Mann, der ihn erblickt, sagt vor-*

> *aus, daß jener auf seinem Wege zu dem Baum kommen wird, und später sieht er ihn, wie er im Schatten des Baumes sitzt und viel Qual erduldet.'"*
> (a.a.O.)

Der moderne Mensch kann mit dem Wort Gespenst nichts anfangen. Er kennt es nur aus Kindergeschichten, obskuren okkultistischen Berichten oder aus mythologischen Erzählungen. Doch ist es gar nicht so schwer, sich in "gespenstisches" Dasein einzufühlen. Das Bild vom schütteren Baum, der kaum Schatten auf den Schmachtenden wirft, gibt den entscheidenden Anhaltspunkt. Da ist eine seelische Verfassung der Bedürftigkeit gemeint, die nur spärliche und unzulängliche Befriedigung findet. Sie fehlt nicht ganz wie in der "Hölle", aber sie bleibt der Tropfen auf dem heißen Stein. Innere Leere, ödes Empfinden, gelangweiltes und unerfülltes Umherirren, rastloses Suchen und beständige Unruhe charakterisieren diesen Zustand.

Das ist das trostlose Getriebensein etwa des Süchtigen, der in eine tiefe Abhängigkeit von Alkohol oder Drogen gekommen ist und nur noch für die seltenen kurzen und schalen Freuden lebt. Nichts anderes ist "gespenstisches" Sein nach dem Tode. Nur mit dem Unterschied, daß der grobe Fleischkörper abgelegt wurde und damit ein wichtiges Instrument fehlt, um über den sinnlichen Kontakt mit der Welt die vielen noch vorhandenen sinnlichen Bedürfnisse zu befriedigen. Der Weg, der dahin führt? Die eigenen Ansprüche pflegen und mehren, aber versäumen, auch anderen Gewünschtes zukommen zu lassen. Nur haben wollen, aber nie geben. Raffen und nie teilen. Wer am vordergründig Erfreulichen kleben bleibt und die Chance der Entwicklung inneren Reichtums und innerer Fülle verpaßt, ist auf gutem Weg in das "Gespensterreich".

Im Katholizismus beispielsweise sind solche Wesen als die "armen Seelen" bekannt, und ihnen galt ursprünglich der Gedenktag "Allerseelen". Auf sie geht andererseits auch der Ahnenkult vieler "primitiver" Kulturen mit seinen ausgeprägten Opferbräuchen zurück. Der für diese Wesen im Pali, der Sprache des Kanons, verwendete Ausdruck *peta* hat dementsprechend auch eine doppelte Bedeutung. Er meint nicht nur "Geist" oder "Gespenst" im engeren Sinn, sondern bezeichnet ebenfalls die Verstorbenen ganz generell. Ist ihr Charakter wie oben angedeutet, können sie sich nach dem Tod häufig nicht aus ihrer gewohnten Umgebung lösen. Auch wenn sie keinen fleischlichen Körper mehr haben, verbleiben sie dennoch für eine kürzere oder längere Zeit dort, wo sie bisher lebten und wo die Objekte ihres Begehrens oder ihrer Süchte sind. Freilich, ohne sie weiter genießen und mit den Zurückgebliebenen in Kontakt treten zu können.

Diese Daseinssphäre ist vergleichsweise menschennahe und für den Sensiblen und Hellsichtigen noch am ehesten zugänglich. Sie ist auch der Bereich, in den die Menschen sogar ein Stück weit hineinwirken können. Das ist der vergessene Sinn der Gebete für die Toten und der Totenopfer vieler Kulturen. Bestätigung dafür finden wir in einer Unterredung des Buddha mit dem Brahmanen Janussoni. Der Brahmane fragt, ob denn die traditionellen Opfer für Verstorbene wirklich sinnvoll sind und ihren Empfänger erreichen. Die Antwort ist zweigeteilt. Für die in einem tierischen Schoß, für die als Menschen, Himmels- oder Höllenwesen Wiedererschienenen verneint es der Erwachte. Nicht aber hinsichtlich der *peta* im "Gespensterreich". Ein solcher "Geist" kann in seinem Lebensumfeld von menschlichen Gaben profitieren.

> *„Dort lebt er von der Nahrung der Wesen des Gespensterreiches, und davon ernährt er sich. Und was ihm hier seine Freunde und Gefährten, Angehörigen und Blutsverwandten spenden, davon zehrt er dort, und da-*

durch erhält er sich. Das nun, Brahmane, ist der geeignete Ort, wo dem dort Weilenden jene Gabe zugute kommt.“
(A 10,177, nach Nyanatiloka/Nyanaponika)

Eine andere Erscheinungsform des Lebens dagegen ist uns sehr nahe: das Tier. Es ist Mitwesen unserer Sphäre und gehört einem vertrauten Erfahrungsbereich an, auch wenn wir uns die innere Verfassung des Tieres nur schwerlich vorstellen können. Der Erwachte beschreibt sie in seiner Reihe der Gleichnisse so:

„Da ist eine mannstiefe Grube voll Jauche. Geradenwegs auf diese Grube zu wandert ein in der Sonnenglut erhitzter, ausgedörrter, dürstender Mann. Ein scharfsichtiger Mann, der ihn erblickt, sagt voraus, daß jener auf seinem Wege zu der Jauchegrube kommen wird, und später sieht er ihn, wie er, in die Grube gefallen, dort Qual, Pein und Schmerz erduldet.“
(M 12, nach Schmidt)

Elend und Leid dominieren auch hier. Aber das Besondere ist die Dumpfheit und Aussichtslosigkeit der Situation. Die Jauchegrube ist gleichbedeutend mit Schmutz und üblem Geruch. Sie steht als Sinnbild für die Unmöglichkeit, einen Weg der Reinigung zu gehen. Wer in sie hineingeraten ist, ist ständiger Besudelung ausgesetzt und unfähig, sich weiterzuentwickeln, sich zu vervollkommnen und über den jetzigen unwürdigen Zustand hinauszugelangen. Das Tier kennt keine Moral, es handelt seinen Bedürfnissen gemäß, nicht nach ethischen Grundsätzen. Die trübe Jauche macht blind, sie läßt nicht zu, daß der Blick klar und hell wird. Erkenntnis und Weisheit fehlen, der Geist bleibt dem Unmittelbaren, vordergründig Sinnlichen verhaftet. Rechte

Orientierung und Aussicht auf Überwindung der hoffnungslosen Situation gibt es fast nicht. Alle Aktivität ist impulsiv, triebgebunden und nicht vernunftbestimmt; sie kreist beständig um das Gleiche.

Nur Menschen und Tiere haben einen festen, groben materiellen Körper und erleben eine ebenso grobe, stoffliche, materielle Welt. Diese verlassen sie erst im Sterbevorgang. Bis dahin sind sie an die Gesetze von Raum, Zeit und Kausalität der Materie gebunden. Mit dem Blick auf die Körperlichkeit sind Tiere für uns diesseitige Wesen, alle anderen aber Jenseitige. Erst mit dem Tod ändert sich das.

Wo ist die "Hölle", wo der "Himmel", wo das Zuhause der "Gespenster"? Wie nach der Aussage des Buddha nirgendwo eine objektive Welt existiert, sondern immer nur eine so oder so beschaffene Psyche die ihr gemäßen Daseinsräume mit einem jeweiligen passenden Ich aus sich herausspinnt, so entstehen die fünf Kategorien des Daseins. So lange "Gier", "Haß" und "Verblendung" in unterschiedlicher Kombination und Schattierung wirken, so lange bringen sie die entsprechenden Erlebnisdimensionen und Wesen hervor. Wie der Traum der Nacht ein imaginiertes Ich in einer imaginierten Umgebung hervorzaubert, schöpft die Seele Himmlisches und Höllisches, Menschliches, Gespenstisches, Tierisches. Nur, daß das "Jenseits" geistunmittelbarer ist. Hier erfährt die Psyche ihre eigene Qualität spontaner und unverhüllter als äußeres Ereignis beziehungsweise als sinnliche Wahrnehmung. Wie das Innen beschaffen ist, so zeigt sich das Außen.

Der Mensch ist nicht "Krone der Schöpfung", wie er gerne glauben möchte. Sicher, es gibt viel Untermenschliches, aber noch mehr und unvergleichlichere übermenschliche Daseinsformen, die sich hinter der sehr summarischen Bezeichnung "göttlich" verbergen. Während wir beispielsweise über das Tierreich und die Pflanzenwelt recht gut Bescheid wissen und viele Details kennen, bleiben unsere Vorstellungen über den "Himmel" vage und blaß.

Ihn in seiner Andersartigkeit besser zu verstehen, setzt eine weitere Betrachtung der menschlichen und menschennahen Erlebniswelt voraus.

Unsere Erfahrung fußt auf der Dualität. Subjekt und Objekt, Innen und Außen, Individuen und Dinge sind die sich wechselseitig bedingenden Pole. Erkennende und empfindende Lebewesen bewegen sich in einer bestimmten räumlichen Umgebung, wobei Zuneigung und Abneigung das Verhältnis zu den Dingen und Mitwesen bestimmen. So lebt auch der Mensch von seiner Begegnung mit allem, was "da draußen" vor sich geht. Der Kontakt mit den Sinnesobjekten über seine Sinnesorgane bringt ihm dabei Befriedigung oder Enttäuschung, Freude oder Trauer, Glück oder Unglück. Das alles ist so selbstverständlich, daß wir es ohne weiteres als Grundbedingung und Funktionsweise des "Lebens" schlechthin ansehen. Eine Alternative liegt geradezu außerhalb unseres Vorstellungsvermögens.

Dieser Tatbestand trifft auf die vier unteren Daseinskategorien zu, und auch die vom Erwachten genannte fünfte, "himmlische Daseinsfährte" ist zunächst noch Teil einer Welt des sinnlichen Begehrens und der sinnlichen Befriedigung. Selbst im übermenschlichen Sein ist anfangs noch Begegnung von ich und Umwelt, von Wahrnehmendem mit Wahrgenommenem. Wie wir gesehen haben aber dergestalt, daß fast ausschließlich Angenehmes, Erwünschtes, den Wünschen Entsprechendes empfunden wird.

Doch kann selbst dieser höchste Bereich der "Sinnensuchtwelt" (*kama-loka*) überstiegen werden. Das haben jene Wesen getan, die ihr Wohl in keiner Weise mehr im Äußeren suchen und als Götter der "Welt der Reinen Formen" (*rupa-loka*) nur noch aus innerem Glück und innerem Wohlbefinden leben. Sie sind der *kama*-Welt entwachsen. Für sie sind die wechselvollen Gefühle nicht vorhanden, die bei uns aus der Begegnung mit den Sinnendingen entstehen. Sie suchen die angenehmen nicht und fürchten die unangenehmen nicht. Sie wohnen zu sehr in einem beglückenden inneren Frieden. Solche Gemütszustände nennt der Erwachte *brahma-vihara*, göttliche Verweilungsstätten. Sie sind wahrhaft göttlich, weil in ihnen das zur vollen Reife gelangt und bestimmend ist, was es im Menschentum in nur sehr beschränktem Maße gibt: Liebende Güte, Mitempfinden, Freude und Gleichmut. Sie sind göttlich, weil sie als unmittelbares, ungetrübtes, unabhängiges, erhabenes Wohl empfunden werden.

> *„Er durchdringt mit seiner liebevollen Gesinnung (erst) eine Himmelsrichtung, (dann) ebenso die zweite, dritte und vierte. Und so durchdringt er nach oben und nach unten und horizontal die ganze Welt an allen Stellen vollständig mit umfassender, großer, alles Maß überschreitender friedfertiger liebevoller freundlicher Gesinnung.*
> *Wie ein kräftiger Muschelbläser alle vier Himmelsrichtungen mühelos mit dem Schall durchdringt, so bleibt keine Schranke für die Entfaltung solcher liebevollen Gesinnung, die den Geist (von der Begrenztheit des Individuums) erlöst. Das ist der Weg, der zu Brahma, zur Vereinigung mit ihm führt.*
> *Ein solcher durchdringt auch mit mitleidsvoller Gesinnung, mit freudiger Gesinnung, mit Gleichmut (erst) eine Himmelsrichtung, (dann) ebenso die zweite, dritte und vierte.."*
> (D 13, in Anlehnung an Franke)

Dem Karma-Gesetz gemäß können nur solche Menschen nach ihrem Tod in die *rupa*-Welt gelangen, wenn sie innerlich bereits dahin gewachsen sind. Der Buddha nennt hier die Übung, die schon zu Lebzeiten brahmische Eigenschaften gewinnen läßt: die

Entfaltung eines grenzenlosen gütigen, erbarmenden, heiteren und erhabenen Gemütes, das die ganze Welt durchströmt. Das Bewußtsein wird auf diese Weise immer universeller und weiter. In der Vollendung dieser Eigenschaften gibt es keine Trennung mehr zwischen Ich und Du. Im Einheitserlebnis fallen alle Gegensätze und Unterscheidungen weg. Wenn diese *rupa*-Götter noch gelegentlich Form-Wahrnehmungen haben, hegen sie doch keinerlei Zuneigung oder Abneigung ihnen gegenüber. Sichtbares und Hörbares sind für sie nur noch gesehene Formen und Farben, gehörte Töne, ohne daß sie Mögen oder Nichtmögen hervorrufen können.

Auf der nächsten Stufe, bei den Göttern der *arupa*-Welt, einer noch weit darüber stehenden Art von Wesen, gibt es nicht einmal mehr das. Die innere Beglückung dieser Wesen ist so vollkommen, daß sie keinerlei Neigung und keinerlei Fähigkeit mehr zu sinnlichem Kontakt haben. Sie sind ausschließlich nach innen gewandt und im wahrsten Sinne des Wortes selbständig, weil Sie in keiner Hinsicht mehr irgendwelcher Dinge oder geistiger Aktivitäten bedürftig sind. In der formlosen Existenz (*arupaloka*) fehlt die sinnliche Wahrnehmung vollständig. Es bleibt ein unbeschreibliches erhabenes Gefühl des Friedens und der Harmonie. Jetzt ist Dualität aufgehoben; ein Ich und etwas von einem Ich Wahrgenommenes haben aufgehört zu sein. Eine unaussprechliche Stille ist da. Das ist ein Zustand, der zu weit entfernt von dem unseren ist, als daß er mit Worten hinlänglich beschrieben werden könnte.

Das Christentum spricht von "ewiger Verdammnis" für den, der ein "sündhaftes Leben" geführt und die "Gnade Gottes" nicht gefunden hat. Es verheißt "ewiges Leben" für die Geretteten. Dem Karma-Gesetz entspricht diese Vorstellung nicht. Jede Ursache hat eine nur begrenzte Wirkung, jede Tat eine ihr quantitativ und qualitativ entsprechende Folge. Wer sich eine Daseinsweise geschaffen hat, wird sie in der Art und für die Zeitdauer erleben, die seinem Wirken zukommt. Nach der Aussage des

Buddha gibt es deshalb kein unbegrenztes Verbleiben in den jeweiligen Daseinsräumen, weder in den qualvollsten noch in den angenehmsten.

Existenz kennt nur Veränderung, Kommen und Gehen, niemals Verweilen. So ist der Weg der Wesen ein ununterbrochenes Auf und Ab durch alle Himmel und Höllen, durch die Welten der Gespenster, der Menschen und der Tiere. Ist die Frucht einstiger Tat geerntet, wandern sie weiter, um das inzwischen Gesäte entgegenzunehmen. Sie waren, wir alle waren im Laufe der äonenlangen Daseinswanderung schon Mensch und Tier, Gespenst, Teufel, Gott - unendlich oft. Das meint *samsara*, der Daseinskreislauf der Wesen. Er ist ohne erkennbaren Anfang und für den Verblendeten auch ohne Ende.

> *„Nehmen wir an, es befinde sich da ein gewaltiger Felsenberg, eine Meile lang, eine Meile breit und eine Meile hoch, ohne Löcher und Höhlungen, ganz aus einem Stück. Diesen nun riebe jedesmal nach Verlauf eines Jahrhunderts ein Mann nur einmal mit einem seidenen Tüchlein. Da würde jener gewaltige Felsenberg dennoch schneller vergehen als eine Weltperiode. So lange dauert eine Weltperiode. Von solchen Weltperioden aber habt ihr viele durchlaufen und durchwandert, viele hunderte, viele tausende, viele hunderttausende. Wie aber ist das möglich? Unausdenkbar ist ein Anfang dieser Daseinsrunde, nicht zu entdecken ein Beginn der von Unwissenheit gehemmten und von Begehren gefesselten Wesen, die immer wieder den Samsara durcheilen, den Samsara durchwandern."*
>
> (S 15,5, nach Nyanatiloka)

Weil die Wesen ihr Gesetz nicht kennen, taumeln sie blind durch die Existenz. Auf ihre Erlebnisse reagieren sie und schaffen sich so eine neue Zukunft. Eine gute, wenn sie zufällig oder aus gewisser Einsicht gutes Karma erzeugen; eine schlechte, wenn ihr Tun und Lassen übel ist. Haben sie die Höhe ihrer Möglichkeiten erreicht, vergessen sie im Genuß den Weg, der sie dahin geführt hat, und sie sinken hinab, und in der Leidenssituation beginnt wieder die Suche nach Erleichterung und Verbesserung ihrer Lage. Einen Ausweg ins Freie kennen sie nicht.

Mit seinen Belehrungen über die fünf Daseinssphären und über den *samsara* hat uns der Buddha neue und ungeahnte Seiten des Daseins und ungewohnte Dimensionen von "Raum" und "Zeit" aufgezeigt. Der Tod wurde seines Anscheins völlig beraubt, Schlußpunkt zu sein. Er ist nur Wegmarke. Das Ende ist nicht das Ende, und ein absoluter Anfang ist ebenfalls nicht zu finden. Was sind aber dann im Hinblick auf den eben beschriebenen kontinuierlichen Prozeß "Zeugung" und "Geburt"? Für den oberflächlich Betrachtenden und materialistisch Eingestellten sind sie Neubeginn. Ein Wesen tritt ins Dasein, Leben entsteht - aus dem Nichts, durch ein Wunder, durch eine unbegreifliche "Schöpfung"!?

Tatsächlich sind Tod und Geburt Wechselbegriffe. Sie beschreiben denselben Vorgang, nur die Perspektive der Betrachtung ist verschieden. Den Wechsel von "hier" nach "dort" nennen wir Tod, während er "drüben" Geburt ist. Der Übergang vom "Jenseits" nach "Diesseits" ist für uns Geburt, die aber zugleich das Ende des vorangegangenen Daseinsabschnittes ist. Zeugung ist tatsächlich "Empfängnis". Sie ist nicht das Ins-Dasein-Treten eines Wesens schlechthin, sondern sein In-unser-Dasein-Treten. Anders als in der westlichen Wissenschaft heißt es in der Lehre des Buddha:

> *„Wenn drei sich vereinigen, kommt eine Empfängnis zustande. Vereinigen sich Mutter und*

Vater, aber die Mutter hat nicht ihre Zeit und das zur Wiedergeburt kommende Wesen steht nicht bereit, so kommt keine Empfängnis zustande. Vereinigen sich Mutter und Vater, und die Mutter hat ihre Zeit, aber das zur Wiedergeburt kommende Wesen steht nicht bereit, so kommt keine Empfängnis zustande. Wenn aber Mutter und Vater sich vereinigen, die Mutter ihre Zeit hat und das zur Wiedergeburt kommende Wesen bereitsteht, so kommt durch das Zusammentreffen dieser drei eine Empfängnis zustande.“
(M 38, nach Schmidt)

Das ist gemeint, wenn von Inkarnation die Rede ist. Ein transzendentes Wesen (*gandhabba*), dessen Karma-Wirkungen im Jenseits erschöpft sind und dessen innere Tendenzen wieder zu einem grobstofflichen Körper drängen, inkarniert in menschlicher oder tierischer Welt und legt einen fleischlichen Körper an. Es reinkarniert, insofern es erneut in eine Sphäre eintritt, in der es schon oft und oft zu Hause war. Der Außenstehende spricht dann von “Wiedergeburt”, der Betreffende selbst, das jenseitige feinstoffliche Wesen erlebt immer nur seine unterbrechungslose Fortexistenz.

Warum können wir uns dann an all das Frühere, an unsere eigene vorgeburtliche Vergangenheit nicht erinnern? Spricht das nicht gegen die Behauptung eines “Lebens vor der Geburt”?! Wir müssen uns zunächst verdeutlichen, daß das Unvermögen der Erinnerung nichts über die Tatsächlichkeit des Zurückliegenden sagt. An das Wenigste der ersten Kindheitsjahre können wir uns erinnern und zweifeln doch nicht daran, einmal Säugling gewesen und herangewachsen zu sein. Außerdem bedeutet der Umstand, daß wir uns nicht zurückbesinnen können, keineswegs, daß niemand diese Fähigkeit haben kann. Der als

Mensch (wieder) Geborene verliert mit dem Aufbau eines materiellen Leibes gewöhnlich diese Fähigkeit. Aber durchaus nicht immer. Und der Verstorbene weiß sogar meistens von seinem vergangenen Leben als Mensch, wie wir vielen Hinweisen des Kanons entnehmen können.

> *„Vier Arten der Empfängnis (gibt es): Da kommt einer unbewußt in den Schoß der Mutter herab, unbewußt bleibt er im Schoße der Mutter, unbewußt kehrt er aus dem Schoße der Mutter hervor; das ist die erste Art der Empfängnis. Da kommt einer bewußt in den Schoß der Mutter herab, unbewußt bleibt er im Schoße der Mutter, unbewußt kehrt er aus dem Schoße der Mutter hervor; das ist die zweite Art der Empfängnis. Da kommt einer bewußt in den Schoß der Mutter herab, bewußt bleibt er im Schoße der Mutter, unbewußt kehrt er aus dem Schoße der Mutter hervor; das ist die dritte Art der Empfängnis. Da kommt einer bewußt in den Schoß der Mutter herab, bewußt bleibt er im Schoße der Mutter, bewußt kehrt er aus dem Schoße der Mutter hervor; das ist die vierte Art der Empfängnis."*
> (D 33, nach Neumann)

Der normale Mensch wird zu den ersten drei genannten Kategorien gehören. Sein Wissen geht verloren. Manchmal bleiben Ahnungen, die, von den Betreffenden selbst und von einer uninformierten Umwelt nicht ernst genommen, verblassen und schließlich völlig verschwinden. Nicht selten wird von kleinen Kindern berichtet, die ganz unbefangen von "früher" erzählen, aber bei den Erwachsenen keinen Glauben finden. In jungen

Jahren haben sie noch manche Erinnerung an vorgeburtliche Ereignisse, an die eigene Person, die ehemalige Familie und so weiter. Später werden sie überdeckt und dem Bewußtsein unzugänglich.

Für den Übenden und spirituell weit Entwickelten können solche Grenzen fallen. Dann wird aus dumpfer Erinnerungslosigkeit und Blindheit ungehindertes Sehen. Der unmittelbare und anschauliche Einblick in die verborgene Daseinsgesetzlichkeit und der ungehemmte Anblick des ganzen *samsara* gehören sogar zu den drei großen Weisheitsdurchbrüchen des Erhabenen auf dem Wege zur völligen Erwachung. Sie offenbaren sich als zwangsläufiges Ergebnis der Läuterung der Psyche. Wo "Gier" und "Haß" abnehmen, schwinden die alten Fixierungen auf bestimmte Wahrnehmungsmuster und Objekte. Der Geist wird weiter. Sind Verlangen und Aversion gänzlich aufgelöst, fallen alle Schleier. Erkennen und Einsicht werden absolut. Der Erwachte dazu:

> *„Als mein Gemüt auf solche Weise beruhigt war, gereinigt, geläutert, frei von Begierde, sanft, fügsam, fest und unerschütterlich, wandte ich meinen Geist zu der Erinnerung und Erkenntnis meiner früheren Daseinsformen, und ich erinnerte mich nacheinander an Hunderttausende meiner früheren Daseinsformen bis in frühere Weltperioden zurück.“*
> (M 4, nach Schmidt)

Die Rückerinnerung umfaßt viele Details. Es tauchen Bilder und Vorstellungen auf, welche Namen er einst trug, welche Berufe er ausübte, was ihm an Glück und Unglück widerfuhr und unter welchen Umständen er starb und wiedererschien. Mit dem Fortgang seiner Vertiefung und Konzentration wird nicht nur die Rückerinnerung an die eigene Existenz und ihren Verlauf deutlicher. Der Buddha sieht ebenso klar das Kommen und Gehen der anderen Wesen und die karmische Gesetzmäßigkeit, nach der das geschieht:

> *„Dann richtete ich meinen Geist auf das Vergehen und Wiedererstehen der Wesen. Ich sah mit himmlischem, klarem, übermenschlichem Blick, wie die Wesen vergehen und wieder entstehen, ich erkannte die niedrigen Wesen und die hohen, die schönen und die unschönen, die glücklichen und die elenden, wie es ihnen je nach ihren Taten ergeht.“*
> (a.a.O.)

Bei einer ihrer Wanderungen passieren der Buddha und sein Gefolge das Städtchen Nadika. Der Mönch Salho ist einst hier in der Nähe gestorben, erinnert sich Anando. Was aus ihm geworden ist, möchte er deshalb von seinem Meister wissen. Die Nonne Nanda, die Laienanhänger Sudatto und Sujata und viele andere ebenso. Sie alle haben in dieser Stadt den Tod gefunden. Wo sind sie jetzt? Was kann man über ihr weiteres Schicksal sagen? Geduldig antwortet der Buddha und schildert ihren Gang nach dem Ablegen des Körpers. Einige haben die völlige Erwachung und Erlösung erlangt und sind dem Daseinskreislauf entronnen. Andere haben noch diese oder jene Existenzweise als Jenseitige angenommen. Nach dem Grad ihrer irdischen Läuterung haben sie ihre Fesseln gelockert, und manche haben sie offensichtlich ganz abgeschüttelt.

Viele hundert Menschen sind es, weit mehr als Anando bei seiner Frage im Auge hat, die an dieser Stelle aus dem Leben geschieden sind und deren Los der Buddha nach eigenem Bekunden schaut. Doch bevor Anando weiter fragen kann, gebietet der Erwachte Einhalt. Nichts besonderes ist es, daß ein Mensch stirbt, ruft er bei dieser Gelegenheit in Erinnerung. Wollte man sich bei jedem nach seinem weiteren Ergehen erkundigen, wäre das eine große Plage für den Befragten. Man kann nämlich selbst sehen beziehungsweise selbst sehen lernen, wenn man sich den "Spiegel der Lehre" erwirbt. (D 16)

Für das Erkennen generell ist der *samsara* anfanglos. Ein absoluter Beginn ist nicht zu finden, und eine erste Ursache gibt es nicht. Für uns ist der Daseinswandel nicht einmal ein-seh-bar, nur ein kleiner Ausschnitt liegt offen vor unseren Augen. Und für den Nichtwissenden ist *samsara* auch endlos, weil er sich unrettbar in ihn verstrickt hat und ihn ja selbst fortsetzt.

Merkwürdig ist, wie unterschiedlich die Menschen auf diese Feststellung reagieren und welche Schlüsse sie ziehen. Der westliche Mensch, der gewöhnlich sehr am Leben und seinen Freuden hängt, horcht meistens auf, wenn er von der Fortexistenz hört. Es soll also weitergehen?! Meine Furcht vor dem Aus, dem Nichts, der ewigen Nacht wäre also unbegründet?! Vielen macht diese Aussicht Hoffnung, das Leben nun doch noch irgendwie "in den Griff" zu bekommen, das Ziel des Lebens doch noch zu erreichen. Man hat ja noch eine Chance und kann es vielleicht unter anderen und besseren Umständen noch einmal versuchen. Dieses "Wiederkehren-Dürfen" wird schnell zu einem "Wiederkehren-Müssen" für den, der die Wirklichkeit ungeschminkt sieht. Wenn das Dasein ein beständiger Kreislauf von Geborenwerden, Sterben, Wiedergeborenwerden und erneutem Sterben ist, ist es auch die Verewigung des Leides und der Unvollkommenheit. Der körperliche Zerfall und der Tod müssen immer wieder aufs neue erlitten werden. Trauer und Abschied nehmen kein Ende. Aber nicht nur das. In der bloßen Fortsetzung des Daseins und seinem Auf und Ab gibt es nur die Neuformulierung, nie aber die endgültige Lösung der Existenzproblematik überhaupt.

LEBEN
"Werden zum Gewesensein"

„Drei Merkmale des Gestalteten gibt es. Welche drei? Ein Entstehen zeigt sich; ein Vergehen zeigt sich; und eine Veränderung des Bestehenden zeigt sich. Diese drei Merkmale des Gestalteten gibt es."
(A 3,47, nach Nyanatiloka/Nyanaponika)

Von diesen drei Merkmalen haben wir bisher im wesentlichen die beiden ersten unter den Stichworten Geburt und Tod untersucht. Die herkömmliche Auffassung: Mit der Geburt "entsteht" ein neues Wesen, im Tode "geht es unter", läßt sich danach nicht bestätigen. Der Blick auf den *samsara* und das Verständnis des ununterbrochenen und nicht endenden Kreislaufes der Wesen führen sie ad absurdum.

Aber haben wir ein wirklichkeitsgemäßes Verständnis vom "Leben" selbst, vom Dasein zwischen Geborenwerden und Sterben? Wenn im *samsara* nach bestimmten Abständen immer wieder ein neues Ich in einer neuen Umgebung erscheint, wenn die Wesen gewissermaßen von Daseinsbereich zu Daseinsbereich wandern, was charakterisiert ihr Leben zwischenzeitlich? "Drei Merkmale des Gestalteten gibt es. Welche drei? Ein Entstehen zeigt sich; ein Vergehen zeigt sich; und eine Veränderung des Bestehenden zeigt sich." Geburt und Tod sind die tiefsten Zäsuren und die gravierendsten Veränderungen, die erlebt werden, aber Wechsel und Umbruch finden zu jeder Zeit statt.

Beginnen wir beim materiellen Aspekt. Unser körperlicher Organismus existiert nie als eine statische Größe. Er ist in ständiger Bewegung und im Austausch mit seiner Umgebung. Teile der Umwelt werden assimiliert und damit Teil des Ich. Andere werden ausgeschieden, und was eben noch Ich war, gehört nun der äußeren Welt an. Mit jeder Nahrungsaufnahme und der Verdauung geschieht das eine. Mit dem Ausscheiden verbrauchter Stoffe und Schlacken das andere. Keine Sekunde bestehen wir, ohne sauerstoffreiche Luft aufzunehmen und verbrauchte Luft auszuatmen. Jede eingenommene Mahlzeit, jeder vollendete Atemzug hat uns im Grunde verändert. Der gesamte Stoffwechsel baut unseren Körper ständig um, läßt "uns" fortgesetzt anders und andere werden.

Im Seelischen und Geistigen ist es genauso. Gefühle entstehen und vergehen. Jetzt steigt eine Empfindung der Zuneigung auf, dann eine der Abneigung. In einem Moment spüren wir Freude und Zufriedenheit, im nächsten Schmerz und Wehgefühl. Gedanken reihen sich unterbrechungslos aneinander. Eben beschäftigt uns noch die Erinnerung an ein vergangenes Erlebnis, jetzt schon hegen wird die Erwartung an ein künftiges. Willensimpulse und Emotionen kommen hoch, um sogleich wieder unterzugehen. Der schnelle Wechsel zwischen wohlwollender Zuwendung und aggressiver Gegenwendung, zwischen ärgerlichem Aufbrausen und traurigem Stillsein ist doch niemandem fremd. Weiter: Aktionen und Aktivitäten lösen einander ab. Bald nimmt uns eine körperliche Arbeit in Beschlag, bald sprechen wir mit jemandem. Bald essen, trinken, lesen wir und hören Musik, bald heißt es ruhen oder schlafen.

Wo in der Vorstellung eine Person, ein Ich, ein Individuum, ein Mensch ist, vollzieht sich tatsächlich ein pausenloses, kompliziertes Zusammenspiel körperlicher, geistiger und seelischer Elemente. Wo die Sprache ein statisches "Ich bin" und "Du bist" suggeriert, offenbart aufmerksames Hinsehen nur fließendes Anderswerden.

Das gleiche lehrt uns der Blick auf die äußere Welt, deren Objekte wie die Bilder eines Filmes auf der Leinwand für einen kurzen Augenblick auftauchen und von anderen verdrängt werden. Eine Erlebnissituation wird von der nächsten abgelöst. Ohne Unterbrechung reiht sich eine Szene an die andere, Wahrnehmungen blitzen auf, um im nächsten Moment zu verschwinden und den folgenden Platz zu machen. Gesehenes geht unter, Gehörtes verklingt. Gerochenes, Geschmecktes, Getastetes schwindet, andere Sinnesdaten treten sofort an ihre Stelle. Wo "sind" Ich und Welt?

> *„'Rechte Ansicht, rechte Ansicht, o Herr, sagt man immer. Inwiefern besteht rechte Ansicht?'*
> *'Von zweierlei hängt die Welt praktisch ab: von dem Glauben an ihr Dasein und auch von der Behauptung ihres Nichtseins. Wer da aber das rieselnde Ankommen von Welterscheinungen aufmerksam und unbefangen beobachtet, der behauptet nicht, daß keine Welt sei. Und wer auch das rieselnde Entschwinden von Welt aufmerksam und unbefangen beobachtet, der behauptet auch nicht, daß die Welt sei.'"*
> (S 12,15, nach Debes: Meditation, S. 400)

Durch oberflächliche Beobachtung lassen wir uns verleiten, auf ein Da-Sein von Ich und Welt zu schließen. Wir nehmen Menschen, Tiere, die ganze unbelebte und belebte Natur um uns herum und schließlich uns selbst wahr und glauben deshalb: All das "ist", zumindest für eine bestimmte Zeitdauer. Der verblendete Geist macht uns glauben, daß wir die Dinge sehen, hören, riechen, schmecken und tasten, eben weil sie "sind".

Achtsamkeit hingegen lehrt nur ein stetes Kommen und Gehen von Erscheinungen. Über ein "Sein" irgendwie "hinter" den Erscheinungen erfahren wir dagegen nichts, so sehr wir uns anstrengen mögen. Wir glauben an das Sein oder Nicht-Sein der Dinge und von uns selbst, obwohl es nur das Nacheinander und das Auseinander-Hervorgehen der verschiedenen Phänomene gibt.

Dem Unverblendeten löst sich die starrende äußere Welt auf in Geschehen, Da-Sein wird zum Daseinsprozeß, zum Fluß der Ereignisse. Wo wir an Bestehen, Bleiben, Beharren glauben, lehrt der Buddha Wandel, Fließen, Wechsel, Übergang. Der Erwachte behauptet nicht das Sein, er lehrt das Werden (*bhava*), die Flucht der Erscheinungen, den unausgesetzten Strom der Bewußtwerdung.

Warum uns das entgeht? Weil diese Veränderungen oft so unmerklich fein und graduell sind, daß sie der ungeübten groben Aufmerksamkeit verborgen bleiben. Weil wir außerdem zu sehr auf das Erschienene achten, nicht aber auf dessen Erscheinen und Verschwinden. Wir bemerken besonders die dramatischen Einbrüche und Katastrophen in unserem Leben deutlich. Dazu gehört auch der "Tod". Des augenblicklichen Todes dagegen sind wir nicht gewahr, der den Körper ständig erfaßt, weil die rasende Abfolge der einzelnen Bewußtseinsmomente und ihre Kontinuität uns täuschen. Wir kommen nur zu Besinnung, wenn der ganze Organismus zerfällt und leblos zurückbleibt. Wir sterben aber nicht nur diesen "großen Tod" irgendwann, sondern auch den "kleinen" schon jetzt, in jeder Sekunde. Leben ist in jeder Hinsicht "Werden zum Gewesensein". (D 16, nach Neumann)

Kann man Ordnung in die chaotische Vielfalt der Erscheinungen bringen? Läßt sich in diesem unübersehbaren Rieseln des Erlebens eine Struktur finden? Mit der Darlegung der fünf Daseinsbereiche und der Karma-Lehre hat der Erwachte für den gesamten *samsara* eine mögliche orientierende Übersicht gegeben. Sie kennen wir bereits. Die "Welt", und das heißt die Stationen und der Verlauf des unendlich vielarmigen Erlebnisstromes, läßt sich so fassen und für den Geist handhabbar machen. Vergleichbares gilt aber auch für die Erscheinungsweise dessen, was wir individuelles Leben oder "Ich" nennen. Es ist kein monolithisches Ganzes und keine einheitliche Substanz.

Was für uns im konventionellen Sinn ein Mensch ist, ist für

den Wissenden lediglich das Zusammenspiel von fünf unterschiedlichen Faktoren. Sie werden im Pali die fünf *khandha*[5] genannt. Wie ein Wagen, um ein viel zitiertes Gleichnis aus dem *Milindapanha* zu benutzen, keine für sich bestehende Einheit und Ganzheit ist, sondern aus ihm eigentümlichen Teilen wie Räder, Deichsel, Ladefläche und so weiter besteht, so besteht eine Person ebenfalls aus ganz charakteristischen Grundelementen.

Da ist zunächst die äußerliche, physische Gestalt beziehungsweise der mit den Sinnesorganen ausgestattete Körper. Dieser, oft auch als "Form" (*rupa*) bezeichnet, steht für die grob- und feinstofflichen materiellen Aspekte der Lebewesen. Knochen und Fleisch, Haare und Haut, Organe, Gewebe, Sekrete und so weiter sind gemeint. Der Buddha spricht in diesem Zusammenhang von der "inneren" Form im Gegensatz zu der "äußeren" der Umwelt. Also Steine, Wasser, Luft, Holz und anderes. Da sind zweitens die angenehmen oder unangenehmen Empfindungen, die aus den Sinneskontakten hervorgehen. Tatsächlich erfolgt auf jeden einzelnen Sinneskontakt eine gefühlsmäßige Reaktion (*vedana*), das heißt eine positive oder negative Bewertung des gerade Erlebten. Der Griff an die heiße Herdplatte löst ein anderes Gefühl aus als ein Stück Schokolade auf der Zunge. Aus beiden zusammen - Form und Gefühl - entsteht Wahrnehmung (*sanna*), das Bewußtsein einer bestimmten Lebenssituation, der Eindruck eines "Ich" in der "Welt". In der Wahrnehmung ist die Welt für uns real. Diese Wirklichkeit wird nicht nur erfahren und passiv hingenommen. Sie wirkt nicht nur auf uns ein, der Erlebende wirkt genauso auf sie zurück. In allen

[5] *Khandha,* eigentlich Menge, Komplex, Gruppe. In unserem Kontext sind die fünf elementaren Faktoren gemeint, die die menschliche Persönlichkeit ausmachen. Das sind Form oder Körperlichkeit, Gefühl, Wahrnehmung, Aktivität und Bewußtsein. Auch übersetzt als Zusammenhäufungen, die Greife- oder Daseinsgruppen, Komponenten der Existenz oder Stücke des Anhangens. Vgl. Anmerkung 6

erdenklichen Situationen wird auf das Erlebte reagiert, abwehrend in bezug auf das Unangenehme, zupackend bei allem Angenehmen. Der Mensch sieht sich herausgefordert, und er antwortet auf diese Herausforderung. Das ist der vierte *khandha:* Wollen und Aktivität *(sankhara)* auf den verschiedensten Ebenen. Die meisten unserer Handlungen wiederholen sich mehr oder weniger oft. Wir gewöhnen uns an, in bestimmten Lebenslagen in einer bestimmten Weise zu agieren. Damit ist schließlich der fünfte und letzte Daseinsfaktor angesprochen. Die Herausbildung von festen Mustern im Denken, Reden und körperlichen Tun, das eingeschliffene und stereotype Reagieren in den jeweiligen Lebenssituationen (*vinnana*)[6]. In ihm drückt sich unser persönlicher Charakter, das Spezifische unserer Persönlichkeit, seine Besonderheit aus.

Form, Gefühl, Wahrnehmung, Aktivität und Gewöhnung sowie deren Wechselbeziehung - das bleibt von der vermeintlich autonomen, freien, selbständigen Person. Die gesetzmäßige Dynamik der fünf *khandha* sorgt für ein unablässig sich ereignendes Geschehen, das wir je nach Blickwinkel "Leben" oder "Ich" nennen. Weil das vermeintliche Individuum keineswegs ein unteilbares Ganzes, weil es keine statische Ein-heit aus einem Guß ist, weil es komponiert, zusammengesetzt, gestaltet und voller Bewegung ist, bleibt es dem Wandel unterworfen. Wenn die fünf die Persönlichkeit konstituierenden Komponenten unbe-

---

[6] *Vinnana* gehört zu den schwierigsten Begriffen der Lehre Buddhas überhaupt. Die gebräuchlichste deutsche Übersetzung mit Bewußtsein trifft den Sinn nur ungenau, vor allem weil sie den Aspekt der Prozeßhaftigkeit nicht deutlich werden läßt. *Vinnana* bezieht sich auf die meist verborgene Dynamik und Gesetzmäßigkeit, mit der unsere Bewußtseinsinhalte aufsteigen. Es beinhaltet die Tatsache, daß unsere Erfahrungs- und Handlungsmuster durch die bewußte oder unbewußte Suche nach Glück und Erfüllung geprägt sind, daß sie durch Gewöhnung einem Wiederholungszwang folgen und mit der Zeit ins Unterbewußte sinken.

ständig sind, ist es jene auch. Wenn aber Vergänglichkeit ein Merkmal des Gestalteten ist, wenn alles unbeständig (*anicca*) ist, wie sollte es dann ein dauerhaftes, substanzhaftes Ich geben?! Daß das nicht möglich ist, ist der Inhalt und der Kern der *anatta*-Lehre des Buddha. Die Person als solche wird in dem Maße in Frage gestellt, wie die Daseinsfaktoren sich verändern. Geschieht dies langsam und graduell, nennen wir es Leben und Altern, geschieht dies schnell und umfassend, Tod.

> *„Von Mara spricht man, o Herr. Inwiefern nun (heißt es) Mara?"*
> *„Wenn Körperlichkeit da ist, o Radha, dann gibt es einen Mara, einen Töter, und auch einen, der stirbt. Die Körperlichkeit betrachte als den Mara, betrachte sie als einen Töter, betrachte sie: 'Man stirbt (durch sie)'; betrachte sie als Krankheit, als Geschwür, als Stachel, als Übel, als eine Quelle des Übels. Wer sie so betrachtet, betrachtet sie recht. Wenn Gefühl, Wahrnehmung, Gestaltungen und Bewußtsein da sind, dann gibt es einen Mara ..."*
> (S 23,1, nach Nyanaponika)

Die fünf Faktoren sind nicht nur die Repräsentanten des "Lebens", durch sie gibt es auch Vernichtung und Untergang. Sie sind letztlich mit dem Tod identisch. Identisch mit Mara, der Personifizierung der Sterblichkeit in der buddhistischen Tradition. In den fünf Elementen finden wir alles: die sterbende Person, das Sterben und seine Verursachung, und so gesehen lauert der Tod hinter jeder einzelnen Lebensäußerung. Er ist die Kehrseite der Medaille. Am Körper und seinen Sinnesfähigkeiten ist dieser Tatbestand am augenfälligsten.

„Was da des Auges Entstehung ist, sein Bestand, sein Ins-Dasein-Treten und Offenbarwerden: des Leidens Entstehung ist es, der Krankheit Bestand, des Alters und des Todes Offenbarwerden.
Was da des Ohres, der Nase, der Zunge, des Leibes und des Geistes Entstehung ist, deren Bestand, Ins-Dasein-Treten und Offenbarwerden: des Leidens Entstehung ist es, der Krankheit Bestand, des Alters und des Todes Offenbarwerden."
(S 26,1, nach Nyanaponika)

An einer Stelle bezeichnet der Buddhajünger Sariputto die fünf Komponenten der Persönlichkeit sogar als Mörder. Wie Mörder schleichen sie sich in ein Haus ein und erwerben sich das Vertrauen des Eigentümers. Sie geben vor, ihm zu dienen und bringen ihn am Ende doch nur um, um ihm seinen wertvollen Besitz zu rauben. So ergeht es dem Unwissenden, der sich mit den Fünfen identifiziert und deshalb zugrunde gehen muß. Wenn er sich mit ihnen gemein macht, auf welche Weise das auch immer sein mag, ist er verloren.

Vier Spielarten können die Beziehungen zwischen dem vermeintlichen Ich und den Daseinsfaktoren in unserer Vorstellung annehmen, aber falsch sind sie alle. Entweder man hält sie für von seinem Ich hervorgebracht und deshalb für außerordentlich wichtig. "Diesen schönen und kräftigen Körper habe ich mir erworben." Oder man hält sie gar für identisch mit dem Ich, was seine Wertschätzung natürlich noch steigert. "Diese anmutige Gestalt - die bin ich!" Bei der dritten Variante werden die fünf *khandha* als Teile des Ich oder endlich bei der vierten das Ich als in den fünf *khandha* enthalten angesehen. Dann gilt entweder die Behauptung "Dieser Körper gehört mir" oder "In diesem Körper wohne ich." In den Worten des Buddha liest sich das so:

„Ebenso, Bruder, ist es bei einem unbelehrten Weltling. Der sieht die Form, den Körper, als vom Selbst verursacht an oder das Selbst als körperförmig oder den Körper als zum Selbst gehörig oder das Selbst in der Körperlichkeit enthalten. Er betrachtet das Gefühl - die Wahrnehmung - die Aktivität - die Erfassungsgewöhnung[7] *als vom Selbst verursacht oder das Selbst als erfassungsartig oder die Erfassungsgewöhnung als zum Selbst gehörig oder das Selbst in der Erfassungsgewöhnung enthalten.*
Er durchschaut nicht der Wirklichkeit gemäß die Körperlichkeit als vergänglich: 'Unbeständig ist die Körperlichkeit.' Er durchschaut nicht der Wirklichkeit gemäß Gefühl, Wahrnehmung, Aktivität, Erfassungsgewöhnung als vergänglich: 'Unbeständig ist das Gefühl, die Wahrnehmung, die Aktivität, die Erfassungsgewöhnung' ...
Er durchschaut nicht der Wirklichkeit gemäß die Körperlichkeit als Mörder: 'Mörderisch ist die Körperlichkeit.' Er durchschaut nicht der Wirklichkeit gemäß Gefühl, Wahrnehmung, Aktivität, Erfassungsgewöhnung: 'Mörderisch sind Gefühl, Wahrnehmung, Aktivität, Erfassungsgewöhnung.'"
(S 22,85, nach Debes: Meditation, S. 399)

---

[7] Paul Debes übersetzt den fünften *khandha „vinnana"* in den letzten Jahren mit „programmierter Wohlerfahrungssuche" (davor Erfassungsgewöhnung), um den dynamischen Aspekt des triebgelenkten Geistes besser hervorzuheben.

Die fünf Daseinsfaktoren sind Mörder, die uns Leben vorgaukeln, aber der Tod sind. In ihnen liegt die ganze Tücke der Existenz. Was uns eigentlich fremd ist, machen wir in unserer Ahnungslosigkeit zu Vertrautem, lassen uns darauf ein, machen uns von ihm abhängig, sehen in ihm gar unser Selbst - und überantworten uns damit der Sterblichkeit.

Das gilt für die gesamte Dimension des Zeitlichen, denn sie ist die Dimension des Todes. Das Nacheinander der einzelnen Erlebnisse, ihr Kommen und Gehen ist Ausdruck dafür. Nicht nur Lebewesen werden geboren, altern und sterben, sondern auch Dinge. In der zeitlichen Abfolge ihres Erscheinens, ihres Bestehens und Verschwindens manifestieren sich ihre Geburt und ihr Tod. Wer im Wandel der äußeren Welt und im Wechselspiel der fünf Komponenten der Persönlichkeit zu Hause ist, ist im Sterben zu Hause.

> *„Die in der Vorstellung der Zeit befangenen Wesen, die in der Zeit fest gegründet sind, kommen, da sie die Zeit nicht gründlich kennen, in die Fessel des Todes."*
> *(It 63, nach Seidenstücker)*

Mit den fünf *khandha* kennen wir die Bausteine des individuellen Daseins. Wir kennen das "Material", den "Stoff", aus dem es besteht, und seine Erscheinungsweise. Um beides zu entdekken und bei sich wiederzufinden, bedarf es schon der genauen Beobachtung und der gründlichen Aufmerksamkeit. Meist bleibt es bei der traditionellen, aber vereinfachenden Dreiteilung von Körper, Seele und Geist und einer allgemeinen Unsicherheit und Widersprüchlichkeit hinsichtlich der Beziehung dieser drei zueinander. Mit der Beschreibung der fünf Daseinskomponenten wird die Analyse genauer und vollständiger. Sie macht die Lebensvorgänge dem tiefsten Verständnis zugänglich.

Aus der Sicht des Erwachten stellt sich an dieser Stelle die Frage nach der Bedingtheit dieser ganzen Lebens- und Todesmaschinerie und nach den sie antreibenden Kräften. Für alle Buddhas aller Zeiten stellte sich diese Frage, und in ihrer Beantwortung liegt der Schlüssel zur Erwachung aus dem Daseinstraum und zur Lösung der zentralen Lebensfragen überhaupt. Das zeigt der historische Buddha unseres Zeitalters, Siddhattho Gotamo, am Ringen eines seiner Vorgänger um Einsicht und Befreiung. Er führt uns vor Augen, wie jener Buddha aus mythologischer Vorzeit mit Namen Vipassi Schritt für Schritt genau dieselben Prozesse durchlief wie er selbst. Die stets gleiche Vorgehensweise bezeugt, daß der Durchbruch zur Erkenntnis nur an dieser Stelle möglich ist. Höchstes Wissen ist gleichbedeutende mit der Entdeckung der verborgenen Dynamik des Daseinsprozesses oder der *Bedingten Entstehung* (*paticca samuppada*). Vipassi ist noch ein werdender Buddha und unerleuchtet, solange er sie nicht begriffen hat.

> *„Da nun kam Vipassi, dem zukünftigen Buddha, der Gedanke: 'Wenn was wohl da ist, ist Altern und Sterben da? In Abhängigkeit wovon ist Altern und Sterben da?' Da nun fand Vipassi der zukünftige Buddha, in gründlicher Überlegung, in Weisheit die Einsicht: 'Wenn Geburt da ist, ist Altern und Sterben da. In Abhängigkeit von Geburt ist Altern und Sterben da. Wenn was wohl da ist, ist Geburt da? In Abhängigkeit wovon ist Geburt da? Wenn Werden da ist, ist Geburt da. In Abhängigkeit von Werden ist Geburt da. Wenn was wohl da ist, ist Werden da? In Abhängigkeit wovon ist Werden da? Wenn Ergreifen ist, ist Werden da. In Abhängigkeit von Ergreifen ist Werden da. Wenn was wohl da ist, ist Ergreifen da? In Abhängigkeit wovon ist Ergreifen da? Wenn*

Durst da ist, ist Ergreifen da. In Abhängigkeit von Durst ist Ergreifen da.'"
(D 14, nach Dahlke)

Es klingt ganz einfach: Geburt muß sein, daß Alter und Tod sind. Natürlich kann nur das vergehen, was auch entstanden ist. Wir können Geburt und Tod wörtlich oder im übertragenen Sinne auffassen, Verschwinden zeigt sich nur an Erschienenem. Und was sind beide - "Anfang" und "Ende" - anderes als zwei Momente in einem unentwegten Werdeprozeß, bei dem Latentes sich für eine bestimmte Zeit manifestiert?

Dieser Aspekt ist uns bei der Karma-Lehre bereits begegnet. Unser Wirken gilt ja als die Schaffung und Fortsetzung eines potentiellen, künftigen Erlebens. Dabei haben wir gesehen, daß Wirken nicht die bloße äußerlich sichtbare Tat ist, sondern die sie bestimmende Kraft, ihr Motiv. Die jeweiligen Motive für unser Denken, Reden und Handeln werden im "Durst" sichtbar. Das sehr plastische Bild beinhaltet zweierlei: den Drang nach einem bestimmten Objekt und das Wissen um das Objekt. Der "Durstige" fühlt ein starkes Verlangen, und er kennt zugleich den Gegenstand seiner Befriedigung. Er spürt den Mangel und weiß das Mittel zur Abhilfe. Menschliches Agieren geschieht in der Absicht, die empfundene Mangelsituation zu beenden. Das "Trinken" soll den Durst löschen, die Tat soll ihre eigene Ursache aufheben. Ich spüre die trockene Kehle und weiß, wie köstlich ein Schluck Wasser ist. Dieses Wissen führt mich schnell an den Kühlschrank, den ich öffne und aus dem ich die Flasche herausnehme. Ich öffne sie und spüre sofort Erleichterung.

Das ist "Ergreifen". Als Glied in der Kette zwischen "Durst" und "Werden" meint es den Übergang vom gespürten Verlangen zur weiteren Daseinsfortsetzung. Mit dem Akt der Befriedigung im Trinken tritt nur vorübergehend Ruhe ein. Wenn jemand einer gefühlten Neigung nachgeht und sie befriedigt, gibt er dem "Werden" einen weiteren Anstoß. Er folgt mit seiner

Handlung dem "Durst" und bestätigt damit das Verhältnis, das er zu dem entsprechenden Erlebnis hat. In dem "Ergreifen" einer angenehmen Erfahrung, in dem "Annehmen" des Lustgewinns und der Bejahung des verfolgten Ziels macht er sich beides zu eigen, seine Neigungen und das Genugtuung bringende Erlebnis. Er identifiziert sich mit seinem Begehren und mit den entsprechenden Objekten. So wirkt er Zukunft, in der das erfahrene Ich und die erfahrene Welt nur die modifizierte Wiederkehr des Vergangenen sein werden.

Der Erwachte zeigt, was die Welt im Innersten zusammenhält: "Durst" (*tanha*). Er ist anschauliches Sinnbild für das Verlangen der Wesen nach Befriedigung, Lust, Freude am Leben; Sein-Wollen und Haben-Wollen, Genießen-Wollen und Erleben-Wollen. Begehren ist die treibende Kraft, die die Kette des Entstehens in Abhängigkeit fest zusammenschmiedet und den Daseinskreislauf unablässig in Gang hält. Ein Ende aus sich heraus ist dabei gar nicht möglich. Kein Akt der Befriedigung kann ein Bedürfnis auf Dauer stillen. Es zeigt sich wieder, oft verstärkt und brennender, und verlangt mehr Beachtung als zuvor.

Am Begehren festhalten heißt am Tod festhalten. Das Begehren selbst, der Durst nach dem Sein in jeder Form, das Verlangen nach den Dingen und der Begegnung mit anderen Menschen ist letztlich ein Spiel mit dem Tod. Wenn Vergänglichkeit ein untilgbares Wesensmerkmal der Welt ist und Durst immer nur Verlangen nach Welt, dann ist Durst zugleich das Festhalten am Untergang.

> *„Sinnensucht nach irdischen Dingen, Sinnensucht nach himmlischen Dingen, sinnliche Erlebnisse in dieser Welt, sinnliche Erlebnisse in jener Welt, beides ist Totenland, ist des Todes Revier, ist des Todes Futterplatz, ist des Todes Weideland."*
> (M 106, nach Debes)

Die Objekte unserer Wünsche können sehr verschieden sein. Seien sie materiell und vordergründig oder feiner ästhetischer Natur, seien sie in diesem irdischen Leben erreichbar oder in jenseitiger Existenz, ihr Wesenszug bleibt derselbe. Die Sinnendinge gleichen dem Feuer, das den Falter unwiderstehlich anlockt, um ihn zu verbrennen. Sie versprechen mehr, als sie halten können. Sie versprechen Erfüllung, tatsächlich aber sind sie ohne Gehalt und Substanz.

Ein Jünger des Buddha, Nagasamalo, schildert ein Erlebnis, das er während eines Bettelganges hat. Die Episode beleuchtet die Versuchung bei der Begegnung mit einer attraktiven Frau und die Einsicht in das Wesen seiner aufblitzenden Begehrlichkeit. Für einen Mönch, der nicht in ehelicher oder partnerschaftlicher Gemeinschaft lebt, weil er die Polarität von Mann und Frau überwinden will, ist das Weibliche oft noch für lange Zeit eine große Versuchung. Was für den normalen Menschen mit Beruf und Familie vielleicht als höchster Lustgewinn betrachtet wird, die sexuelle Begegnung mit dem anderen Geschlecht, wird von der allerhöchsten Warte aus ganz anders beurteilt. Dem sexuellen Verlangen nachzugeben, heißt aus dieser Perspektive, dem Tod zu verfallen. Die Versuchung zu erkennen und zu durchschauen, heißt, den Tod zu besiegen.

„Herausgeputzt, gekleidet schön,
voll Blumenschmuck und Sandelöl,
auf breiter Straße eine Frau
tanzt zur Musik als Tänzerin.

Ich war auf dem Almosengang,
beim Gehen fiel mein Blick auf sie,
herausgeputzt, gekleidet schön,
wie Todesfalle ausgelegt.“

(Thag 267/268, nach Saß)

Immer mehr wird als "Tod" erkannt. Was für den im Weltleben stehenden Mann Lebensmittelpunkt und Lebensinhalt sein kann, die Frau, ist für den die Weltbezogenheit mindernden Mönch stete Gefährdung, die ihn von seinem Weg abbringen kann. Sein Geist ist abgelenkt und unkonzentriert, und er kommt weder innerlich noch äußerlich zur Ruhe und zu tieferen Einsichten. Wird sein Verlangen übermächtig, kann es sein, daß er die Ordensregeln übertritt oder sogar den Orden verläßt; all dies gilt selbstverständlich analog ebenso für die Nonne. Das bezeichnet der Buddha als tödlichen Schmerz oder Tod im höchsten Sinn, weil der Betreffende sich wieder dem Sterblichen anheimgibt, statt es gänzlich abzuschütteln. (S 20,10)

Freilich besteht die Möglichkeit der Anhaftung hinsichtlich aller Annehmlichkeiten der bürgerlichen Existenz, sei es Reichtum, soziale Stellung oder Ruhm. Da gibt es keinen prinzipiellen Unterschied. Sexualität ist in diesem Zusammenhang nur der vielleicht gravierendste Faktor, weil sie emotional so stark besetzt ist und durch sie sehr starke Kräfte wirken.

Noch aus einem weiteren, viel offensichtlicheren und naheliegenderen Grund gilt die Gleichung von Begehren und Tod. Begehren hat zweifellos eine unmittelbar zerstörerische Kehrseite. Es schlägt sehr schnell in Widerstand, Ärger, Wut, Haß und Feindschaft um, wenn es nicht ans Ziel gelangt. Schon bei Hindernissen, die der ersehnten Befriedigung im Wege stehen, kommen negative Reaktionen auf. Das mag von unterdrückter Ärgerlichkeit über offene Aggression bis zu mörderischer Wut reichen. Je stärker die "Gier" nach etwas ist und je größer der Widerstand bei dem Bemühen um ihre Erfüllung, um so stärker wird "Haß" als Antwort sein. Und aus den Emotionen werden bald sprachliche und körperliche Aktionen.

> *„Durch Begehren bedingt, durch Begehren veranlaßt, durch Begehren verursacht, eben nur aus lauter Begehren streiten Fürsten mit*

Fürsten, Priester mit Priestern, Bürger mit Bürgern, Mutter mit Sohn, Sohn mit Mutter, Vater mit Sohn, Sohn mit Vater, Bruder mit Bruder, Bruder mit Schwester, Schwester mit Bruder, Freund mit Freund. Und so, in Zank, Zwist und Streit geraten, greifen sie mit Fäusten, Steinen, Stöcken und Schwertern einander an und verfallen dabei dem Tode oder tödlichem Schmerze."
(M 13, nach Nyanatiloka)

Begehrlichkeit wird zu Streit und Auseinandersetzung führen, wenn die Wünsche vieler auf dasselbe zielen und ein Verzicht nicht möglich ist: Konkurrenz in der Familie, im Beruf, zwischen Staaten. Oft ist die eigene Bedürfnisbefriedigung nur mit Rücksichtslosigkeit oder gar Gewalt zu erlangen, weil der andere mit gleicher Härte an den Dingen festhält. Tätliche Auseinandersetzung, Gewalt, Mord oder gar Krieg sind die Folgen. Tod ist nicht selten der Preis für den Unterlegenen. In der Lehrrede *Potaliya* aus der *Mittleren Sammlung* verweist der Buddha auf eine Vielzahl von Mängeln und Nachteilen, die mit sinnlichem Genießen verbunden sind. In einem seiner Gleichnisse spricht er auch den zuletzt genannten Aspekt an.

„Wenn ein Geier oder ein Kranich oder ein Rabe ein Stück Fleisch gefunden hat und andere Geier oder Kraniche oder Raben sich auf ihn stürzen, um ihm das Fleisch zu entreißen, meinst du nicht, daß dieser Vogel, wenn er das Fleisch nicht schnell fallen läßt, den Tod zu erwarten hat?"
„Ja, Herr!"
„Ebenso bedenkt der edle Jünger: Mit einem Stück Fleisch vergleicht der Erhabene die

Sinnenfreuden, er sagt, daß sie viel Leid und Unannehmlichkeiten mit sich bringen, daß dabei das Nachteilige überwiegt.“
(M 54, in Anlehnung an Schmidt)

Mit der Betrachtung des “Durstes”, die uns eben etwas ausführlicher beschäftigt hat, ist Vipassi nicht am Ende seiner Analyse angelangt. Die Kette der bedingten Entstehung reicht weiter, und jedes einzelne Glied läßt sich noch hinterfragen und auf ein anderes zurückführen. In aller Kürze sollen hier die verbleibenden wenigstens genannt werden.

So gibt es auch den Durst nur, weil bereits einmal ein angenehmes und beglückendes Gefühl erlebt wurde. Die befreiende Erfahrung der Befriedigung eines mehr oder weniger starken Bedürfnisses prägt sich dem Geist ein und läßt nach dem entsprechenden Gegenstand suchen. Das Wissen um dieses Gefühl und um das es provozierende Objekt machen ja den Durst aus. Ich kann nicht das wollen und mögen, was ich gar nicht kenne und als wohltuend erfahren habe.

Und das Gefühl? Nur wenn die Sinnesorgane, in denen der Drang nach Sehen, Hören, Riechen, Schmecken und Tasten vorhanden ist, mit den Objekten der materiellen Welt in Berührung kommen, blitzt Gefühl auf. Es ist die subjektive Reaktion auf die Begegnung der inneren Anliegen mit den äußeren Dingen. Gefühl ist die positive oder negative Antwort auf einen Sinneskontakt, je nach dem, ob er den jeweiligen Wünschen entspricht oder nicht.

Sinneskontakte wiederum kommen lediglich dann zustande, wenn ein physischer Organismus mit den entsprechenden sechs Sinnesorganen vorhanden ist. Wenn Auge, Ohr, Nase, Zunge, Haut und Gehirn gesund und funktionsfähig sind und ihre jeweiligen äußeren dinglichen Entsprechungen, also Formen und Farben, Töne und Gerüche, Säfte und das Tastbare sowie die Ideen und Vorstellungen, nicht fehlen.

Diese sechsgliedrige Struktur ist die Auffächerung einer elementaren Zweiheit: des Psycho-Physischen (*nama-rupa*). Wir Menschen und die anderen Lebewesen bilden eine Einheit aus Geistig-Seelischem und dem Körper. Nur das Zusammenspiel des Materiellen und des Empfindenden und Wahrnehmenden macht das Lebendige im Gegensatz zur bloßen Sache aus.

Vipassis Betrachtung endet mit der Entdeckung, wie sich das Psychische und das Physische wechselseitig bedingen. Das eine stößt das andere an, bringt es hervor und stützt es. Materielles und Geistiges in ihrer Wechselbeziehung halten den Lebensprozeß aus sich heraus in Gang. Der Geist reagiert auf Welterscheinung und schafft so neue Welterscheinung, die wieder Anlaß für neue Aktivität ist. Der Daseinswahn gebiert sich selbst. Bedeutet das zugleich Unentrinnbarkeit? Sind wir dem Ganzen hilflos ausgeliefert? Muß der Mensch, der das sieht, nicht verzweifeln, weil ihm der ganze *samsara* als gigantisches Gefängnis vorkommt, das kein Entkommen erlaubt? Oder gibt es einen Ausgang? Genau das waren die Fragen, die sich auch der Bodhisattva, der werdende Buddha, stellte und die ihn veranlaßten, das Räderwerk des Daseins mit Erfolg zu erforschen.

> *„Einem Leidenszustand, wahrlich, ist diese Welt verfallen. Man wird geboren, man altert, man stirbt, man entschwindet, man taucht wieder auf. Ein Entrinnen aber aus diesem Leiden, dem Altern und Sterben, das kennt man nicht. Wann wird wohl mal ein Entrinnen aus diesem tiefen Leiden, dem Altern und Sterben, gefunden werden?“*
> (D 14, nach Dahlke)

Die Bedeutung der Worte und der Wirklichkeitsschau Vipassis kann nicht hoch genug eingeschätzt werden. Die Lehre von der bedingten Entstehung ist das Tiefste und Wichtigste der gesamten Darlegungen des Buddha. Sie beinhaltet den archimedischen Punkt der Existenz. Hier kann sie lediglich skizziert und ihr einzigartiger Stellenwert bloß angedeutet werden. Das bedeutet in unserem Zusammenhang: Das Problem des Todes ist nur zu lösen, wenn es nicht als isoliertes Phänomen, sondern im Zusammenhang aller Daseinserscheinungen gesehen wird. Der Tod ist keine absolute Größe, er hat seine Ursachen, er ist ein bedingtes Phänomen.

NIRVANA

"O sage mir das Eiland"

Was nutzt es, sich der Todesproblematik bewußt zu sein und vielleicht sogar eine tiefe Kenntnis der Gesetzlichkeit des Lebens und des Sterbens zu haben, wenn nicht auch ein Weg zur Todlosigkeit erkennbar wird. Wenn nicht ein Ausweg aus dem Kreislauf von Geborenwerden, Sterben und Weiterwandern sichtbar ist. An jede Religion richtet sich der Hilferuf um Rettung und Sicherheit, auch an den Buddha. Der im folgenden wiedergegebene dringliche Appell Kappas mag stellvertretend stehen für die vielen, die alle das gleiche meinen:

„Denen, die inmitten dieses Meeres leben,
In dieser Flut so furchtbar, die da ist erstanden;
Denen, die dem Alter unterworfen und dem Tod,
Ein sicheres Eiland künde ihnen, o Verehrter!
O sage mir das Eiland an, das uns aus dieser Flut befreit!

Denen, die inmitten dieses Meeres leben,
In dieser Flut so furchtbar, die da ist erstanden;
Denen, die dem Alter unterworfen und dem Tod,
Ein sicheres Eiland künd' ich dir, o Kappa!

Entledigt sein und frei von Hang, -
Das ist das Eiland ohnegleichen.
Dies, künde ich, ist das Nibbana,
Des Alters und des Todes völliges Enden."
(Sn 1092-1094, nach Nyanaponika)

In der Frage und ihrer Beantwortung steckt in formelhafter Kürze die gesamte Lehre des Erwachten: *Die Vier Edlen Wahrheiten* vom Leiden, seiner Entstehung, seiner Aufhebung und dem Weg dahin - und zwar am Beispiel von Alter und Tod. Da ist das Stichwort der unzulänglichen, weil zerbrechlichen Daseinswelt, das uns die ganze Zeit schon beschäftigt hat, und die Suche nach Dauer und Bestand. Auch das Versprechen, daß Todlosigkeit zu erreichen ist, daß es den Bereich jenes ganz anderen gibt. Und schließlich dreht es sich um die Ent-Deckung der Ursächlichkeit für die Leidensverstrickung und damit um den Ansatzpunkt zur Befreiung.

Es gibt also etwas, das nicht Bestandteil des Daseins ist, das keinen Anteil am *samsara* hat, das "ist", wenn alles "Sein" transzendiert wurde. Es ist das Nirvana (der Ausdruck im Sanskrit ist geläufiger als der des Pali: *nibbana*), das Verlöschen der Daseinsgebilde und ihrer Grundlagen. Könnte denn der Buddha berechtigterweise als der Erwachte gelten, wenn es lediglich den Wahntraum des *samsara* und nichts darüber hinaus gäbe? Nur aufgrund einer ganz anderen Erfahrungsmöglichkeit kann der Buddha mit Recht behaupten, daß die Todlosigkeit zu finden ist. Und es ist eigene verwirklichte Erfahrung, wenn er versichert:

> *„Es gibt, ihr Jünger, ein Ungeborenes, Ungewordenes, Unerschaffenes, Ungestaltetes. Wenn es, ihr Jünger, dieses Ungeborene, Ungewordene, Unerschaffene, Ungestaltete nicht gäbe, so wäre hier ein Ausweg aus dem Geborenen, Gewordenen, Erschaffenen, Gestalteten nicht zu erkennen. Weil es nun aber ein Ungeborenes, Ungewordenes, Unerschaffenes, Ungestaltetes gibt, deshalb ist ein Ausweg aus dem Geborenen, Gewordenen, Erschaffenen, Gestalteten zu erkennen ...*

Das Geborene, Gewordene, Entstandene, Geschaffene, Gestaltete, Unbeständige, aus Alter und Tod Gebildete, das Nest des Siechtums, das Gebrechliche, aus dem Strom der Nahrung Entsprungene: es reicht nicht hin, um daran Wohlgefallen zu finden. Der Ausweg aus ihm ist der Friede, das dem Sinnen Unzugängliche, Beständige, die ungeborene, unentstandene Stätte, frei von Kummer und Leidenschaft, die Aufhebung der Leidenserscheinungen, das selige Zurruhekommen der Prozesse.“
(It 43, nach Seidenstücker)

Wie aber kann man das Nirvana beschreiben? Welche Eigenschaften hat es? Wenn es wirklich das ganz andere jenseits des Bisherigen ist, dann reichen Begriffe und Worte nicht hin, die ja stets aus einer begrenzten Erfahrung stammen, wie tief und durchdringend diese auch sein mag. Worte können eher sagen, wo das Todlose nicht zu finden ist: Nicht im materiellen, formhaften, gestalthaften Sein kann es verwirklicht werden. Nicht in Raum und Zeit, wo es Hier und Dort, Entstehen und Vergehen gibt. Nicht wo Bedingtheit, Ursache und Wirkung existieren, wo es Subjekt und Objekt gibt, wo Bewegtheit und Vielfalt, Tun und Erleben sind. Worte zeigen nur in eine bestimmte Richtung, sie deuten auf etwas, was über sie selbst hinausgeht. Nirvana ist jenseits sinnlicher Erfahrbarkeit. Es kann nicht gesehen, nicht gehört, gerochen, geschmeckt oder getastet werden. Im Gegenteil, wo all das ist, kann jenes nicht sein. Die äußere Welt mit ihren Formen und Farben, Tönen und Düften ist nicht mehr. Keine schmeckbaren oder tastbaren Gegenstände sind zu finden. Der dingliche Kosmos und die Elemente sind untergegangen, Himmel und Hölle, Menschenwelt, Tier- und Gespensterreich ebenfalls.

„Es gibt jenes Reich, wo nicht Erde ist, nicht Wasser, nicht Feuer, nicht Luft ... nicht diese Welt, nicht jene Welt, nicht Sonne und Mond. Wahrlich, ich sage euch: dort ist weder Kommen noch Gehen, kein Fortdauern, kein Schwinden, kein Wiedererscheinen; so ist es unabhängig von Grundlagen, ohne Fort-Gang, ohne Gegen-Stand; dies ist wahrlich das Ende des Leidens."
(Ud 8,1, nach Schäfer)

Ja, nicht einmal hinlänglich denken läßt sich dieses Todlose, weil auch der Intellekt immer nur das verarbeiten kann, was in irgendeiner Weise aus dem Bereich des Erlebens in ihn gekommen ist. Das Nirvana bleibt das "dem Sinnen Unzugängliche". Nur in Abstraktionen und in der Negation alles Bekannten läßt sich das Unsagbare sagen. Nirvana ist das Weder-Noch unserer Erfahrung. Objekthaftigkeit und Räumlichkeit sind aufgehoben, keine Zweiheit gibt es in ihm, keine Differenzierungen, keine nennbaren Eigenschaften. Der Daseinsprozeß ist zum Stillstand gelangt, mit ihm Vergänglichkeit und Zeitlichkeit; Vergangenheit, Zukunft und Gegenwart haben keine Bedeutung mehr.

Was für die "objektive" Seite der Existenz gilt, gilt für ihre "subjektive" Seite ebenfalls. Ohne die äußere Welt hat das Ich keinen Bestand. Das Wahrgenommene und das Wahrnehmende gehören zusammen, Objekt und Subjekt sind untrennbar. Keine der fünf Komponenten der Persönlichkeit kann in das Todlose Eingang finden. Nirvana und personale Weiterexistenz schließen einander aus.

Die Körper der Wesen sind vergänglich, also nicht das "sichere Eiland". Ihre Gefühle entstehen und vergehen, und ihre Erlebnisse kommen und gehen, ihr Tun und Lassen ist nur für den Moment. Nichts von dem gesamten Persönlichkeitsgetriebe kann dem Nirvana zugerechnet werden. Im Nirvana gibt es kein Ich.

Der verunsicherte Verstand ringt um einen festen Standpunkt, dessen er mit seinen Mitteln aber nicht habhaft werden kann. Das Denken ist an seine Grenze gekommen, und weltliche Logik versagt. Schon zu Zeiten des Buddha war deshalb eine Frage heftig umstritten: Was geschieht wohl mit dem Erwachten (oder jedem anderen, der Nirvana erlangt hat) nach seinem Tod. Daß er schon zu Lebzeiten ein Geheilter, ein Heiliger, ein Weltüberwinder war, das alles konnte man erkennen und anerkennen. Aber was war mit ihm nach dem Ablegen seiner weltlichen Persönlichkeit beziehungsweise seiner körperlichen Existenz? Üblicherweise schwankten die Meinungen zwischen vier möglichen Grundpositionen: Der ins Nirvana Eingegangene ist; er ist nicht; er ist und ist zugleich nicht; weder ist er noch ist er nicht. Der Geist bietet keine andere Erklärung. Alles, was wir über Menschen oder Dinge sagen können, vollzieht sich in diesem Rahmen von Bejahung und Verneinung ihres Seins oder den beiden vermittelnden Positionen.

Besonders für neue Anhänger der buddhistischen Lehre oder solche ohne große intellektuelle Fähigkeiten war die Frage eine Herausforderung. In einer Lehrrede erfahren wir, wie beispielsweise der Mönch Anuradha auf sie reagiert. Von Mitgliedern einer anderen Sekte befragt, wie man einen Erwachten nach dem Tod charakterisieren kann, verwirft er mit Recht alle zuvor genannten Alternativen. Er erklärt aber nur unbestimmt, daß ein vollendetes Wesen mit einer anderen als den vier genannten spekulativen Ansichten faßbar ist. Um sich aber selbst noch einmal zu vergewissern, sucht er den Buddha auf, berichtet seine Unterredung und - muß sich eines besseren belehren lassen. Der "Buddha" im eigentlichen Sinne ist schon hier und jetzt un-be-greifbar. Der Körper, den Anuradha sieht, ist nicht der Buddha, keine der fünf Komponenten der Persönlichkeit ist mit ihm identisch, weder eine allein noch alle zusammen. Auch in den einzelnen Daseinsfaktoren ist der Erwachte nicht zu finden, weder im Gefühl noch in der Wahrnehmung oder in den

Aktivitäten und in deren rastlosem Zusammenspiel. Genauso wenig ist er irgendwo außerhalb zu entdecken. Auszumachen ist lediglich das rieselnde Entstehen-Vergehen der weltlichen Person.

> *„Da nun also von dir, o Anuradha, der Vollendete nicht einmal bei Lebzeiten wirklich und wahrhaft aufgefunden werden kann, ist dann deine Behauptung angebracht: 'Der da der Vollendete ist, das höchste Wesen, das edelste Wesen, der das höchste Ziel erreicht hat, soll ein solcher Vollendeter bezeichnet werden, dann wird er es außerhalb dieser vier Möglichkeiten: Der Vollendete besteht nach dem Tode - der Vollendete besteht nicht nach dem Tode - der Vollendete besteht und besteht nicht nach dem Tode - der Vollendete besteht weder noch besteht er nicht nach dem Tode?'"*
> *„Wahrlich nicht, o Herr."*
> *„Gut, gut, Anuradha! Dies nur verkünde ich, früher wie heute: das Leiden und des Leidens Aufhebung."*
> (S 22,86, nach Nyanaponika)

Dem von den Sinnesobjekten ausgefüllten und der Dualität verhafteten Denken muß der Bereich des Todlosen als das schiere Nichts erscheinen. Wer an die Welt glaubt, dem erscheint Nirvana als Abgrund und öde Leere. Kaum scheint derjenige, der sich der Lehre des Erwachten genähert hat, der Todesnot und der Angst vor endgültiger Vernichtung entronnen, weil er von der Fortexistenz hört, sieht er sich einer viel dramatischeren Bedrohung gegenüber. Mit dem Nirvana geht nicht nur alle Welterscheinung für immer unter, sondern auch das ach so geliebte eigene Ich. Und ausgerechnet auf diese Weise soll all das gefunden werden, was das Dasein ihm versagt? Wie kann das "Nichts" höchstes Glück und unerschütterlichen Frieden bedeuten, wo in ihm doch alle bisher angenommenen Grundlagen dafür zerstört sind? Wir leben als körperorientierte Wesen, die ihre Sinneswahrnehmungen geradezu als die Quelle für angenehme Empfindungen betrachten. Freude beziehen wir hauptsächlich aus den Sinneskontakten und den durch sie hervorgerufenen Gefühlen. Was bleibt denn, wenn ausgerechnet das wegfällt, was Spaß macht!? Man kann die Frage verstehen, die in diesem Zusammenhang einmal an Sariputto gerichtet wird, wie denn Nirvana Wohl sein kann, wenn es kein Gefühl mehr gibt. Seine Antwort wird für die allermeisten indessen nur ein Wort bleiben, das Verwunderung auslöst: Das besondere Wohl besteht ja gerade darin, sagt er, daß es kein Gefühl mehr gibt. (A 9,34)

Der Erwachte hat nur mit wenigen über diese letzten Dinge gesprochen, weil er wußte, daß solche Aussichten für den normalen Menschen wie ein Sprung ins Bodenlose erscheinen müssen. Mancher hat das im Gespräch auch geäußert und deshalb zuerst danach gefragt, was zu tun ist, um innerhalb des Daseinskreislaufes zu größerer Annehmlichkeit zu gelangen. Jeder, der Nirvana noch nicht erfahren oder sich eine leise Ahnung erworben hat, wird so oder ähnlich reagieren, wie es in den folgenden Worten zum Ausdruck kommt.

> *„Es hat zum Beispiel einer den Glauben: 'Das ist die Welt, das ist die Seele, das werde ich nach meinem Tode werden, unvergänglich, beharrend, ewig, unwandelbar, ewig gleich, ja, werde ich so verbleiben.' Der hört vom Erwachten oder von einem Jünger des Erwachten die Verkündigung der Wahrheit, hört ... vom Nirvana. Da wird ihm also zumute: 'Vernichtet werde ich sein, o, zugrunde gegangen,*

ach! Nicht mehr werde ich sein!' Er ist traurig, gebrochen, jammert, schlägt sich stöhnend die Brust und gerät in Verzweiflung. Auf solche Weise kann man sich beunruhigen über etwas, das es nicht gibt."
(M 22, nach Debes: Meisterung, S. 548)

Der Erwachte jedoch preist diese "unentstandene Stätte" als "frei von Kummer und Leidenschaft, als die Aufhebung der Leidenserscheinungen, das selige Zurruhekommen der Prozesse" (It 43) oder auch als "das sichere Eiland" (Sn 1092) und "des Alters und des Todes völliges Enden" (Sn 1094), als einzig erstrebenswerten Ausweg aus jeglicher Unzulänglichkeit, als "das Ende des Leidens" (Ud 8,1). Unmißverständlich rühmt er das Nirvana mit immer anderen verheißungsvollen Worten. Es ist "die Wahrheit", "das sichere Ufer", "das unbeschreiblich Feine", "das Unverwelkliche", "das dauert", "das nie verfällt", "die Stille", "das Unsterbliche", "das Erlesene", "der Segen", "der Frieden", das Erstaunliche", "das Einmalige", "das von aller Not Freie", "das nie krank werden kann", "das von Bedrängnis Freie", "das Reine", "die Erlöstheit", "das Eiland", "Geborgenheit", "Schutz", "Zuflucht" (S 43, nach Debes: Meditation, S. 421). Dieses Ungestaltete ist die wahre Stätte des Todlosen, weil ihm drei Merkmale eignen: "Kein Entstehen zeigt sich, kein Vergehen zeigt sich, keine Veränderung des Bestehenden zeigt sich." (A 3,48)

Der Alltagsmensch ist betrübt, wenn er vom Nirvana hört, weil er an ein "Die Welt ist" und "Ich bin" glaubt. Er ist entsetzt, weil er die Unzulänglichkeit der verlockenden Welt ebensowenig kennt wie die unvergleichlichen Vorzüge des Nirvana. Denn er ist einem mörderischen Schein verfallen.

Wir erinnern uns an das Gleichnis des dürstenden Mannes, der im Laufe seiner Daseinswanderung Hölle und Himmel erlebt, das Tierreich, die Menschenwelt und das Gespensterdasein. Er erfährt alle Grade von Entbehrungen und alle Grade des

Genusses. Niemals aber gelangt er dorthin, wo sein "Durst gelöscht" wird, ganz gleich, welche Stationen im *samsara* er durchläuft, weil es nirgends in der Daseinsrunde "Wasser" gibt. Selbst in den Himmeln, in denen er "nichts als Glück" erfährt, ist er nicht am Ende seiner Reise angekommen. Weil es im *samsara* eine Ruhepause gibt, aber kein dauerhaftes Bleiben, muß weiter Leiden erfahren werden. Auf der obersten Sprosse beginnt der Abstieg. Wer genießt, vergißt; man erinnert sich bald nicht mehr daran, wie man nach oben gekommen ist und was man dafür getan hat.

Und doch endet die Reihe der Gleichnisse des Erhabenen hoffnungsvoll und mit einem sehr ermutigenden Ausblick.

> *„Eines anderen Menschen Herz durchschaue ich und erkenne, daß er infolge seines Lebenswandels durch Abwehr der Anwandlungen die anwandlungslose Befreiung des Geistes, die Befreiung durch Weisheit schon in diesem Leben erkennen, wirklich erreichen und erleben wird, und später sehe ich ihn, wie er schon in diesem Leben das Ziel erreicht hat und nichts als Glück erlebt.*
> *Das geschieht so wie in diesem Gleichnis: Da ist ein Lotusteich mit klarem, frischem, kühlem Wasser, durchsichtig, leicht zugänglich, erquickend, und nahe dabei ein tiefer Waldgrund. Geradenwegs auf diesen Lotusteich zu wandert ein in der Sonnenglut erhitzter, ausgedörrter, dürstender Mann. Ein scharfsichtiger Mann, der ihn erblickt, sagt voraus, daß jener auf seinem Wege zu dem Lotusteich gelangen wird, und später sieht er ihn, wie er den Lotusteich erreicht, dort gebadet und getrunken, alle Qual, Pein und*

Erschöpfung überwunden hat, im Waldgrunde sitzt oder liegt und nichts als Glück erlebt."
(M 12, nach Schmidt)

Hier erst ist Erfüllung, vollkommene Gestilltheit. Der "Durst" ist versiegt. Man muß sehr genau lesen, um die feineren Hinweise des Buddha nicht zu übersehen. Auch dieser Wanderer erlebt "nichts als Glück", aber für ihn ist auch alle "Qual, Pein und Erschöpfung überwunden". Er ist tatsächlich am Ziel, macht nicht nur eine kurze Rast, um die nächste Etappe anzutreten. Seine Wanderung durch den *samsara* ist beendet, einen Rückfall in niedere, schmerzliche Daseinsbereiche ist nicht mehr möglich. Ja, eine Rückkehr in einen der Daseinsbereiche überhaupt ist ausgeschlossen. Er ist völlig zur Ruhe gekommen, jeder gegenwärtigen und jeder künftigen Mühe enthoben.

Damit wir es richtig verstehen. Wirklicher Friede ist nirgends im Dasein zu finden, das Todlose nicht im Reich der Vergänglichkeit zu erwerben. Die Anschaulichkeit des Gleichnisses sollte darüber nicht hinwegtäuschen. Fünf hauptsächliche Erlebnismöglichkeiten (Götterwelten, Menschentum, Gespensterreich, Tierheit, Höllen) nennt der Buddha, und alle bezeichnet er als unzulänglich und unbefriedigend. Wer den Frieden will, darf auf keine von ihnen bauen. Der *samsara* ist Stätte der Unrast und der Unvollkommenheit, der man nur den Rücken kehren kann, wenn man die Ursachen tilgt, die den Daseinskreislauf in Gang halten. Wer dagegen am Weltlichen hängt, dem wird Welt immer neu erstehen.

„Ohne drei Dinge überwunden zu haben, ist man außerstande, Geburt, Alter und Tod zu überwinden. Welche drei? Gier, Haß und Verblendung. Ohne die Gier überwunden zu haben, ohne den Haß überwunden zu haben,

ohne die Verblendung überwunden zu haben, ohne diese drei Dinge überwunden zu haben, ist man nicht imstande, Geburt, Alter und Tod zu überwinden.“
(A 10,76, nach Nyanatiloka/Nyanaponika)

Solange Welterleben ist, fußt es auf drei Dingen: der Zuneigung zu dem Angenehmen, der Abneigung gegenüber dem Unangenehmen und der Täuschung in bezug auf das wahre Wesen der Erscheinungen. Die unbewußten Neigungen in uns drängen nach dem Erlangen von Wohlgefühl und dem Vermeiden von Wehgefühl. Zugleich trüben sie unseren Blick, indem sie die Gegenstände des Begehrens mit dem Schein des an sich Guten und das uns Widerwärtige mit dem Schein des an sich Schlechten überziehen.

Im "Durst" werden die Dränge bewußt. Er läßt unser Denken und Handeln auf Befriedigung aus sein und nach den Dingen greifen. Wer genießt, haftet an den Objekten und schafft Abhängigkeit. Dem Durst nachgebend eignen wir immer wieder Ich und Welt an. Er erzeugt das wahnhafte Gaukelspiel Leben mit seinen suchenden und fliehenden Kräften. Solange man dem Durst folgt, unterliegt man den Gesetzen des wandelvollen *samsara* und dem Tod. Man ist dem Todesfürsten Mara untertan.

„Haftend ist man Maras Gefangener; nicht haftend ist man frei vom Bösen ...
An der Körperlichkeit - am Gefühl - an der Wahrnehmung - an den Aktivitäten - an der Gewöhnung haftend, ist man Maras Gefangener; nicht haftend ist man frei vom Bösen.“
(S 20,63 in Anlehnung an Nyanaponika)

Wir können die mannigfaltigsten Formen der Weltverflochtenheit beobachten und Begehren in vielen Schattierungen und Graden ausfindig machen. Unsere Sprache ist reich an Differenzierungen: Sie kennt Zuwendung und Hingabe, Hang und Neigung, Liebe und Verlangen. Der Durst mag ganz subtil als Aufgeschlossenheit und Interesse erscheinen, in mittlerer Stärke als Sympathie und Vorliebe oder in extremen Formen der Leidenschaft und Sucht. Allen Arten des Wünschens und Bedürfens ist aber eines gemeinsam, sie sind schmerzliche und im wörtlichen Sinne tödliche Fesseln. Der Buddha-Mönch Malunkyaputto findet dafür in den *Theragatha* folgende Worte:

„Wen dieser üble Durst besiegt,
das feste Haften in der Welt,
dem wachsen Sorgen heftig an,
wild wuchernd wie das Wiesengras.

Wer diesen üblen Durst besiegt,
so schwer zu zwingen in der Welt,
dem fallen alle Sorgen ab,
wie Wasser perlt vom Lotusblatt.

Das sag ich euch: zum Heil für euch!
Euch, die ihr hier versammelt seid:
Dem Durste grabt die Wurzeln aus,
dem Wiesengras geht auf den Grund,
damit nicht, wie der Strom das Schilf,
der Tod euch breche immer neu.“
(Thag 400-402, nach Saß)

Jetzt wird das Gleichnis des Erwachten von dem Wanderer am Lotosteich in seinem entscheidenden Aspekt deutbar. Es ist nicht die vorübergehende Befriedigung seines Durstes, die der Mann erfährt. Es ist das Versiegen des Durstes selbst, das weiteres

Ausschauhalten nach Wasser und weitere Anstrengung im Überlebenskampf für immer überflüssig werden läßt. Jetzt findet der Wanderer wahre Ruhe und Gelassenheit, weil es kein ihn treibendes Motiv mehr geben kann. Mit dem Trinken verschwindet dem Durstigen nur vorübergehend ein Mangel. Ohne den Durst erst ist er unabhängig und frei.

Wo immer sie sich zeigen, müssen unsere inneren Antriebskräfte völlig zum Stillstand gebracht werden. Der Schrei nach Gefühl muß verklingen, wenn wir alle Verletzbarkeit überwinden wollen. Das zielt auf das Verlangen nach Sinnesreizen, das jede Faser des Körpers durchwebt und die Wesen beeinflußbar macht. Das meint den Erlebnisdrang in jedem Sinnesorgan, den Willen zum Sehen, Hören, Riechen, Schmecken, Tasten und Denken.

> *„Was da des Auges Aufhebung ist, seine Stillung und Endigung: des Leidens Aufhebung ist es, der Krankheit Stillung, des Alters und des Todes Endigung. Was da des Ohres, der Nase, der Zunge, des Leibes und des Geistes Aufhebung ist, deren Stillung und Endigung: des Leidens Aufhebung ist es, der Krankheit Stillung, des Alters und des Todes Endigung."*
> (S 26,1, nach Nyanaponika)

Solange wir das nicht durchschauen, bleiben wir im Dasein säenden Wahn verfangen und mit dem Wahn wird die Dynamik der bedingten Entstehung weiter in Gang gehalten. In der Entlarvung des Durstes dagegen liegt die entscheidende Wende. Sie steht am Beginn der unvergleichlichen Entwicklung zur vollen Erwachung und Befreiung und mit ihr ist das tiefste Rätsel der Existenz gelöst.

> *„Da nun kam Vipassi, dem zukünftigen Buddha, der Gedanke: 'Wenn was wohl nicht da*

ist, ist Altern und Sterben nicht da? Durch wessen Aufhören hört Altern und Sterben auf? ...
Gefunden hab ich nun diesen Weg unmittelbarer Einsicht zur höchsten Weisheit, nämlich: ... durch Aufhören von Durst hört Ergreifen auf, durch Aufhören von Ergreifen hört Werden auf, durch Aufhören von Werden hört Geburt auf, durch Aufhören von Geburt hört Altern und Sterben, Kummer, Jammer, Leiden, Elend und Verzweiflung auf. So ist das Aufhören dieser ganzen Leidensmasse.'"
(D 14, nach Dahlke)

UNSTERBLICHKEITSWAHN

"Hier ist das Ewige"

Die tiefe Empfindung der Unzulänglichkeit des Lebens war für Vipassi der Anstoß, jenen absoluten Ruhepunkt zu suchen, an den Geburt und Tod nicht reichen. Die Betroffenheit über das Ausgeliefertsein der Menschen an unverstandene und unbeherrschte Kräfte hatte sein Interesse geweckt. Von da an war der Weg vorgegeben: von der Entdeckung der Bedingtheit aller Erscheinungen bis zur Verwirklichung des Nirvana.

Doch nicht jeder Geist ist offen für Erkenntnis, und nicht jedes Gemüt bereit für den Kampf um seine Befreiung. Bisweilen findet sich sogar eine tiefverwurzelte Illusion der Unsterblichkeit, die sich auf vermeintliche Erfahrung stützt und deshalb besonders schwer zu durchschauen ist.

Wir haben bereits gesehen, daß Zeit in den verschiedenen Daseinsebenen unterschiedlich empfunden wird. Wie der Raum ist auch die Zeit keine objektive und feste Größe. Sie ist keine Dimension, in der die Welt besteht, sondern eine Form, in der Welt erlebt wird. Je bewegter diese ist, je schneller die Ereignisse kommen und gehen, um so deutlicher tritt die Zeitlichkeit zutage, und umgekehrt verblaßt sie mit der Beruhigung des weltlichen Geschehens.

Der Kriegerfürst Payasi mußte erfahren, daß schon in den Welten der noch sinnlichen "Götter der Dreiunddreißig" der Rhythmus von Tag und Nacht, der Jahreszeiten, ja des ganzen Lebens anderen Maßstäben unterliegt als unseren irdischen. Ein Jahrhundert hier ist eine Episode dort. Eine vollendete Lebenspanne hier entspricht dort wenigen unbedeutenden Augenblicken.

Die noch höheren, brahmischen Himmel beherbergen der buddhistischen Überlieferung zufolge Wesen von einer Lebensdauer, die gemessen an unseren wenigen Jahren auf der Erde schlechthin unvorstellbar ist. Solche Wesen leben nicht von den Sinneskontakten und der Objektwahrnehmung. Sie sind weltabgewandt und jeglicher sinnlicher Bedürftigkeit entwachsen. Ihre Aufmerksamkeit ist hauptsächlich nach innen gerichtet, und sie beziehen alles Wohl aus dem makellosen Frieden ihres Herzens. Auch wenn sie die Fähigkeiten zu hören und zu sehen noch besitzen, erwarten sie doch keine Befriedigung aus Gehörtem und Gesehenem. So treten äußere Geschehnisse für sie in den Hintergrund. Für ihr geeintes und gesammeltes Gemüt ist das Weltgetriebe eine ferne und fremde Erscheinung.

Wenn jene Brahmas bisweilen doch aus den Tiefen ihrer beseligten Erhabenheit und Abgeschiedenheit emporkommen zu gelegentlichen Erlebnissen der Vielfalt und der Sinneswahrnehmung, sehen sie Menschen geboren werden und sterben, Welten entstehen und vergehen, über Äonen hinweg. Bei sich selbst aber bemerken sie keine Veränderung, keine Wandlung. Solche Brahmas, die ihre eigene Geburt längst vergessen haben und in ihrer eigenen Sphäre Altern und Sterben nicht begegnen, halten sich für unsterblich, vom Tode völlig befreit. In der *Mittleren Sammlung* der Lehrreden des Buddha findet sich folgender Bericht des Erwachten:

> *„Eines Tages weilte ich da bei Ukkattha, im 'Lustwalde', am Fuße eines Königsbaumes. Damals aber war der Brahma Bako zu der falschen Ansicht gekommen: 'Hier ist das Ewige, hier das Beharrende, Immerwährende, hier ist Unauflösbarkeit und Unvergänglichkeit; denn hier herrscht kein Geborenwerden und Altern, kein Sterben und Vergehen und Wiedererscheinen; und es gibt keine andere, höhere Freiheit als diese ...'*
> *Hierauf erwiderte ich dem Brahma Bako: 'Verblendet, wahrlich, ist der liebe Brahma Bako, verblendet, wahrlich ist der liebe Brahma Bako,*

da er ja, was eben nicht ewig ist, als ewig bezeichnen will, was eben nicht beharrend ist, als beharrend bezeichnen will, was eben dauerlos ist, als immerwährend bezeichnen will, was eben auflösbar ist, als unauflösbar bezeichnen will, was eben vergänglich ist als unvergänglich bezeichnen will, und nun von dem, was da geboren wird und altert, stirbt und vergeht und wiedererscheint, behauptet, daß es nicht geboren werde, nicht altere, nicht sterbe und vergehe und wiedererscheine, dann aber jene andere, höhere Freiheit, die es gibt, leugnet.'"
(M 49, nach Neumann)

Fast zwangsläufig verfallen Wesen wie Brahma Bako der Illusion. Ihre Erfahrung scheint zu bestätigen, daß sie der vergänglichen Welt enthoben sind, weil sie Wandel nur bei anderen sehen, bei sich aber Beständigkeit. Mag ihre Beobachtung für den Moment, ja für die Zeiten vieler Weltenentstehungen und Weltenvergehungen richtig sein, der Schluß, den sie daraus ziehen, ist es nicht.

Bako betrügt sich damit selbst, er täuscht sich, weil er um die Begrenztheit und um die perspektivische Verkürzung seines Blikkes nicht weiß. Ihm entgeht die Bedingtheit aller Erscheinungen. Er verkennt die Tatsache, daß sein brahmisches Dasein ebenfalls karmisch gewirkt ist, wie das der Menschen sowie aller anderen Lebewesen, und damit endlich. Er ist sich weder seiner Vergangenheit bewußt noch des Weges, den er bis hierher beschritten hat. Dazu kommt, daß er aufgrund seiner gegenwärtigen beseligten Seinsweise gar kein Motiv zur Selbsterkenntnis hat. Wozu sollte er über seine Situation nachdenken wollen, seinen Geist anstrengen, die Wirklichkeit erforschen wollen? Die irrige Auffassung, im *samsara* einen Status erreicht zu haben, dessen Qualitäten sich nicht steigern und übertreffen lassen, bildet auch eine nicht zu unterschätzende praktische Blockade. Nur dort entsteht ein Motiv zum Handeln, wo eine Kluft zwischen dem schon Erreichten und einem lohnenderen Ziel gesehen wird. Je überzeugender und klarer es ist, um so größer wird die Kraftanstrengung sein, um ihm näherzukommen.

Im Falle Bakos kann offensichtlich nur eine Schocktherapie helfen. Hier ist es unumgänglich, eine "höhere Freiheit" ganz augenfällig und hautnah zu demonstrieren. Dem Buddha gelingt es, indem er Bako die begrenzte Macht eines Brahma vor Augen führt, der sich für unübertrefflich hält. Der nämlich will sich dem ihm unangenehmen Gespräch entziehen und einfach entschwinden. Gegenüber Menschen und niederen Gottheiten ist das möglich, bei einem Buddha jedoch nicht. Wohin immer Bako sich zurückzuziehen bemüht, der Erwachte folgt ihm augenblicklich. Und schließlich ist es der Buddha, der sich in eine Sphäre erhebt, die dem Gott nicht zugänglich ist.

Ein Erwachter, der das gesamte Dasein überblickt und die ausnahmslose Wandelbarkeit des Gestalteten kennt, sieht Anfang und Ende auch der erhabensten göttlichen Existenz. Einen so befähigten Lehrer braucht ein Brahma, um von dem Wahn vermeintlicher Unsterblichkeit befreit zu werden. Nur nach seiner Belehrung kann er am Ende sagen:

> *„Nicht gilt, Verehrter, mehr die Ansicht,*
> *die mir früher galt.*
> *Ich sehe, wie zu Ende geht*
> *das Strahlen in der Brahmawelt.*
> *Wie könnte ich noch sagen jetzt:*
> *Bin immerwährend, ewig da!"*
> (M 50 beziehungsweise Thag 1199/1200,
> nach Saß)

Der Unsterblichkeitswahn liefert den Betroffenen geradezu dem Tod aus, weil er den Feind nicht erkennt, der ihn schließlich unausweichlich ans Messer liefert. Mag brahmische Existenz noch so lange dauern, mag sie noch so erhaben sein, sie endet doch und führt wieder hinab in niedere Bereiche des *samsara*, in denen Sterben und Tod erneut oft und schmerzlich erfahren werden. Alles Karma, auch das vortrefflichste, hat nur begrenzte Wirkung. Jede Manifestation schwindet, wenn die sie tragenden Kräfte aufgezehrt sind. So unterscheidet sich die brahmische Seinsweise nur graduell von der menschlichen, jedoch nicht prinzipiell.

Die gleichen Gegebenheiten sind es, die in vielen Religionen die Idee eines ewigen Gottes aufkommen lassen. So auch im alten, vorbuddhistischen Brahmanismus, der demselben Mißverständnis unterliegt. In der mystischen Begegnung zwischen religiös inspirierten und sensitiven Menschen und einem hohen göttlichen Wesen wird jenes als der Überlegene, Mächtigere, dem irdischen Getriebe Enthobene, Dauernde erlebt. Über Generationen hinweg berichten Priester und Seher über einen immer gleichen Brahma, zu dem sie sich in tiefer Meditation erheben. Er bleibt für sie stets derselbe, der "ewige Jüngling" (M 53, D 3, D 18, D 19, D 27), der schon zu Zeiten der eigenen Väter und Vorväter war. Und nicht anders wird es den kommenden Generationen ergehen, auch ihr Gott erscheint wandellos und der Zeit entrückt. Und dennoch unterliegen jene Menschen einem Fehlurteil. Sie verwechseln extreme Langlebigkeit mit Todlosigkeit.

Wenigstens die bessere Chance einer realistischen Selbsteinschätzung haben die Menschen jenen Göttern voraus. In unserem Leben ist die Vergänglichkeit allgegenwärtig. Wir brauchen nur die Augen zu öffnen, um sie zu sehen und so dem Irrtum der Unsterblichkeit zu entgehen. In unserem Leben begegnet uns auch wahrlich genug Not und Elend, welche die Frage nach einem Ausweg aufwerfen, den Intellekt anstacheln und die Kräfte mobilisieren.

Und dennoch geht es uns faktisch in mancherlei Hinsicht nicht viel anders als den Brahmas. Nicht der Schein des Bestandes narrt uns, aber unsere eigene Oberflächlichkeit läßt die beiden Seiten der Existenz nicht deutlich genug werden. Unsere Achtsamkeit gilt der "Natur", dem Neuen, dem immer wieder Entstehenden, nicht der "Mortur", der Verweslichkeit, der Endlichkeit der Erscheinungen. Wir haben einen Begriff vom Tod, aber er tangiert uns nicht wirklich. Nur intellektuell gehen wir mit ihm um, lassen die Tatsache der Zeitlichkeit aber nicht in uns zur Wirkung kommen. Am Ende müssen wir gestehen: Wir haben das Nächstliegende übersehen und nicht in die Lebensrechnung aufgenommen.

Das ist die Situation, die ein Gespräch des Todesfürsten Yama mit einem verstorbenen Übeltäter schildert. In der mythologischen Darstellung wird jener von dem Herrn des Totenreiches gefragt, ob er denn nicht während seines irdischen Lebens die drei "Götterboten" bemerkt hat. Nein, bekennt er voller Scham und Bedauern. Alter und Krankheit, die beiden ersten Götterboten, hat er nicht als solche erkannt. Auch bei der entscheidenden dritten Frage muß er seine Nachlässigkeit eingestehen; er sah, ohne zu sehen.

> *„O Mensch, sahest du nicht unter den Menschen eine Frau oder einen Mann einen oder zwei oder drei Tage nach dem Tode, aufgeschwollen, von blauschwarzer Farbe, mit Eiter bedeckt?"*
> *„Ja, o Herr, ich habe solche gesehen."*
> *„Und dachtest du nicht, o Mensch, der du Verstand besitzest und alt genug bist: 'Auch ich bin dem Tode unterworfen, kann dem Tode nicht entgehen. So laß mich denn Gutes tun in Werken, Worten und Gedanken?'"*

„O Herr, ich war außerstande! O Herr, ich war leichtsinnig!"
„O Mensch, aus Leichtsinn hast du weder in Werken, noch Worten, noch Gedanken Gutes getan. Wahrlich, o Mensch, gemäß deinem Leichtsinn wird man's dir vergelten. Denn jene schlechte Tat wurde weder von deiner Mutter begangen, noch von deinem Vater, noch von deinem Bruder, noch von deiner Schwester, noch von deinen Freunden und Genossen, noch deinen Vettern und Blutsverwandten, noch von Götterwesen, Asketen oder Priestern. Du allein hast jene schlechte Tat begangen, du allein wirst deren Frucht erfahren."
(A 3,36, nach Nyanatiloka/Nyanaponika)

Die hier geschilderte Haltung ist die der Sorglosigkeit, der Leichtfertigkeit und der Achtlosigkeit. Böse Absicht oder Schlechtigkeit sind hier gar nicht im Spiel. Die Gewohnheit des Alltages, die rastlose Geschäftigkeit in Familie und Beruf lassen uns dahintreiben. Wer ergreift schon die Gelegenheit, für einen Moment still zu sein und wirklich zur Besinnung zu kommen? Wo bleibt die Zeit im Getriebe des Lebens, um Rechenschaft abzulegen über Ziel und Zweck aller Anstrengung?

Mangelnde geistige Klarheit und Orientierungslosigkeit führen zwangsläufig zu falscher Lebensführung. Wir bleiben im Vergänglichen, Trivialen und Wertlosen verstrickt. Aus intellektueller Dumpfheit, mangelnder Aufmerksamkeit oder Kurzsichtigkeit kommt die wahre Sicht der Dinge nicht zustande, und wie schnell gerät dabei der richtige Maßstab für das Tun und Lassen aus dem Blick.

Diese Schwäche des Geistes kommt allerdings nicht von ungefähr. Sie ist der Ausdruck einer seelischen Grundhaltung. Der

Geist als wichtigstes Instrument bei der Suche nach Glück und Zufriedenheit folgt nur zu oft völlig unkritisch und ungehemmt dem Sog unserer Wünsche und Neigungen. In aller Regel bleibt er so ein Mittel für vordergründige Zwecke. Wir sind berauscht von der Welt und ihren Reizen.

Der Buddha beschreibt deshalb den gewöhnlichen Menschen als einem dreifachen Rausch verfallen (A 3,39 b), der den klaren Anblick der Wirklichkeit verhindert und ihn so fehlleitet. Der Gesundheitsrausch läßt übersehen, daß der Körper gebrechlich und der Krankheit unterworfen ist. Geht es uns körperlich gut, glauben wir, das müßte so sein und so bleiben. Der Jugendrausch täuscht darüber hinweg, daß man dem Altern nicht entgehen kann, und tatsächlich kann man sich in jungen Jahren nicht recht vorstellen, irgendwann einmal die Rolle der Eltern oder der Großeltern einzunehmen und dem Prozeß der Verfalls zu unterliegen. Der Lebensrausch schließlich gaukelt Unsterblichkeit vor. Wie kann es denn Sterben geben, wenn ich nur Leben erfahre?

In den vergangenen 2500 Jahren hat sich da wenig verändert. Die Fortschritte der Medizin nähren unterschwellig die unbegründete Hoffnung, Krankheit sei möglicherweise doch zu besiegen. Wie oft wird uns auf subtile Weise suggeriert, weitere Forschungen könnten das Geheimnis der Gebrechlichkeit der Jahre lüften und vielleicht sogar dem Tod ein Schnippchen schlagen. Über diesbezügliche Absurditäten liest man gelegentlich. Wer es sich leisten kann, läßt seinen Leichnam nach seinem Ableben tiefgefrieren in der Hoffnung auf spätere Wiederbelebung: Vielleicht gibt es ja den Sieg der Technik über den Tod, der seine Opfer wieder preisgeben muß. Unsterblichkeitswahn im 20. Jahrhundert!

Und immer ist es dieselbe Götzenfigur, die wir über alles andere stellen und anbeten: der eigene oder der fremde Körper. Er, der uns am ehesten die ungeschminkte Realität lehren könnte, weil Krankheit ihn befällt, weil Alter sein Geschick und Tod sein Ziel ist. Er ist und bleibt das beliebteste Objekt eitler Bemühungen.

Die folgenden Verse des Mönches Ratthapalo zeigen ein ganz anderes Bild. Er ist ein Mensch, der diesem Schwindel nur eine Zeitlang verfallen ist. Als Sohn aus reichem Haus kann er lange allen Verlockungen des Lebens und jedem Genuß unbeschwert nachgehen. Bis der Bruch kommt, bis ihm die Vordergründigkeit und Schalheit von Luxus und materiellem Wohl offensichtlich werden. Gegen den Widerstand der Eltern verläßt er Haus und Familie, in der Distanz zu seinem früheren bürgerlichen Leben durchschaut er den Popanz Körperlichkeit. Ratthapalo wird Mönch im Orden des Buddha.

Während des morgendlichen Bettelganges kommt er eines Tages in sein früheres Zuhause. Bei diesem Besuch will ihn seine Familie zurückgewinnen und ihn bewegen, wieder ein weltliches Leben zu führen. Die Verführungsversuche seiner einstigen Frauen schlagen aber fehl. Die äußere Schönheit des anderen Geschlechtes bedeutet ihm nichts mehr. Er hat jetzt eine völlig andere und nüchterne Sichtweise.

„Sieh dieses Püppchen, schmuck gemacht,
ein Wundenbündel, stolz erhoben,
im Innern krank, von Plänen voll,
für das es nie ein Bleiben gibt.

Sieh die Gestalt, so schmuck gemacht,
juwelenschwer am Ohr der Ring,
die Knochen sieh, mit Haut bedeckt,
darüber leuchtet Kleiderpracht.

Sieh nur die Füße, rot lackiert,
den Mund, mit Farbe grell geschminkt, -
wohl recht, den Toren zu verblenden,
nicht den, der's andre Ufer sucht.

In Zöpfen fällt das Haar herab,
die Augen glänzen eingesalbt, -
wohl recht, den Toren zu verblenden,
nicht den, der's andre Ufer sucht.

Der Salbentopf wird neu bemalt,
der faule Körper wird geschmückt, -
wohl recht, den Toren zu verblenden,
nicht den, der's andre Ufer sucht.

Der Jäger legte seine Schlinge,
nicht fiel das Wild auf ihn herein, -
das Futter nahmen wir und gehen,
der Fallensteller schreit umsonst.“
(M 82 beziehungsweise Thag 769-774, nach Saß)

Steigt dem gewöhnlichen Menschen eine leise Ahnung auf, daß Körperlichkeit Fassade ist, die immer schon Risse hat, deren Verputz bröckelt und die dem Verfall bald ganz preisgegeben ist, wird diese Wirklichkeit schnell retuschiert. Die Blässe des Todes wird mit Farbe belegt, ein Leichnam geschmückt und herausgeputzt. Der Unwissende fällt darauf herein, nicht aber einer, der das sichere Ufer im Gewoge von Entstehen und Vergehen sucht.

Die Konsumhaltung, der unsere Gesellschaft fast hemmungslos verfallen ist, tut ein weiteres. Wir raffen und horten, genießen materiellen Reichtum und soziales Prestige, als könnte es nie ein Ende dieses Gaukelspieles geben. Und wie oft schwingt dabei ein Gedanke mit. Wenn es "mein" gibt, gibt es auch "mich". Wo es Besitz gibt, gibt es auch einen Besitzer. Ich genieße, also bin ich. Vermehrter und intensivierter sinnlicher Genuß dient nicht nur der Befriedigung körperlicher Bedürfnisse, er stabilisiert zudem unser Ego. Denn so lange es sie gibt, so lange leben wir ja, so lange geht es uns gut, und wir brauchen uns keine

Sorgen zu machen. Die Faszination der Kulisse "bunte Welt" hält uns gefangen.

Die westliche Kultur ist keine Kultur des Alters und der Weisheit. Sie kultiviert den Mythos der Jugend, ihrer Kraft und ihrer Genußfähigkeit. Alt werden ist verpönt, ein Mangel, fast ein persönliches Versagen, das gemieden und verschwiegen wird. Und gar der Tod! Wenn er eintritt, lassen wir uns einfach nicht stören, wir ignorieren ihn, soweit es eben geht. Gibt es doch heute Spezialisten für alle Probleme. Mögen sie stellvertretend und gegen Bezahlung die Angelegenheit erledigen. Ein Anruf genügt, und der Todesfall in der Familie bleibt ein "Fall", der abgewikkelt wird. Man braucht sich um nichts zu kümmern. Alle Arrangements werden professionell vorbereitet, die Behördengänge, der Sarg, die Blumen. Eine Übertreibung, sicher, aber eine Tendenz in diese Richtung ist nicht zu leugnen. Wir wollen den Tatsachen nicht in die Augen sehen. Vermeiden ist die Taktik.

Oder das genaue Gegenteil, das andere Extrem. Hier erfüllen die modernen Medien eine oft übersehene Funktion. Sie bringen uns den Tod tagtäglich ins Wohnzimmer; aus aller Welt und in einem nie geahnten Variantenreichtum. Schon die Nachrichten machen ihn oft zum Mittelpunkt: Seuchen und Unfälle, Kriege und Naturkatastrophen stehen regelmäßig auf der Tagesordnung. Wort und Bild machen jede Einzelheit plastisch. Und wo tatsächliche Ereignisse nicht ausreichen, tritt die Phantasie an ihre Stelle. Die Produkte bleiben ungezählt, in denen Verbrechen und Mord inszeniert werden, und ihre Konsumenten ebenfalls. Der Tod wird zur Unterhaltung, zum Nervenkitzel.

Es klingt paradox, aber der psychologische Effekt ist ein ganz anderer, als man vermuten könnte. Diese Begegnung mit dem Tod ist keine wirkliche Begegnung. Sie stärkt lediglich den Unsterblichkeitswahn auf eine andere Weise. Es geht uns nicht viel anders als dem Brahma, von dem vorhin die Rede war. Wir sehen um uns herum Tod und Verderben, wir aber leben noch - immer noch. Und es gibt keine Veranlassung anzunehmen, daß das je anders sein könnte. Nichtwissen, Nichtwissen-Wollen ist das, Lebensrausch. Die Täuschung bleibt, und mit ihr das beruhigte Beharren im Gewohnten.

Wenn wir Sterben und Tod um uns herum sehen, nehmen wir uns davon unbewußt aus, wir tun, als ginge uns das nichts an. Als "unkundige Weltlinge", selbst dem Tod unterworfen, sind wir vielleicht noch bedrückt, erstarrt, entsetzt über das Schicksal des anderen. Im Angesicht eines Leichnams wenden wir uns angeekelt und voll Abscheu ab. Aber wir erkennen uns in dem Gestorbenen nicht wieder und sehen nicht, daß wir denselben Weg gehen werden, geschweige daß sich dadurch unser bisheriges Leben ändert. (A 3,39 a)

Nur eine uns wirklich berührende Begegnung mit Alter, Sterben und Tod setzt das Bemühen um Wissen und Befreiung in Gang. Die wirkliche Todeserfahrung ist ein bestürzendes Erlebnis, das zwingend nach einem erlösenden Ausweg suchen läßt. Wir erinnern uns an die großartige und alles verändernde Entdeckung des einstigen Buddha Vipassi, die Entdeckung der bedingten Entstehung alles Gewordenen. Der Ausgangspunkt seines Forschens und Nachdenkens war die Frage nach der Möglichkeit, dem Tod zu entrinnen. Ihr aber ist bereits ein nachhaltiger Schock vorausgegangen, und die Überlieferung schildert diese seelische Erschütterung des Bodhisattva. Der lebensfrohe und unbeschwerte Prinz hat bisher nur die schönen Seiten des Lebens kennen- und liebengelernt. In seinem Palast ist er von Luxus umgeben. Alles Unangenehme und Bedrückende wird von ihm ferngehalten. Was ein Mensch an Annehmlichkeiten haben kann, hat er genossen. Als er eines Tages gerade einen vergnügten Ausflug in einen der königlichen Lustgärten unternimmt, trifft es ihn wie aus heiterem Himmel.

Da nun bestieg Prinz Vipassi einen schönen Wagen und fuhr mit allen diesen Prunkwagen zu den Gärten hinaus. Und es sah Prinz

Vipassi, als er zu den Gärten hinausfuhr, einen großen Menschenhaufen versammelt, in allerhand dunklen Gewändern, in elendem Zustand. Als er das sah, redete er den Wagenlenker an:

„Warum, bester Wagenlenker, ist dieser große Menschenhaufen versammelt, in allerhand dunklen Gewändern, in so elendem Zustand?"

„Das heißt man, o König, einen Verstorbenen."

„So lenke denn den Wagen zu jenem Verstorbenen hin."

"Ja", stimmte der Wagenlenker dem Prinzen Vipassi bei und lenkte den Wagen zu jenem Verstorbenen hin. Und es sah Prinz Vipassi den Toten, den Verstorbenen an. Als er ihn gesehen hatte, redete er den Wagenlenker an:

„Warum nur heißt man das einen Verstorbenen?"

„Das heißt man einen Verstorbenen: Nicht mehr werden ihn Mutter und Vater oder die anderen Blutsverwandten sehen, und nicht wird er Mutter und Vater oder die anderen Blutsverwandten sehen."

„Wie aber? Bin auch ich dem Sterben unterworfen? Steht auch mir das Sterben bevor? Werden auch mich nicht der König und die Königin und die anderen Blutsverwandten sehen, und werde auch ich nicht den König und die Königin und die anderen Blutsverwandten sehen?"

„Auch du und wir alle sind dem Sterben unterworfen; auch dir steht das Sterben bevor.

Auch dich werden der König und die Königin und die anderen Blutsverwandten nicht sehen, auch du wirst den König und die Königin und die anderen Blutsverwandten nicht sehen."
„So mag es denn für heute genug sein mit der Fahrt nach den Gärten. Fahre nun von hier zum Schloß zurück."
„Ja", stimmte der Wagenlenker dem Prinzen Vipassi bei und fuhr von da zum Schloß zurück. Und nachdem Prinz Vipassi ins Schloß zurückgekehrt war, grübelte er schmerzlich-niedergeschlagen:
„Verflucht soll Geburt sein, wo doch an der Geburt das Altern zu Tage treten muß, die Krankheit zu Tage treten muß, das Sterben zu Tage treten muß!"
(D 14, nach Dahlke)

Zu diesem Zeitpunkt ist Vipassi ein junger Mann. Ist es da nicht unwahrscheinlich, daß er niemals zuvor einem Toten begegnet ist? Gewiß, aber die eigentliche Begegnung findet erst jetzt statt. Mag er zuvor davon gehört haben, einen Leichnam gesehen haben oder auch nicht, das Entscheidende ist die jetzt aufblitzende Einsicht in das Wesen des Lebens. Mag er früher darüber hinweggesehen haben, jetzt ist er innerlich berührt und damit ein anderer geworden. Wir erfahren aus seiner Biographie, daß zwei Erlebnisse zuvor den Weg dahin gebahnt haben, die Konfrontation mit einem Kranken und einem Alten. Schon das hat ihn unsicher und betrübt gemacht, jetzt aber ist er ins Mark getroffen.

Die Art, wie sie von der Todesproblematik gepackt werden oder an ihr vorübergehen, unterscheidet die Wesen. In der *Angereihten Sammlung* der Buddha-Reden findet sich das schöne

Gleichnis von den vier edlen Rossen. Der Text beschreibt die unterschiedliche Empfindsamkeit und Reaktion der Tiere auf die lenkenden Hinweise des Reiters. Das edelste gerät schon beim Anblick des bloßen Schattens der Peitsche in Feuer und beschleunigt seinen Lauf. Das nächste, wenn die Peitsche sein Haar trifft, ein anderes erst nach der Berührung der Haut. Das letzte muß gar den Schlag auf den Knochen spüren, um Gehorsam zu zeigen (A 4,113). Dem entspricht die Wesensart der Menschen, wenn sie mit der Sterblichkeit in Berührung kommen. Dem Edelsten genügt es schon, "den Schatten der Peitsche" zu sehen:

> *„Da vernimmt ein guter, edler Mensch die Kunde: 'In solchem Dorfe oder solcher Stadt ist ein Mann oder eine Frau der Krankheit oder dem Tode anheimgefallen.' Das erschüttert ihn und ergreift ihn. Ergriffen aber, kämpft er weise. Und kämpfend verwirklicht er in seinem Inneren die höchste Wahrheit und schaut sie, indem er sie weise durchdringt."*
> (A 4,113, nach Nyanatiloka/Nyanaponika)

Schon die Tatsache, daß irgendein Mensch stirbt, ein Fremder, ein Unbekannter, zu dem keinerlei persönliche Beziehungen bestehen, hinterläßt einen Stich. Es genügt die bloße Nachricht von seinem Ableben, die Information, der Eintrag in den aufmerksamen Geist. Bei einem anderen müssen Krankheit und Tod schon näher heranrücken. Er reagiert, wenn er mit eigenen Augen einen Siechen oder Verstorbenen vor sich sieht. Er braucht den unmittelbaren sinnlichen Kontakt, die augenfällige Bestätigung der Sterblichkeit. Die Peitsche des Reiters muß gleichsam sein Haar berühren. Der dritte merkt erst auf, wenn es einen Nahestehenden, einen Verwandten oder Bekannten trifft. Wenn es "an die Haut" geht, läßt er sich aus seiner Lethargie reißen.

Nur eine unmittelbar lebensbedrohende Krankheit am eigenen Körper oder verheerender Schmerz erschüttern schließlich den am wenigsten Sensiblen und lassen ihn kämpfen. Der Tod muß ihm ein Stück weit "in die Knochen" fahren, um ihn zu ernüchtern.

Es ist bemerkenswert, daß der Buddha alle vier Rosse als edle Rosse bezeichnet. Denn sie alle beschleunigen ihren Lauf, nachdem sie die Peitsche kennengelernt haben. Sie mobilisieren ihre Kräfte und kommen in Bewegung. So sind auch alle vier Menschenarten "edel", weil sie die Todesbegegnung aufrüttelt und vorantreibt. Sie sind "gehorsam", weil sie auf das "hören", was ihnen die Rute Tod sagt. Jetzt gehen sie nicht mehr planlos durch das Leben und ihre Schritte haben ein festes Ziel.

DER WEG

"Dessen Haare in Flammen stehen"

Wer das Ziel kennt und die Notwendigkeit vor Augen hat, es möglichst schnell anzusteuern, wird nach einem geeigneten Weg Ausschau halten. Bei allen Betrachtungen bis hierher war dieser Weg auch immer im Blick. Nun ist es an der Zeit zu resümieren, zu ergänzen und weitere Perspektiven zu nennen.

Die brahmanische Zeit Indiens hatte eine Religion des Priestertums und der Rituale hervorgebracht. Mit Gebeten und Opfern glaubte man die Schattenseiten des Lebens und die Flekken der eigenen Seele beseitigen zu können. Rituelle Waschungen zum Beispiel sollten Verfehlungen und eigenen Makel tilgen, alle Unreinheiten und Unvollkommenheiten hinwegspülen. Die gelehrten und spezialisierten Brahmanen gaben dabei gegen Bezahlung professionelle Hilfe. War das ein gangbarer Weg zur Todlosigkeit? Hilft ein Bad im heiligen Fluß Ganges? Macht Wasser rein?

In den südlichen Provinzen, so der Buddha zu seinen Mönchen, wird das große "Fest der 'Spülung'" gefeiert. Es wird mit Tanz, Gesang und Musik, mit Essen und Trinken begangen. Ich kenne dieses Fest, und ich weiß, fährt er fort, wie sehr es geschätzt wird. Ich weiß aber auch, wie gering tatsächlich sein Nutzen ist: Es führt nicht zum Ziel, nicht zum Frieden, nicht zum Nirvana. Die vielen Aktivitäten und Mühen in seinem Zusammenhang sind zwecklos, sie führen über das Weltliche nicht hinaus, sie sind niedrig und gewöhnlich.

> *„Ich aber will euch eine edle Art der Spülung weisen, die zur völligen Abwendung, Loslösung und Erlöschung führt, zum Frieden, zur Durchschauung, zur Erleuchtung, zum Nibbana; eine Spülung, derzufolge die*

der Geburt, dem Altern und dem Sterben unterworfenen Wesen von Geburt, Altern und Sterben erlöst werden; eine Spülung, derzufolge die dem Kummer, Jammer, Schmerz, Trübsal und Verzweiflung unterworfenen Wesen von Kummer, Jammer und Schmerz, Trübsal und Verzweiflung Erlösung finden. Und worin besteht jene edle Spülung?
Von dem recht Erkennenden ist verkehrte Erkenntnis abgespült. Und die vielen, unheilsamen Dinge, die zufolge verkehrter Erkenntnis entstehen, auch diese sind von ihm abgespült; und auf Grund rechter Erkenntnis gelangen viele heilsame Dinge zur vollen Entfaltung.
Von dem recht Gesinnten ist verkehrte Gesinnung abgespült - von dem recht Redenden die verkehrte Rede - von dem recht Handelnden die verkehrte Handlungsweise - von dem rechten Lebensunterhalt Erwerbenden verkehrter Lebensunterhalt - von dem recht Strebenden das verkehrte Streben - von dem recht Achtsamen die verkehrte Achtsamkeit - von dem recht Gesammelten die verkehrte Sammlung - von dem recht Wissenden das verkehrte Wissen - von dem recht Befreiten ist die verkehrte Befreiung abgespült.“
(A 10,107, nach Nyanatiloka/Nyanaponika)

Bei vielen Gelegenheiten hat der Erwachte die sichere und erprobte Vorgehensweise zur Befreiung erläutert: *den Edlen Achtfachen Pfad* (*atthangika magga*). Die acht Elemente, die in der spirituellen Praxis eine Rolle spielen, sind uns in einer gewissen Hinsicht keineswegs fremd. Jeder, der einen Beruf ausübt oder eine beliebige Tätigkeit des Alltags vollbringt, hat sie mehr oder weniger zu beachten. Nur, jetzt gelten sie dem höchsten Ziel und deshalb sind sie auf die "rechte" Weise einzusetzen. Dann ist der Erfolg sicher. Wer diese "Spülung" vornimmt, kann sich von allen Unzulänglichkeiten reinwaschen und bleibt auf immer von Geburt, Alter und Sterben unberührt.

Rechte Erkenntnis und *Rechte Gesinnung* stehen am Anfang. Wer etwas vorhat, muß orientiert sein über Ziel und Zweck seiner Aktion. Er muß wissen, was er will, und die Mittel und Methoden kennen, die er anzuwenden hat. Außerdem braucht er die richtige innere Einstellung für sein Vorhaben, also Motivation und Zielstrebigkeit, sonst wird aus dem Gedanken nie eine Tat.

Wir haben im vorigen Kapitel die möglichen Grundhaltungen dem Tod gegenüber kennengelernt. Immer waren diese beiden Faktoren beteiligt, die sich wechselseitig durchdringen und bedingen: eine richtige oder falsche Ansicht über die Sterblichkeit und eine angemessene oder unangemessene emotionale Einstellung ihr gegenüber. In den kanonischen Texten stehen dafür Unsterblichkeitswahn beziehungsweise Einsicht in die allumfassende Vergänglichkeit auf der einen und Lebensrausch oder Nüchternheit auf der anderen Seite.

Es genügt nicht, die Tatsache universeller Wandelbarkeit lediglich als einen Gedanken neben vielen anderen in den Geist einzutragen. Abstraktes und totes Wissen nutzt wenig. Diese Erkenntnis muß zum Ferment werden, das ununterbrochen gärt und den ganzen Menschen umgestaltet.

Der richtigen Anschauung folgt die richtige Gesinnung eben nicht unmittelbar. Wissen und Wollen liegen oft weit auseinander, und das als wahr Angesehene wird nicht automatisch auch gefühlsmäßig akzeptiert oder sogar sofort in die Tat umgesetzt. Vergängliches als Vergängliches erkannt zu haben, bedeutet nicht schon, gänzlich von ihm ablassen zu können. Nur ganz allmählich und graduell werden belastende emotionale Bindungen schwächer und Abhängigkeiten gelockert. Wie vielen Alkoholikern sind die Gefahren ihrer Sucht bekannt, und dennoch ist der Entschluß aufzuhören schwer. Aber immer ist das geeignete Instrument für den inneren Wandel die unvoreingenommene Betrachtung der Realität und ihre vorurteilslose Bewertung. Was der Mensch häufig erwägt und bedenkt, so der Erhabene, dahin geneigt wird sein Herz. (M 19) Sich wieder und wieder das Schädliche einer Sache vor Augen zu führen bedeutet Freiwerden von seinen faszinierenden Aspekten. Das Gute sehen und sehen und sehen läßt umgekehrt eine starke Bindung zu ihm entstehen.

Bei vielen Gelegenheiten lobt der Buddha Freigebigkeit und Großzügigkeit. Er betont die Notwendigkeit der vertrauensvollen Öffnung des Menschen gegenüber den Wirklichkeitslehren, er hebt den Nutzen der Einhaltung der Sittenregeln und den Wert einer liebevollen und gütigen Gesinnung hervor. Aber über alles stellt er die Betrachtung der Vergänglichkeit, auch wenn sie nur für einen Augenblick geübt wird. (A 9,20) Sie ist gewissermaßen ein archimedischer Punkt in der Existenz der Wesen, deren Lauf nun eine andere Richtung nimmt. Durch die stetige Wiederholung der Betrachtung der Vergänglichkeit alles Gewordenen wird aus der bloßen Information langsam die erlösende Transformation. Was zunächst vielleicht nur als neue Idee aufgegriffen wird, wird dann ein unverlierbarer, immer gegenwärtiger Gedanke und bald dominierendes geistiges Leitbild.

Ebensowenig genügt eine einmalige und vorübergehende emotionale Betroffenheit durch die Tatsache der Vergänglichkeit. Aus diesem Schock muß eine bleibende innere Haltung entstehen, die das ganze Leben, seine Ziele und Maßstäbe, alle Gedanken und Handlungen korrigiert. Leichtsinn und Nachlässigkeit sind das genaue Gegenteil davon, und die Mahnung zu Besonnenheit und Weitblick in allen Religionen wird von daher nur allzu verständlich. Wer weiß, wie lange die jetzige Lebensperiode noch dauert und wie lange man sie noch nutzen kann? Nur jetzt ist dic Chancc für den inneren Wandel gegeben. (D 19)

„O nütze ernstlich deinen Tag,
In kleinem Wirken, großem Werk:
Mit jedem Tage, jeder Nacht
Wird karg und kärger unsre Frist."
(Thag 451, nach Debes)

„Ernst leitet zur Todlosigkeit,
Leichtsinn zum Reich des Sterbens hin;
Die Ernsten sterben nimmermehr,
Die Leichten sind den Leichen gleich."
(Dh 21, nach Neumann)

Ernst darf nicht mit einer pessimistischen oder gar depressiven Lebenseinstellung verwechselt werden. In ihm spiegelt sich nur der klare Blick auf die Unzulänglichkeit der Alltagsrealität und der Entschluß, über sie hinauszuwachsen. Dem Ernsthaften bleibt der Tod im Bewußtsein präsent und mit ihm die Motivation, an sich selbst zu arbeiten und die noch verbleibenden Jahre zur eigenen Vervollkommnung zu nutzen. Wie die kurze Zeit am sinnvollsten verwendet werden kann, kann konkret für jeden etwas anders aussehen. Das hängt sehr von dem jeweiligen Standort ab und von den Entwicklungsschritten, die der Betreffende noch vor sich hat.

Wer im Leben stets dessen Ende und gleichzeitige Fortsetzung vor Augen hat und in diesem Wissen sich immer wieder selbst betrachtet, wird ernüchtert; ernüchtert vom Lebensrausch, der nicht nur kritiklos und distanzlos gegenüber der Existenz macht, sondern die Menschen an Geburt und Sterben fesselt. Er ist es, der sie gerade zu jenen Handlungsweisen verleitet, die zwar unmittelbare Befriedigung bringen mögen, auf lange Sicht jedoch nur Elend nach sich ziehen und im Daseinskreislauf weiter nach unten führen. Jeder Rausch endet mit einem Kater. Die Betrachtung des Todes hingegen bremst die ungehemmte und vergebliche Jagd des Lebens nach Erfüllung.

„Aus welchem Grunde aber soll man öfters bei sich erwägen, daß man dem Sterben unterworfen ist, dem Sterben nicht entgehen kann?
Die Wesen sind während ihres Lebens erfüllt vom Lebensrausch, durch den betört sie in Werken, Worten und Gedanken einen schlechten Wandel führen. Wer aber jene Tatsache öfters bei sich erwägt, bei dem schwindet dieser Lebensrausch entweder ganz oder er wird abgeschwächt. Aus diesem Grunde soll man öfters bei sich erwägen, daß man dem Sterben unterworfen ist, dem Sterben nicht entgehen kann.“
(A 5,57, nach Nyanatiloka/Nyanaponika)

Diese Haltung schafft eine sichere Grundlage für ein ethisch einwandfreies Verhalten. In ihm äußern sich Anschauung und Gesinnung im praktischen Tun. Wo das Dasein und der Tod ihren Schrecken noch nicht verloren haben, gilt es doch, sie wenigstens erträglicher zu machen. Das Wissen um das Karma-Gesetz gibt hier Orientierung. Wer es kennt, wird sich um die Einhaltung der fünf *sila* bemühen. Nicht, weil er auf diese Weise dem Tod trotzen, aber weil er bestimmen kann, welche Qualität sein Erleben nach dem Ablegen des Körpers haben wird. Ein Lebewesen willentlich und wissentlich zu töten oder ihm nach dem Leben zu trachten, wird er so gut wie möglich vermeiden. Jemanden zu verletzen oder zu schaden ebenso. Weder in Taten noch in Worten darf das geschehen, denn für den Umgang mit der Sprache gelten die gleichen Maßstäbe. Die eben genannten Selbstverpflichtungen und Übungen entsprechen der *Rechten Rede* und dem *Rechten Handeln*, den Gliedern drei und vier des achtfachen Weges. Wer sich daran hält, erreicht zumindest eine graduelle Höherentwicklung in Bereiche des *samsara*, die freudvoller und geeigneter sind für die völlige Befreiung. Davon war schon ausführlich die Rede. Was Fragen der Ethik betrifft, folgen in den Anleitungen des Buddha nun Hinweise und Empfehlungen für einige besondere Aspekte der Lebensführung wie Freizeitgestaltung, soziale Beziehungen und Beruf. *Rechter Lebenserwerb* schließt beispielsweise solche Berufe aus, bei denen das Schädigen, Verletzen und Töten von Lebewesen die eigentlichen Erwerbsquellen sind oder zur Ausübung eines Gewerbes gehören. Söldner, Jäger, Fischer und Metzger etwa gehören in diese Kategorie. (M 51, M 60, M 94; Hecker: Ethik, S. 112) Das gleiche gilt für den Handel mit Waffen, mit Lebewesen, Fleisch, Rauschmitteln und Giften. Sie sind tabu. (A 5, 177)

Wer sich hohe moralische Maßstäbe setzt, erkennt sehr schnell seine Grenzen. An ihnen läßt sich der eigene Status leicht ablesen. Die neuen Maßstäbe von richtig und falsch, angemessen und unangemessen und so weiter sind das eine, die eigenen Gewohnheiten und die treibenden Kräfte in uns etwas anderes. Kopf und Herz gehen oft noch lange in unterschiedliche Richtungen. Um sie in Harmonie zu bringen und Denken, Wollen und Tun unter einen Hut zu bekommen, sind Anstrengung und Mühe notwendig. Einen Weg muß man gehen, und trotz aller Begeisterung für das Ziel geht es nicht ohne Einsatz.

Auf diesem sechsten Übungsfeld, dem *Rechten Bemühen* sind nach dem Buddha *Vier edle Kämpfe* zu bestehen. Es geht erstens darum, noch nicht vorhandene gute Eigenschaften in sich zu wecken und zweitens die schon vorhandenen zu stärken und zu kultivieren. Weiter soll man nicht vorhandene negative Geisteszustände gar nicht erst aufkommen lassen und gegen bereits in Erscheinung getretene mit allen geeigneten Mitteln vorgehen. Wieder kann es die Betrachtung des Todes sein, die den notwendigen Impuls gibt. Und gerade die Ungewißheit der Todesstunde mahnt, keine Zeit zu verlieren.

„Da hat nun der Mönch bei sich also zu überlegen: 'Finden sich in mir wohl noch unüberwundene üble, unheilsame Eigenschaften, die mir, wenn ich in der heutigen Nacht - am heutigen Tage sterben sollte, zum Schaden gereichen könnten?' Wenn nun der Mönch bei seiner Betrachtung merkt, daß in ihm noch unüberwundene üble, unheilsame Eigenschaften anzutreffen sind, die ihm, wenn er stürbe, zum Schaden gereichen könnten, so hat eben jener Mönch äußersten Willensentschluß, Tatkraft, Streben, Ausdauer, Standhaftigkeit, Achtsamkeit und Geistesklarheit zu zeigen, um diese üblen, unheilsamen Eigenschaften zu überwinden. Gleichwie einer, dessen Kleider oder Haare in Flammen stehen, um diese zu löschen, äußersten Willensentschluß, Tatkraft, Streben, Ausdauer, Standhaftigkeit, Achtsamkeit und Geistesklarheit zeigt, ebenso auch hat jener Mönch äußersten Willensentschluß, Tatkraft, Streben, Ausdauer, Standhaftigkeit, Achtsamkeit und Geistesklarheit zu zeigen, um diese üblen, unheilsamen Eigenschaften zu überwinden."
(A 8,74, nach Nyanatiloka/Nyanaponika)

Bei der Selbsterziehung führt eingehende Selbstbeobachtung dazu, daß man sich besser kennenlernt und seinen guten wie schlechten Eigenschaften offen und ehrlich begegnet. Nur das Gute, das man an sich erkennt, kann man bewahren und festigen. Nur die negativen Seiten an sich kann man beseitigen, derer man bewußt wird.

Die Intensität und die Stetigkeit eines solchen Prozesses und der Grad der Ernsthaftigkeit sind bei jedem einzelnen sicher sehr verschieden. Wir haben gesehen, daß der im Lebensrausch völlig blind durch das Dasein Taumelnde keine von diesen Eigenschaften besitzt und ein anderer mehr oder weniger häufige und heftige Anstöße benötigt, um wenigstens von Zeit zu Zeit "wach" zu sein. Für den Mönch dagegen ist die Betrachtung des Todes zur dauernden Aufgabe geworden. Seine Intention ist es, den Anblick dieser fundamentalen Wahrheit möglichst unterbrechungslos beizubehalten und die Perioden zu verkürzen, in denen er in die gewohnten Denk- und Sichtweisen zurückfällt.

Das meint die siebte Etappe des Pfades, die *Rechte Achtsamkeit.* Wer sie verwirklicht und vollendet, erinnert sich nicht nur gelegentlich, was unverblendete Wirklichkeit "eigentlich" ist, sie ist im vielmehr ständig gegenwärtig. Das intellektuelle Wissen über die Realität und der unmittelbare Wahrheitsanblick kommen immer mehr zur Übereinstimmung. Wie hoch der Anspruch dabei sein kann, verdeutlichen die beiden folgenden Texte:

> *„Die Betrachtung über den Tod, entfaltet und häufig geübt, bringt hohen Lohn und Segen, mündet im Todlosen, endet im Todlosen. Übt ihr wohl die Betrachtung über den Tod?"*
> *Auf diese Worte antwortete einer der Mönche dem Erhabenen: „Ich, o Herr, übe die Betrachtung über den Tod."*
> *„Wie aber übst du die Betrachtung über den Tod?"*
> *„Da denke ich, o Herr: 'Ach, daß es mir doch vergönnt sei, noch einen Tag und eine Nacht am Leben zu bleiben! Ich möchte des Erhabenen Weisung noch überdenken. Viel, wahrlich, könnte ich dann noch erwirken!' Auf diese Weise übe ich die Betrachtung über den Tod."*
> (A 8,73, nach Nyanatiloka/Nyanaponika)

So zu leben, als könnten heute der letzte Tag und die letzte Nacht dieses Lebens anbrechen, ist ein fast übermenschlicher Anspruch. Derjenige, der einem anstrengenden und fordernden Beruf nachgeht, eine Familie hat und mancherlei weltlichen Interessen folgt, wird ihn nicht erfüllen können, selbst wenn er es wollte. Für den, der das höchste Ziel auf die schnellstmögliche Art und Weise anstrebt, ist er aber noch immer ein Ausdruck von Lässigkeit. Das betont der Buddha in der Fortführung der eben zitierten Unterredung mit seinen Mönchen. Wie diesen ersten fragt er noch andere Mitglieder seines Ordens, wie sie denn wohl die Betrachtung des Todes üben.

So, daß er sich noch einen Tag zu leben erhofft, um seine Praxis fortsetzen zu können, berichtet der eine; einen halben Tag sagt ein anderer; solange die kärgliche Mahlzeit eines Mönches dauert, ein dritter; nein, nur so lange, bis er einige wenige Bissen Reis zum Munde geführt und geschluckt hat, ein weiterer. Doch auch der kann noch viel mehr tun. Der Buddha beschließt den Dialog mit dem folgenden Urteil:

> *„Von demjenigen Mönche aber, der die Betrachtung über den Tod übt, indem er denkt: 'Ach, daß es mir doch vergönnt sei, so lange am Leben zu bleiben, wie das Zusammenballen und Hinunterschlucken von einem einzigen Bissen Reis dauert! Ich möchte des Erhabenen Weisung noch überdenken. Viel, wahrlich, könnte ich dann noch erwirken!' Oder der denkt: 'Ach, daß es mir doch vergönnt sei, noch während der Zeitspanne am Leben zu bleiben, die zwischen einer Ein- und Ausatmung oder einer Aus- und Einatmung liegt! Ich möchte des Erhabenen Weisung noch überdenken. Viel, wahrlich, könnte ich dann noch erwirken!'*

Von einem solchen Mönche sagt man, daß er vollen Ernstes lebt und eifrig die Betrachtung über den Tod übt, um der Triebe Versiegung zu erreichen."
(a.a.O.)

Nur die höchste Anstrengung ist dem höchsten Ziel angemessen. Wer so lebt, hat die Verantwortung für jeden Gedanken, für jedes Wort und für jede Tat übernommen. Keinen Augenblick läßt er ungenutzt. Immer mehr wird als Nebensächlichkeit erkannt und abgetan. Er konzentriert sich nur noch auf das Wesentliche, unabgelenkt und unbeirrt.

Hier geht es nicht mehr um eine relativen Aufstieg auf der Stufenleiter der Existenz. Hier geht es nicht mehr um ein graduelles Mehr oder Besser im Dasein, sondern um die Transzendierung der unvollkommenen Erscheinungswelt und alles Gewordenen insgesamt. Dorthin führt moralisches Verhalten alleine nicht, und auch nicht die bloße Minderung des Lebensrausches. Dahin gelangt, wer die letzten Reste des Bezugs zur Welt und des Festhaltens an seinem "Ich" aufgibt.

Der Buddha empfiehlt fortgeschrittenen Praktizierenden eine sehr tiefgreifende Übung, die zur völligen Aufhebung jeder Identifikation mit einem irgendwie gearteten Selbst führt: die ständige Vergegenwärtigung der wahren Eigenschaften des Körpers, der uns oft mit vermeintlicher Kraft, Beständigkeit und Schönheit über seine Schwäche, Verweslichkeit und Grobheit hinwegtäuscht. Wer nur den Augenblick sieht, läßt sich leicht betrügen. Daß ich jetzt jung, kräftig und gesund bin, ist eine Teilwahrheit, wenn sie denn überhaupt stimmt. (S 22,1) Daß ich jetzt jung, kräftig und gesund bin, in nicht allzu langer Zeit aber alt, schwach und gebrechlich, eine weitere. Und daß nach einer absehbaren Anzahl von Jahren der gesamte leibliche Organismus zerfallen wird, eine nächste. Wer sie mit einbezieht, hat die weitaus realistischste Sichtweise, weil sie die umfassende ist. Um sie zu gewinnen, übt der Praktizierende am realen Objekt oder in seiner Vorstellung die sogenannte Leichenbetrachtung. Die kanonische Texte beschreiben sie so:

> *„Dann stellt er sich einen Leichnam vor, der auf dem Totenacker liegt, einen Tag nach dem Tode oder zwei oder drei Tage, der aufgedunsen, dunkelblau gefärbt und in Fäulnis übergegangen ist, und zieht daraus die Anwendung auf seinen eigenen Körper, indem er sich sagt: 'Auch mein Körper ist so beschaffen, ist solcherart, bildet hiervon keine Ausnahme.' Auch so sinnt er über den Körper nach.*
>
> *Dann stellt er sich einen Leichnam vor, der auf dem Totenacker liegt und von Krähen oder Geiern oder Hunden oder Schakalen angefressen ist, und zieht daraus die gleiche Anwendung auf seinen eigenen Körper. Auch so sinnt er über den Körper nach.*
>
> *Dann stellt er sich einen Leichnam vor, der auf dem Totenacker liegt, ein Knochengerippe mit blutigen Fleischfetzen, das durch die Sehnen zusammengehalten wird, dann ein Knochengerippe ohne Fleisch, aber voll Blut, das durch die Sehnen zusammengehalten wird, dann ein Knochengerippe ohne Fleisch und Blut, das durch die Sehnen zusammengehalten wird, dann lose Knochen ohne Zusammenhang, die nach verschiedenen Seiten hin zerstreut sind, hier ein Handknochen, da ein Fußknochen, dort ein Schenkelknochen, ein Schienbein, ein Hüftknochen, ein Rückenwirbel, dort ein Schädel, und zieht daraus*

die gleiche Anwendung auf seinen eigenen Körper. Auch so sinnt er über den Körper nach.“
(M 10, nach Schmidt; ebenso M 119 und D 22)

Ein tatsächlich Verstorbener oder eine wirklichkeitsnahe kontemplierte Vorstellung werden zur Mahnung, daß man selbst Betroffener ist und sich der eigene Zerfallsprozeß in den gleichen Schritten vollziehen wird. Einen essentiellen Unterschied gibt es nicht, ich kann die gemachte Erfahrung unmittelbar auch auf mich beziehen.

Da ist zunächst der Leichnam, der lebenden Person noch sehr ähnlich, nur reglos, ohne Wärme und ohne bewegende Kraft. Sehr schnell beginnt er, häßlich und ekelerregend auszusehen, Verwesung setzt ein. Widerstandslos wird er von Tieren zerrissen und verschlungen. Schließlich bleiben nur die fahlen Gebeine, zerbrechend, zu Staub verwitternd. Was wird von meinem körperlichen Ich bleiben? Die erstarrte Hülle verliert Form und Struktur. Als organischer Stoff wird sie Baustein und Lebensgrundlage für andere Wesen, als Teil der anorganischen Welt kehrt sie zu dieser zurück.

Der Anblick der Körperlichkeit in seiner wahren Natur zerbricht eine festgefügte Identifikation. Wenn es Wandel, Veränderung, Entstehen und Vergehen in solcher Weise gibt, wo kann da ein dauerhaftes und beständiges “Ich” sein? Der verwesende Körper lehrt, daß es ein solches nicht gibt, daß mein Egobild nur eine liebgewordene Fiktion ist. Der Zerfall des Leibes unterstreicht, wie wenig ich mit allem zu tun habe. Kann ich doch letztlich nicht den geringsten Einfluß auf diese Tatsache nehmen. Das soll “Ich” sein, wenn ich nicht einmal bestimmen kann, daß, wie und wie lange es bestehen soll?

Der Verwesungsvorgang zeigt auch, daß Materielles nur Materielles ist, ganz gleich, ob ich es mir zurechne oder der äußeren Welt. Zwischen meinem Körper und der Erde, auf der er steht, gibt es keinen entscheidenden Unterschied. Innere und äußere Form werden gleichermaßen als Wahngebilde durchschaut und losgelassen, weil an ihnen nichts wirklich Begehrenswertes, Verläßliches und Zufriedenstellendes ist. Wozu länger an ihnen festhalten!

Das freilich gilt nicht erst für die Zeit nach meinem Tod, schon jetzt habe ich mit Gestalt und Form nichts gemein. Seinen Sohn Rahula mahnt der Buddha entsprechend, nichts von seinem Körper als "Ich" oder "mein" zu betrachten, weder Kopfhaare noch Körperhaare, nicht Nägel, Zähne, Haut, Fleisch, Sehnen, Knochen und so weiter. Nur Erdelement ist dieses Feste und Harte des Körpers, aber kein Ich, keine Person. (M 62)

Derartige Betrachtungen führen noch immer nicht zum letzten Ziel und zur absoluten Freiheit, wenn sie beim Materiellen stehenbleiben. Das Todlose wird nur dann geschaut, wenn alles Gewordene und Entstandene, wenn alles Zusammengesetzte und Gestaltete als un-wesent-lich entlarvt wird. Für alles Seelische und Geistige gilt dasselbe, Körper und Psyche müssen beide als Nicht-Ich (*anatta*)[8] gesehen werden.

> *„Alles Körperliche an dir und außerhalb, früheres, zukünftiges und gegenwärtiges, grobes und feines, hohes und niedriges, mag es fern oder nahe sein, alles Körperliche mußt du, wenn du es richtig verstanden hast, wie es*

---

[8] Die *anatta*-Lehre ist die eigentliche Kernlehre des Buddha. In diesem Punkt unterscheidet sich seine Beschreibung der existenziellen Wirklichkeit von allen anderen, nicht-buddhistischen Lehren. Ihr liegt die Einsicht zugrunde, daß alle körperlichen und geistigen Erscheinungen keinen ewigen, unwandelbaren Kern besitzen. Der Erwachte spricht damit die Substanz- und Ichlosigkeit aller Dinge an, die lediglich aufgrund von Ursachen und Bedingungen entstehen und mit diesen wieder vergehen. Das schließt auch eine für alle Zeiten gleichbleibende, „ewige" individuelle Seele aus.

wirklich ist, so betrachten: 'Dies ist nicht mein, ich bin dies nicht, dies ist nicht mein Ich.'"
„Nur das Körperliche, Erhabener", fragte Rahula, „nur das Körperliche, Heiliger?"
„Wie das Körperliche", erwiderte der Erhabene, „so auch das Gefühl, so auch die Wahrnehmung, so auch die Aktivität, so auch die Dynamik des Bewußtseins, Rahula."
(M 62, in Anlehnung an Schmidt)

Die fünf Faktoren der Persönlichkeit sind als die Mörder zu überführen, die man nicht ins Haus läßt, sondern denen man mit Nachdruck die Türe weist. Will man nicht immer wieder dem Tod anheimfallen, darf man sich nicht länger mit den fünf *khandha* gemein machen. Sie sind vergänglich, leidvoll, ohne ein Selbst, uninteressant.

Bei einem Aufenthalt im Jetahain des Klosters von Savatthi gibt der Buddha ein Gleichnis, wie die Mönche mit ihrer eigenen "Person" umgehen sollen. Ob die Anwesenden die Blätter, die Gräser und das Reisig hier im Wald liegen sehen, fragt der Erwachte. Natürlich, ist die Antwort. Ob sie betroffen sind, wenn jemand Zweige und Laub zusammenkehrt, wegträgt und verbrennt? Ob sie denken, mit ihnen geschieht das alles, will der Buddha weiter wissen? Selbstverständlich nicht, wir sind ja nicht Gras, Ast, Blattwerk; es gehört uns auch nicht; das alles tangiert und berührt uns nicht, entgegnen sie darauf. Ebenso, schließt der Buddha, verhält es sich mit dem Körper, dem Gefühl, der Wahrnehmung, den Geistestätigkeiten und allen eingespielten Reaktionsmustern: Das sind wir nicht, es gehört uns in keiner Weise an.

„Gleichwie wenn ein Mann, was an Gräsern und Reisig, Zweigen und Blättern in diesem

Jetawalde liegt, wegtrüge oder verbrennte, würdet ihr da wohl denken: 'Uns trägt der Mann weg oder verbrennt er?'"

„Wahrlich nicht, o Herr!"

„Und warum nicht?"

„Nicht ist das ja unser Ich oder etwas unserem Ich Zugehöriges."

„Ebenso gebet auf, was euch nicht angehört. Das von euch Aufgegebene wird euch zum Heile und Wohlbefinden gereichen. Und was gehört euch nicht an? Körper und Geist gehören euch nicht an. Gebt ihr sie auf, so wird es euch zum Heile und Wohlbefinden gereichen."

(M 22, nach Grimm: Buddhistische Meditationen, Nr. 308; auch S 22,29-33)

Wer so weit vorgedrungen und mit dieser Art von Wirklichkeitssicht vertraut ist, hat zumindest innerlich mit der Welt nicht mehr viel zu tun. Er lebt in ihr, aber nicht von ihr. Er ist jetzt auch zu *Rechter Sammlung* fähig und macht die letzte Etappe des *Edlen Achtfachen Pfades* des Buddha zu einem Schwerpunkt seiner spirituellen Praxis. Für ihn schwindet von Zeit zu Zeit sogar die Welt der Vielfaltswahrnehmung und er erfährt die weltlosen Entrückungen (*jhana*)[9]. Mit diesen meditativen Vertiefungen oder Versenkungszuständen tut sich ein Erlebnisbereich ohne sinnliche Eindrücke und ohne Denken auf. Subjekt und

---

[9] sind meditative Zustände höchster Sammlung. Der Geist ist völlig nach innen gerichtet, beruhigt und still. Sinneswahrnehmung findet nicht statt und auch die Denkprozesse sind (ab Stufe II) vorübergehend unterbrochen. Diese Entrückungen oder Vertiefungen werden von den Meditierenden als freudvoll und beseligend empfunden. Sie kommen durch innere Reinheit und Konzentration zustande. Sie sind eine wichtige Etappe auf dem Wege der Heilsentwicklung.

Objekt gibt es vorübergehend nicht mehr. Der Hagel der unablässigen Berührungen des "Ich" durch das "Draußen" hat aufgehört, alle Sinnestätigkeit steht still. Der Geist schweigt. Raum und Zeit existieren nicht. Nur ein erhabenes Gefühl des Friedens bleibt; Sorge, Angst, jegliche Bedrängnis und Enge sind gewichen. Der Geist ist gesammelt, das Bewußtsein zu einer unirritierten Einheit geworden.

Hier gibt es vorübergehend keinerlei Bewegtheit, keine Veränderung, kein Kommen und Gehen, kein Entstehen und Verschwinden. Der Tod hat eine entscheidende Niederlage erlitten. Wer in den Entrückungen ist, ist auch dem Tod entrückt. Er ist "unsterblich", solange dieser Zustand andauert. Und danach hat er ganz andere Maßstäbe und neue Kraft für sein weiteres Vorgehen. Um so zielstrebiger kann er den inneren Reinigungsprozeß fortsetzen, Übung für Übung wiederholen, vertiefen und vervollkommnen. Wer das oft genug getan hat, gewinnt endlich *Rechtes Wissen* und *Rechte Befreiung*. Sie gehören nicht mehr zum Weg der Befreiung, sie sind sein Ziel und Ergebnis. Mit ihnen sind Werden und Vergehen, Geburt und Tod für immer besiegt.

Natürlich ist ein Weg dazu da, ihn zu gehen und - wenn es der richtige ist - an das erwünschte Ziel zu gelangen. Zwei Gefahrenmomente unterwegs sind allerdings nicht von der Hand zu weisen. Vielleicht verliert man irgendwann den Elan und gibt auf halber Strecke auf. Dann waren die bisherigen Mühen vergeblich, man kommt nicht an. Oder aber man deutet irgendwo eine Markierung falsch und schlägt die falsche Richtung ein. Der Schwung ist noch da, aber er führt auf Nebenwege oder gar in eine Sackgasse. Weil nicht genügend Kräfte mobilisiert werden können oder weil die richtige Orientierung fehlt - in beiden Fällen ist das Ergebnis negativ. Existentiell gedeutet heißt das: Wenn die spirituelle Praxis nicht zur Vollendung geführt wird, nimmt die anfangslose und ziellose Daseinswanderung nur vorübergehend einen besseren Verlauf, sie kommt aber nicht zum

Ende, zum Nirvana, zur endgültigen Befreiung aus dem Leidenskreislauf von Geborenwerden, Altern und Sterben.

Um diesen unendlichen Leidenskreislauf vollständig und endgültig aufzulösen, ist also etwas ganz Entscheidendes erforderlich: Der durch die spirituelle Praxis eingeleitete Prozeß muß in Herz und Geist so tief eingeprägt sein, daß er nicht mehr verloren wird. Er muß bis zu einem Punkt gebracht werden, an dem ein Rückfall ausgeschlossen ist. Der Buddha zeigt in seinen Lehrdarlegungen klar auf, daß dies das wichtigste Etappenziel in der Lehrnachfolge ist. Denn ab hier ist die unumkehrbare Sicherheit erreicht, das Ziel auch wirklich zu erreichen.

Der Erwachte zeigt uns im bildhaften Ausdruck des Stromeintritts *(sotapatti)* des Nachfolgers, um was es geht (S 55: 5 II, 25 II). Wer in die Strömung des Flusses (der Lehrnachfolge in eigener tiefer Einsicht) geraten ist, treibt von nun an unaufhörlich dem Meer *(Nirvana)* zu. Vielleicht gibt es noch manche gefährliche Stromschnelle und Sandbank zu überwinden, vielleicht verläuft die weitere Strecke manchmal gerade und manchmal verwinkelt, möglicherweise ist das Gefälle unterschiedlich stark oder auch unmerklich. Wie auch immer, daß Meer wird und muß erreicht werden, denn das Gefälle der Strömung treibt unaufhaltsam darauf zu, trotz der noch bestehenden Hindernisse.

Wer ernsthaft auf dem achtfachen Pfade strebt und an der Vervollkommnung seiner Tugend und seiner Lehreinsicht arbeitet, befreit sich notwendigerweise aus allem Bedingten und Entstandenen und erreicht das Todlose. Wenn die drei elementaren Bindungen an die Existenz durchschnitten sind (der Glaube an ein absolutes Ich, der Daseinszweifel und das Hängen an äußeren Werken), kann man sich nicht mehr mit den fünf Daseinsfaktoren identifizieren. Die Dinge und Ereignissc der Welt sind keine wirkliche Bedrohung mehr, man weiß, daß man durch äußere Umstände nicht mehr so bedroht werden kann, daß man wieder im unendlichen Leidenskreislauf des Samsara untergeht. Es steht nun zweifelsfrei fest, daß von keinem Ich-Welt-Erlebnis dauerhaftes Glück, wirklicher Friede, wahre Freiheit zu erwarten ist. Der durchdringende Anblick der Unbeständigkeit, der Unvollkommenheit und der Substanzlosigkeit aller bedingten Phänomene macht ein für alle mal sichtbar, daß Erfüllung im Bereich des Gewordenen nicht zu finden ist.

Sind diese Aspekte der Realität tief genug erfaßt, gehen die so gewonnenen Einsichten nicht mehr verloren - wenigstens nicht auf Dauer. Mehr oder weniger oft und intensiv melden sie sich und werden zu den dominierenden Leitbildern für unser Denken, Tun und Lassen. Sie speisen zuverlässig und dauerhaft unsere Motivation, die begonnene Aufgabe zu beenden. Spätestens nach sieben weiteren Leben erreicht der „Stromeingetretene" (*sotapanna)* das Ziel. Auch wenn es noch manche Schwierigkeiten und Hindernisse, Umwege und Rückschläge geben mag, an der generellen Ausrichtung des eingeleiteten Befreiungsprozesses vom triebgesteuerten Ich-Welt-Wahn ändert das ebensowenig wie an seiner Unfehlbarkeit. Die Todlosigkeit ist gleichsam vorprogrammiert.

„Wer dem Vollendeten vertraut
mit unwankbarer Festigkeit
und wessen Tugend trefflich ist,
geschätzt von Edlen und gelobt,

wer Klarheit hat zur Jüngerschaft,
wer einen graden Blick gewann,
der leidet, sagt man, Armut nicht,
der lebt sein Leben nicht umsonst.

Drum: an Vertrau'n und Tugend auch,
an Klarheit und an Lehranblick,
daran als Kluge haltet euch:
das ist Erwachter Weisung Kern."
(S 55, 26 nach Hecker)

TODESFURCHT

"Keinen gibt es unter den Sterblichen"

Verblendet zu sein bedeutet kein angemessenes Verhältnis zur Sterblichkeit zu haben. Zwei Varianten dieser Art von Befangenheit haben wir bereits kennengelernt. Der vom Leben berauschte, dumpf oder stumpfsinnig Dahinlebende kennt den Tod bestenfalls als Wort. Er ist kein Problem für ihn und kommt ihm nicht in den Sinn. Der im Unsterblichkeitswahn Befangene andererseits weiß sehr wohl um die Vergänglichkeit und nimmt sie auch gelegentlich wahr. Sie gilt aber nur für andere und nicht für ihn. Andere mögen betroffen sein, nicht jedoch er, der vermeintlich Gerettete. Wir alle sind, in der einen oder anderen Weise, voreingenommen und pendeln irgendwo zwischen diesen beiden Extremen. Manchmal dominiert das eine und manchmal das andere. Das Gefühl, gar nicht betroffen zu sein, wiegt uns in einer vermeintlichen Geborgenheit. Im folgenden soll eine dritte Möglichkeit zur Sprache kommen, die uns naheliegend und völlig natürlich erscheint, aber genauso auf Nichtwissen beruht.

Nicht immer macht der Lebensrausch uns vollkommen blind. Nicht auf Dauer können wir den Tod verdrängen und aus unserem Bewußtsein hinauskatapultieren. Es gibt Situationen, in denen uns der beängstigende Gedanke durchzuckt: "auch ich!" Ohne erkennbaren Grund sind wir mit der Aussicht auf das Ende konfrontiert. Oft ohne Vorwarnung schleicht sich der Störenfried in unseren Kopf und zerbricht die eben noch vorhandene Zufriedenheit und unsere Scheinsicherheit. Von leisem Unbehagen bis zur Panik kann unsere Reaktion reichen. Wir haben Angst vor dem Tod.

Da lesen wir von jenen heimtückischen Volksseuchen wie Herzinfarkt, Krebs, Aids und so weiter. Ob es unter Umständen uns doch treffen kann? Wir werden an Umweltverschmutzung und möglichen Atomtod erinnert. Was dann? Was wäre, wenn das Schlimmste doch eintreten würde?

Vielleicht geraten wir in eine akut lebensbedrohliche Lage durch Krankheit oder Unfall. Was bis jetzt bloße Möglichkeit oder Wahrscheinlichkeit für eine fernere Zukunft war, könnte im nächsten Moment eintreten. Kann man in solchen Situationen souverän bleiben, gleichmütig, ohne bestürzt zu sein?

Oder das fortgeschrittene Lebensalter macht nachdrücklich darauf aufmerksam, daß selbst unter günstigsten Umständen die noch verbleibenden Jahre gezählt sind. Der eigene Tod ist nur noch ein Rechenexempel. Wie reagieren wir? Welche Gefühle steigen auf? Sind wir ihnen ausgeliefert oder brauchen wir uns von ihnen nicht beherrschen zu lassen?

> *„Das behaupte ich, Herr Gotama, das ist meine Ansicht: Keinen gibt es unter den Sterblichen, der nicht vor dem Tode in Furcht und Angst geriete."*
> (A 4,184, nach Nyanatiloka/Nyanaponika)

Der Brahmane Janussoni, der hier zu Wort gekommen ist, hat den Buddha aufgesucht, um mit ihm ein Gespräch über die Frage zu führen, die uns im Moment gerade interessiert. Sein mitgebrachtes Urteil ist lapidar: Todesfurcht ist universell. Es gibt niemanden, den der Tod nicht in Schrecken versetzt. Er weiß das von sich, aber auch von anderen, und eine Ausnahme ist ihm offensichtlich noch nicht begegnet. Als interessierter, gebildeter und unter seinesgleichen sehr angesehener Brahmane kennt er die Nöte und Sorgen der Menschen, als religiöser Lehrer wird er häufig um Rat gefragt. Aber Rat scheint jetzt besonders teuer.

Die Antwort des Erwachten fällt differenzierter aus. Natürlich leugnet er die Todesangst nicht, aber er verneint, daß sie jeden gleichermaßen trifft.

"Es gibt, Brahmane, Sterbliche, die vor dem Tode in Furcht und Angst geraten. Und es gibt Sterbliche, die vor dem Tode nicht in Furcht und Angst geraten. Wer aber unter den Sterblichen gerät vor dem Tode in Furcht und Angst?
Da ist einer bei den Sinnenfreuden nicht frei von Gier und Willensdrang, nicht frei von Zuneigung und Durst, nicht frei von fieberhaftem Verlangen und Begehren. Der wird nun von einer heftigen Krankheit befallen. Von heftiger Krankheit befallen, wird ihm da also zumute: 'Ach, die geliebten Sinnenfreuden werden mir schwinden! Ach, verlieren soll ich die geliebten Sinnenfreuden!' Und er jammert und stöhnt und klagt, schlägt sich weinend an die Brust, gerät in Verzweiflung. Ein solcher Sterblicher gerät vor dem Tode in Furcht und Angst."
(a.a.O.)

Wer die Lehre des Buddha kennt, weiß um dessen große Entdekkung: die Entstehung aller Phänomene in Abhängigkeit. Nichts in der Existenz ist ohne Ursache, alles beruht auf ganz besonderen Voraussetzungen. "Wenn jenes ist, ist dieses. Wenn jenes nicht ist, ist dieses nicht." Wie sollte da ausgerechnet die Todesfurcht eine Ausnahme sein! Das wäre unverständlich und würde seinen Erfahrungen widersprechen. Warum also ist sie für die meisten die spontane Reaktion auf die Lebensbedrohung?

Eine der Bedingung ist schon genannt. Angst befällt den, der noch mehr oder weniger starke Anliegen an die Welt hat. Wir bangen um den Erhalt dessen, an dem wir hängen. Sein drohender Verlust erfüllt uns mit Besorgnis. In dem wiedergegebenen Zitat nennt der Erwachte in erster Linie die sinnlichen Erlebnisse und Genüsse, die mit dem Tod ein Ende haben. Der angebetete Besitz muß aufgegeben werden, nahestehende Menschen, Frau oder Mann, Kinder und Verwandte, liebe Freunde bleiben zurück.

Was ich bisher "mein" nannte und über das ich nach Belieben verfügen konnte, entzieht sich meinem weiteren Zugriff. Der Tod ist der große Enteigner, er fordert alles zurück, was sich vorübergehend in meinem Eigentum befand. Es bewahrheitet sich der Satz des Buddha, daß die Sinnendinge ohne Ausnahme nur "geliehenes Gut" sind (M 54), die uns lediglich zum zeitweiligen Gebrauch überlassen sind. Das gilt nicht nur für alles "mein", zu dem ich ein besonderes Verhältnis habe, weil es mir so nahe ist. Das gilt für die ganze Welt. Mit ihr bin ich verbunden durch meine Interessen und Hobbys, durch meine Leidenschaften, mein Engagement, meinen Beruf, über vielfältige soziale und sonstige Beziehungen. Jedweder Kontakt zum vertrauten und geliebten Umfeld wird mit dem Sterben unwiderruflich unterbrochen. Alle sichtbaren, hörbaren, riechbaren, schmeckbaren und tastbaren Objekte werden unzugänglich. Die gewohnte Welt geht unter.

Wohlgemerkt, nicht die Tatsache, daß die Sinnendinge schwinden, bewirkt als solche Todesfurcht. Unsere auf sie gerichteten Wünsche sind das Entscheidende. Das Verlangen nach entsprechenden Erlebnissen macht ihr Ausbleiben so schmerzlich. Der Tod, der ja nach allgemeiner Auffassung den endgültigen Ausfall jeglicher sinnlichen Befriedigung bedeutet, muß dann verständlicherweise mit Entsetzen betrachtet und erwartet werden. Vor allem, wenn die Lust am Leben sehr stark ist.

Das betrifft natürlich die allermeisten Menschen, wie wir nur allzu gut wissen. Aber nicht nur sie, sondern auch jene langlebigen Götterwesen, die nach irdischen Maßstäben in nicht vorstellbarem sinnlichem Genuß leben. Der Schock ist um so größer, wenn ihre Lebensspanne sehr lange dauert und sie womöglich an die eigene Unsterblichkeit glauben. An Brahma Bako und seinen Irrtum sei erinnert. Von ihrer Vergänglichkeit erfahren diese Gottheiten oft nur durch andere. Das erschüttert sie, die sich für unwandelbar und ewig hielten. Sie sind bestürzt, wenn ihnen irgendwann aufgeht: Sterblich sind wir.

> *„Selbst jene Götter, die langlebigen, herrlich schönen, die in ihrer Glückesfülle seit undenklichen Zeiten in hehren, himmlischen Palästen wohnen, selbst diese überkommt gewöhnlich Furcht, Erschütterung und Beben, wenn sie die Lehrverkündung des Vollendeten hören. 'Ach', klagen sie, 'die wir vergänglich sind, wir dünkten uns unvergänglich! Die wir dauerlos sind, wir dünkten uns beständig! Die wir wandelbar sind, wir dünkten uns ewig! Vergänglich sind wir also, dauerlos, wandelbar, in den Ichbildungen einbegriffen!'"*
> (A 4,33, nach Nyanatiloka/Nyanaponika; ähnlich S 22,78)

Eine zweite Voraussetzung für das Aufkommen von Todesfurcht ist ebenfalls leicht nachvollziehbar. Sie nennt der Buddha im weiteren Fortgang seiner Unterhaltung mit Janussoni. Der Mensch hängt nicht nur an der Welt und ihren Verlockungen, viel mehr noch ist er in sich selbst vernarrt. Am offensichtlichsten wird das beim Zerfall des Körpers. Die glückversprechenden äußeren Dinge verschwinden, aber genauso das leibliche Instrument, das wir benötigen, um sie wahrzunehmen und zu genießen. Der gesamte physische Organismus zerfällt. Auge, Ohr, Nase, Zunge und die Tastorgane verlieren ihre Funktion, und damit enden alle Kontaktmöglichkeiten von mir mit meiner Umgebung. Der Denkapparat kommt zum Stillstand, und mit ihm hören alle Vorstellungen und Gedanken auf. Ja das

Selbst, das Ich, die Person, Individualität und Identität gehen im Sterben auf die Vernichtung zu. Es ist kein Wunder, daß bei solchen Aussichten Panik entsteht. Solange der eigene Körper als Ich betrachtet wird, muß der Tod eine permanente und schwerwiegende Bedrohung sein.

> *„Da ist einer beim Körper nicht frei von Gier und Willensdrang, nicht frei von Zuneigung und Durst, nicht frei von fieberhaftem Verlangen und Begehren. Der wird nun von einer heftigen Krankheit befallen. Von heftiger Krankheit befallen, wird ihm da also zumute: 'Ach, der geliebte Körper wird mir schwinden! Ach, verlieren soll ich den geliebten Körper!' Und er jammert und stöhnt und klagt, schlägt sich weinend an die Brust, gerät in Verzweiflung. Auch ein solcher Sterblicher gerät vor dem Tode in Furcht und Angst."*
> (A 4, 184, nach Nyanatiloka/Nyanaponika)

Für die meisten westlichen Menschen sind die beiden eben beschriebenen Aspekte - der erzwungene Abschied von den schönen Dingen des Lebens und die Auflösung des eigenen Körpers - in einem ganz besonderen Maß bedeutsam. Wer den Tod als das Ende ansieht, sieht in ihm auch das definitive Aus für alle seine Hoffnungen und Träume. Und je aussichtsloser der Kampf gegen das bevorstehende Finale erscheint, um so bedrückender wird es empfunden. Es sei denn, daß sich Resignation und stumme Unterwerfung breit machen und das Thema wieder aus dem Bewußtsein verdrängt wird.

Anders sieht es für den aus, dem die Fortexistenz eine Tatsache darstellt oder doch wenigstens eine nicht völlig auszuschließende Möglichkeit. Für ihn relativiert sich die belastende Aussicht des Verlustes von Ich und Welt. Ist er doch mehr oder weniger davon überzeugt, daß es "danach" ein Weiterleben mit einem neuen Ich in einer anderen Umgebung geben wird. Wieder werden angenehme und unangenehme, glückliche und traurige Erlebnisse sein. Der Tod bleibt ein schmerzlicher Abschied vom Vertrauten, aber er ist kein Sturz ins absolute Nichts. "Ich bin nicht vernichtet, es geht weiter, die Angst vor einem endgültigen Schlußpunkt ist unbegründet!"

Aber was so Verunsicherung auf der einen Seite mindert, kann sie auf der anderen Seite geradezu hervorbringen. Fürchten die einen das Ende, ist anderen bei dem Gedanken an ihre Fortexistenz über den Tod hinaus unwohl. "O, was wird aus uns nach diesen Tagen", lautet die beklommene Frage derer, die sich ihrer Zukunft aus welchen Gründen auch immer nicht sicher sind. (Sn 744)

Im Zusammenhang mit der Darstellung des Karma-Gesetzes haben wir bereits die Bedenken des Königs Mahanama kennengelernt. Ihn beängstigte die Tatsache, daß nach einem Gespräch mit dem Erwachten seine Gedanken still und klar, aber oft schon bald danach wieder unruhig und zerfahren sind, wenn er in den Trubel am Hof zurückkehrt. Was wird, wenn ich in einer solchen Situation sterbe, fragt er sich deshalb. (S 55,21) Was von mir bleibt dann übrig und bestimmt meine weitere Zukunft? Im konkreten Fall ist die Sorge unberechtigt, wie wir der Antwort des Buddha entnehmen. Mahanama hat bereits einen längeren Weg der Selbsterziehung hinter sich und die karmischen Voraussetzungen für eine günstige Fortexistenz geschaffen. Auch wenn sein Leben noch seine 'Aufs' und 'Abs' hat und er weiterhin manche Irritation erlebt, stimmt doch die generelle Ausrichtung. Geist und Herz tendieren zu Höherem.

Das ist freilich nicht bei jedem der Fall. Zu sorglos verbringen viele Menschen ihre Tage, ohne weitergehende Perspektive und Orientierung und ohne bei ihrem Handeln die karmischen Folgen im Auge zu haben. Sie achten hauptsächlich auf das, was gegenwärtig Spaß macht. Vielleicht reicht ihre Lebensplanung bis an den vermeintlichen Tod. Dies und jenes wollen sie noch erreichen, bevor es "zu spät" ist, dieses und jenes noch mitbekommen. Aber sie versäumen es, sich Klarheit über die wirklichen Dimensionen der Existenz zu verschaffen. Sie fragen nicht nach der Bedeutung ihres Handelns für die ihnen bevorstehende fernere Zukunft. Das trifft sogar für die zu, die mit der Weisheitslehre des Buddha in Kontakt gekommen sind, die Zeit aber dennoch nicht genutzt haben. Sie empfinden an ihrem Lebensende oft Reue und Todesfurcht, weil sie wichtige Chancen nicht ergriffen haben. Der bei dem Rückblick auf das eigene Leben aufkommende Zweifel macht sie verzagt und beklommen.

Wie aber muß das Entsetzen dessen sein, der um die Fortexistenz und das Karma-Gesetz weiß, doch dieses bessere Wissen kaum beachtet und ein nach moralischen Maßstäben völlig verfehltes Leben geführt hat. Er hat nicht nur versäumt, das Richtige zu tun, sondern sich vielleicht sogar ein bedrückende und schmerzvolle kommende Zeit geschaffen. Das dämmert ihm nun in dieser Situation des radikalen Umbruchs, und das nährt beständig seine Todesangst. (A 4,184)

> *„Wenn ein Tor auf einem Stuhl Platz genommen oder sich auf sein Bett gelegt hat oder auf der Erde ausruht, sind es die bösen Taten, die er früher getan hat, schlechte Handlungen in Werken, in Worten und in Gedanken, die nun über ihn kommen, ihn beschleichen, über ihn herabziehen. Wie die Schatten der Gipfel hoher Gebirge bei Sonnenuntergang über die Ebene kommen, über sie niedersinken, über sie herabziehen: So sind es, wenn der Tor auf einem Stuhl Platz genommen oder sich auf sein Bett gelegt hat*

oder auf der Erde ausruht, die bösen Taten, die er früher getan hat, schlechte Handlungen in Werken, in Worten und in Gedanken, die nun über ihn kommen, ihn beschleichen, über ihn herabziehen. Da wird dem Toren so zumute: 'Nicht günstig und heilsam habe ich gewirkt, ich habe keinerlei Scheu gekannt; Böses habe ich getan, grausam bin ich gewesen, Frevel habe ich begangen. Wo da ungünstig wirken, unheilsam wirken, keinerlei Scheu kennen, Böses tun, grausam sein, Frevel begehen hingelangen läßt, dahin werde ich nach dem Tode gelangen.' So wird er bekümmert, beklommen, er jammert, schlägt sich seufzend an die Brust, gerät in Verzweiflung."
(M 129, in Anlehnung an Neumann)

Nicht erst die unmittelbare Todesbedrohung oder die Vorstellung vom Sterben erwecken also Angst. Latent ist die künftige karmische Ernte längst da, fühlbar schon, was sich zu einem späteren Zeitpunkt auch als äußeres Erlebnis manifestieren wird. Unheilsames Wirken ist immer zugleich unheilsames Wirken in sich hinein. Die Psyche ist durch die dunkle Tat jetzt schon verdunkelt, beschwert, gebunden, beengt. Sind erst einmal die betäubenden Ablenkungen des Alltages in den Hintergrund getreten, kommt der Betreffende zur Ruhe und hat er aus welchen Gründen auch immer mehr Achtsamkeit als sonst auf sein eigenes Inneres, wird sein vergangenes Handeln zur erlebten Gegenwart. Gewissensdruck wird unmittelbar fühlbar. Seine Vorahnungen und die für ihn bereits greifbare Realität bekommen fließende Grenzen. Angst vor dem Tod gründet sich in diesem Fall auf die Vermutung einer unheilvollen Zukunft und einen ersten Vorgeschmack hier und jetzt.

Wir haben "Gier", "Haß" und "Verblendung" als die Kräfte kennengelernt, die die Wesen an den Daseinskreislauf fesseln. Sie sind also auch die Wurzeln der Todesfurcht. Für einen Menschen voller Verlangen und voller Bedürfnisse ist Sterben das Ende aller seiner Hoffnungen. Er sieht alle Chancen auf die weitere Befriedigung seiner Wünsche für immer schwinden. Dem, der aus Rücksichtslosigkeit oder Feindseligkeit in seinem Leben übel gehandelt hat, stellt sich die bekümmerte Frage nach den negativen Folgen nach seinem Ableben. Und der Unwissende jammert und klagt über die ungenutzte Zeit, die ihm zur Verfügung stand, um seine Zweifel zu zerstreuen und seine Illusionen zu zerstören.

Der Kern der buddhistischen Lehre ist die Überwindung des Leidens, das durch Gier, Haß und Verblendung entsteht. Die Angst vor dem Tod gehört dazu. Da sie bedingt ist wie alles andere und ebenfalls ihre Ursachen und Voraussetzungen hat, können wir mit ihnen umgehen und sie sogar außer Kraft setzen.

> *„Beim Tode bin ich ohne Furcht,*
> *beim Leben ohne jeden Wunsch.*
> *Den Körper leg ich einmal ab*
> *klar wissend, voller Achtsamkeit.“*
> (Thag 20, nach Saß)

Der Ordensangehörige Ajito ist ein eindrucksvoller Beleg dafür. In den *Theragatha*, den *Liedern der Mönche*, kommt er zu Wort und umreißt in einem einzigen Vierzeiler, um was es geht. In wenigen Worten ist seine innere Verfassung skizziert: Ich habe keine Befürchtungen mehr, wenn ich an den Tod denke. Warum? Weil ich mit diesem Leben fertig bin, nichts mehr von ihm erwarte, nicht mehr an ihm hänge. Wenn es zu Ende geht, geht mir dadurch nichts verloren, im Gegenteil. Und weil ich das alles weiß, weil ich Klarheit hinsichtlich des wahren Wertes alles Vergänglichen gewonnen habe, kann ich mit großer Geduld dem Ausgang entgegensehen.

Noch zugespitzter und eingebunden in eine längere autobiographische Schilderung, finden wir - ebenfalls in den *Theragatha* - eine weitere Darstellung derselben Thematik. Adhimutto erzählt, wie er auf seiner Wanderschaft in die Hand einer Räuber- und Mörderbande gerät. Um den Mönch zu erschrecken, rühmen sich die Verbrecher ihrer Grausamkeit und ihrer blutrünstigen Schandtaten. Um ihr neues Opfer einzuschüchtern, führen sie sie alle an. Doch ihre Rechnung geht nicht auf. Verwundert müssen sie den unerschütterlichen Gleichmut Adhimuttos zur Kenntnis nehmen. Im Angesicht des sicheren Todes bleibt er völlig unbewegt und spricht sie mit den Worten an:

„Vollendet ist das Brahmaleben,
den Weg hab ich entfaltet nun.
Beim Tode bin ich ohne Furcht,
der Krankheit Ende ist er nur.

Vollendet ist das Brahmaleben,
den Weg hab ich entfaltet nun.
Nicht schmeckt das Leben, sah ich da,
ist Gift, das du erbrechen mußt.

Der jenseits ging, von Haften frei,
verwirklicht hat, von Einfluß frei,
beim Lebensende ist er froh,
als wär dem Schlachthaus er entflohn.

Das Heilsgesetz, wer es gewann,
hat keinen Wunsch nach Welten mehr.
Frei geht er aus dem Haus, das brennt,
beim Tode wird er klagen nicht."
(Thag 709-712, nach Saß)

Hier spricht ein Mann, der das Leben aus einer anderen Perspektive sieht. Es ist nicht mehr der Standpunkt der naiven Lebensfreude und Lebensbejahung von früher. Jede trügerische Hoffnung ist durch die tiefe Erkenntnis der Vergänglichkeit für immer getilgt. Jede Form weltverhafteten Begehrens ist versiegt, jeder triebhafte Lebenswille erloschen. Bei Adhimutto ist kein Wunsch nach irgendwelcher sinnlicher Befriedigung und kein Verlangen nach den materiellen Dingen auszumachen. Keine Ich-Liebe zeigt sich mehr, kein Sich-Klammern an ein Ego, keine sehnsüchtige Erinnerung an Vergangenes und kein hoffnungsvoller Blick nach Künftigem. Er kennt keinen Zweifel über seinen weiteren Weg. Er ist ein Wissender geworden.

Damit sind alle die Bedingungen weggefallen, die den Alltagsmenschen den Tod fürchten lassen. Im Gegenteil, die Einsicht in das Unbefriedigende aller Erscheinungen einschließlich der eigenen Person lassen ihm den Tod nur als das Ablegen einer lange getragenen bleiernen Last erscheinen. Wie sollte er im Angesicht einer derartigen Erleichterung in Panik geraten. Wer in einem unvergleichlich höheren und nicht mehr endenden Wohl ganz und gar Zuhause ist, kann banale Freuden und Scheinsicherheit freudig aufgeben. Wer so durch die Welt geht, ist von einem großen Druck befreit. Er übersieht keineswegs mögliche Gefahren und Risiken, aber er hat ein realistisches Verhältnis zu ihnen. Die unterschwellige Daseinssorge, die unser ständiger Begleiter ist, auch wenn sie nur selten bewußt wird, lähmt ihn nicht. Aufmerksamkeit und Tatkraft sind nicht länger auf vergängliche Dinge gerichtet.

Punno, ein anderes Mitglied des Ordens, hat vor, in die Fremde zu gehen und im Land der Suner zu leben und zu lehren. Er bittet den Erhabenen vor seinem Abschied um eine letzte Belehrung und Übungsanleitung. Nachdem er sie erhalten hat, kommt es zu einer Unterredung, in welcher der Buddha den Mönch auf dessen Tauglichkeit hinsichtlich seines gewagten Vorhabens prüfen will. Das Volk der Suner nämlich gilt als roh und ungesittet, und es ist keineswegs gewiß, daß Punno dort freundlich empfangen wird. Ein Mönch, der mit sich selbst noch zu kämpfen hat und ängstlich ist, könnte leicht in große Gefahr geraten.

Was wirst du denn empfinden, Punno, wenn dich die Suner etwa mit Worten hart angehen und beschimpfen, fragt der Buddha. Ich werde dankbar sein, daß sie mich nicht mit Fäusten schlagen, ist die Antwort. Und wenn sie dich schlagen? Dann bin ich froh, wenn sie nicht mit Steinen nach mir werfen! Und sollte das doch eintreten? Dann werde ich denken, wie gnädig ist doch dieses Volk, daß es mich nicht mit Stöcken oder gar Säbeln prügelt! Wie aber, lautet die letzte Frage des Erwachten, wirst du reagieren, wenn sie dir doch nach dem Leben trachten und dich mit ihren Säbeln gar töten?

> *„Wenn sie mich töten, werde ich denken: 'Es gibt Jünger des Erhabenen, die lebensüberdrüssig sind und sich selbst zu töten suchen. Ohne es zu suchen, habe ich das hier gefunden.' So werde ich dann denken, Erhabener, Heiliger!"*
> *„Sehr gut, Punno! Mit solcher Selbstbeherrschung und Ruhe ausgestattet wirst du dich in das westliche Sunaland begeben können."*
> (M 145, nach Schmidt)

Punno hat seine Probe bestanden. Die denkbaren Gefahren, die ihn in seiner künftigen Heimat erwarten können, betreffen ausnahmslos seinen Körper. Doch mit ihm identifiziert er sich nicht mehr. Dessen Mißhandlung oder gar Vernichtung kann ihm nichts anhaben. Punnos Geist ist zudem so still und frei geworden, daß er die Angriffe der Suner nicht mehr als Aggression erfährt. Ärger oder Zorn kommen nicht auf, in Gleichmut läßt er alle Unannehmlichkeiten auf sich zukommen, wohl wissend, daß sie einst von ihm ausgegangen sind und nun als dunkle

Schatten der Vergangenheit zurückkehren. Er weiß, daß auch sie nur karmischen Folgen vergangener negativer Handlungen sind. Da Punno inzwischen jede innere Verletzbarkeit verloren hat, hinterlassen sie keine Spuren. Er kann sie nun abtragen, ohne getroffen zu sein. Im Gegenteil, im "schlimmsten Fall" würde er nur von seiner letzten Bürde befreit.

FREIWILLIG IN DEN TOD

"Geistesfrieden fand ich nicht"

Im Gegensatz zur Todesfurcht steht der Wunsch zu sterben. Auf den ersten Blick scheint eine solche Sehnsucht dem bisher Gesagten zu widersprechen. Wie kann ein Wesen sein vermeintlich Wertvollstes - sein Leben - aus eigenem Antrieb beenden wollen und auch tatsächlich beenden? Ist die Selbsttötung ein Phänomen, das sich nicht in die bisherigen Erklärungsmuster einordnen läßt, weil ihm etwas ganz anderes, Außergewöhnliches oder gar Krankhaftes und Unnatürliches zugrunde liegt? Es scheint, als ob das Denken und Empfinden eines Suizidwilligen in ganz besonderen Kategorien verläuft. Und dennoch erklärt sich der Todeswunsch aus denselben Triebkräften und Daseinsgesetzen wie die Todesfurcht. Nur die Gewichte haben sich verschoben, das Zusammenspiel von Neigungen und Abneigungen, von Einsicht und Nichtwissen ist ein anderes. "Gier", "Haß" und "Blendung" haben ein anderes Gesicht.

So in etwa wird die Lage des Betreffenden aussehen: Seine Erwartungen an das Leben erfüllen sich nicht. Seine Wünsche, seien sie materieller, sozialer oder geistiger Natur, bleiben unerfüllt. Aber nicht nur das. Die für ihn entscheidenden Lebenserfahrungen sind vielmehr über alle Maßen bedrückend und quälend. Diese Leidenssituation wird subjektiv als so schwerwiegend und aussichtslos empfunden, daß eine Lösung nicht möglich erscheint. Die einzige Hoffnung auf Entlastung wird in der Beendigung des Lebens gesehen.

Wir haben an anderer Stelle gesehen, daß Emotionen der Abneigung, des Zorns und der Wut sekundäre Erscheinungen sind. Aversion wird immer nur da zutage treten, wo Anliegen und Wünsche durchkreuzt werden. "Haß" im weitesten Sinne ist die Kehrseite unerfüllten Begehrens. Er richtet sich dann nicht mehr nur gegen einzelne Dinge oder Menschen, sondern gegen "das

Leben" generell, sobald sich die Welt in unerträglicher Weise zu verweigern scheint oder als feindlich empfunden wird.

Es ist falsch zu glauben, daß dem Suizidwilligen das Leben bedeutungslos geworden ist, daß er es aus Desinteresse wegwirft. Auch wenn er es selbst nicht weiß oder wahrhaben will, hinter seinen negativen Emotionen und seinem Vernichtungseifer verbirgt sich gerade ein ganz massiver Wille nach Dasein. Der Lebensmüde will im Grunde seines Herzens nichts als leben, aber das Leben soll ein anderes sein. Sein Verlangen zu existieren, seine "Gier" ist nicht erloschen, doch die aktuelle Realität widerspricht seinen Wünschen und Hoffnungen zutiefst. Welt und Ich sollen so nicht bleiben, aber er weiß nicht, wie eine Änderung der Situation zu erreichen ist. Gerade wo der unbefriedigte Drang der Selbstbehauptung und die Selbstliebe groß sind, kann es die Aversion der Welt und sich selbst gegenüber ebenfalls sein.

„Sich selbst hat jedermann zum Freund,
Sich selber hat am liebsten man,
Und doch im Zorn bringt man sich um,
Von mannigfachem Wahn betört.

Man bringt sich mit dem Schwerte um,
Verschluckt auch Gift, vom Wahn gepackt,
Hängt sich an einem Stricke auf,
Stürzt sich von einem Fels hinab."
(A 7,61, nach Nyanatiloka/Nyanaponika)

Genauso wichtig wie das im konkreten Fall diffizile und oft undurchschaubare Gemisch von Zuneigungen und Abneigungen dem Dasein gegenüber ist die illusionäre Sichtweise, ja tiefe Wahnhaftigkeit. Wo starke Gefühle vorherrschen, fehlt ein klarer Blick für die Realität. Der aufgewühlte Geist sieht die Dinge nicht, wie sie sind. Entweder lebt der Betreffende in völliger

Unkenntnis der Daseinsgesetze oder sein Wissen ist wegen der akuten Irritation und Verwirrung nicht gegenwärtig.

Der elementarste und tragischste Irrtum besteht darin, die Selbsttötung als das Ende der Existenz und damit als das Ende der Qual zu betrachten. Die Tatsache der Fortexistenz wird völlig mißachtet. Wer sich umbringt, unterbricht wohl die biologischen Prozesse seines gegenwärtigen Körpers, nicht aber den eigentlichen Lebensvorgang. Wie gesagt, ist der grobstoffliche Organismus ein Instrument der Erfahrung und des Handelns in der grobstofflichen Welt, nicht aber der Träger des Lebens. Der Wille nach Dasein wird durch den Freitod gar nicht tangiert, geschweige denn zum Erlöschen gebracht. Der Strom des Erlebens setzt sich fort, ja er muß es sogar ohne Unterbrechung tun und in der gleichen Qualität wie vorher. Nur die momentanen Bewußtseinsinhalte, die konkrete Begegnung von Ich und Welt sind nicht mehr dieselben.

Daneben bleibt das Karma-Gesetz außer Betracht. Die Welt mit all ihren scheinbaren Unzulänglichkeiten und Schlechtigkeiten wird verantwortlich gemacht für die aktuelle Lage, nicht aber das eigene unzulängliche Tun und Lassen in der Vergangenheit, das jetzt nur zurückkehrt. Die Lebenssituation wird als objektive Gegebenheit interpretiert und nicht als das, was sie tatsächlich ist: die Spiegelung meiner selbst. Eine solche Einstellung verhindert, aus den gemachten Erfahrungen zu lernen, sein Verhalten zu ändern und an einer besseren Zukunft zu arbeiteten. Seine Unkenntnis läßt den Betreffenden zudem nicht sehen, daß seine jetzige Handlung und seine düsteren Motive ganz im Gegenteil nur noch Schlimmeres hervorrufen.

Wer sich selbst tötet, versucht also einerseits etwas Unmögliches und tut andererseits etwas völlig Sinnloses. Die Flucht gelingt nicht. Weil der Tod nur das vorübergehende Ablegen des Körpers ist und Beginn einer neuen Episode im *samsara*, ist für die eigentliche Problembewältigung nichts gewonnen. Solange die inneren Antriebe dieselben bleiben und das daraus erwachsende Handeln ebenfalls, so lange werden sich Welt und Welterleben ebenfalls nicht ändern. Der gesuchte Tod ist nur ein Ortswechsel, Selbsttötung nur Scheinlösung und Ausdruck von unerfüllter Sehnsucht.

Die grundsätzliche Haltung der Weisheitslehre des Buddha gegenüber der Selbsttötung ergibt sich weitgehend aus den eben getroffenen Feststellungen. Im folgenden sind aber eine Reihe weiterer Einzelfragen zu erörtern. Etwa, ob es doch Umstände geben kann, unter denen der freiwillige Tod mit mehr Recht frei-willig genannt werden kann, der Lebensverzicht eher gebilligt oder unter moralischen Gesichtspunkten vielleicht sogar positiv gewertet werden kann.

Eine erste Frage wirft wieder einmal der Skeptiker Payasi auf, den wir bereits kennen. Er verlangt nach einer Antwort, warum sich denn die vielen geistig und moralisch hochstehenden Angehörigen des buddhistischen Ordens nicht selbst das Leben nehmen. Steht ihnen doch nach eigener Überzeugung eine weit bessere Zukunft bevor. Welchen Sinn macht da langes Zuwarten?

> *„Ich habe, Kassapa, Asketen und Priester gesehen, die tugendhaft sind, edle Vorsätze haben, die zu leben begehren, nicht sterben wollen, die Wohlsein wünschen und Wehe verabscheuen. Da habe ich mir gedacht: 'Wenn diese verehrten Asketen und Priester wüßten: Hier gestorben wird es uns besser gehen, würden sie entweder Gift nehmen oder zur Waffe greifen oder den Tod durch Erhängen suchen oder sich von einem Felsen herabstürzen. Weil sie das aber nicht wissen, darum wollen sie am Leben bleiben, wollen nicht sterben, wünschen Wohlsein und verabscheuen Wehe, bringen sich nicht um.'"*
>
> (D 23, in Anlehnung an Neumann)

Der Einwand Payasis ist hier vor allem wieder gegen die buddhistischen Jenseitsvorstellungen gerichtet. Er glaubt einen Widerspruch zwischen den propagierten Anschauungen der Mönche und deren Verhalten zu bemerken. Wer einerseits von der Fortexistenz und dem Karma-Gesetz überzeugt ist, andererseits als Ordensmitglied ein verdienstvolles und untadeliges Leben führt, dem müßte doch der Suizid sehr nahe liegen. Er wäre unter diesen Umständen ein willkommener schneller Weg in eine bessere Zukunft. Das angeführte Argument ist in unserem Zusammenhang insofern von Interesse, als es dem angesprochenen Kassapo die Gelegenheit gibt zu verdeutlichen, warum Selbsttötung kein sinnvolles Mittel auf dem spirituellen Weg ist. Schon gar nicht, um künftiges höheres Wohl schon jetzt herbeizuzwingen.

Kassapo erzählt die Begebenheit um eine schwangere Brahmanenfrau, die eine Erbschaft zu erwarten hat, falls das künftige Neugeborene ein Junge ist. Auf die Geburt des Kindes will sie nicht warten. Hier und jetzt will sie Gewißheit und aus lauter Neugier und Mangel an Geduld schlitzt sie sich den Bauch auf. Das törichte Verhalten zahlt sich für sie auf üble Weise aus. Statt schnellen Reichtum und sofortige Klarheit zu gewinnen, verliert sie schließlich alles: das eigene Leben und das des Kindes, von Geld und Gut ganz zu schweigen. In den Worten Kassapos:

> *„Da hat denn jene Priesterfrau ein Messer genommen, hat sich in das innere Gemach zurückgezogen und sich den Bauch aufgeschlitzt: 'Ich will doch wissen, ob es ein Junge oder ein Mädchen ist'. So hat sie ihr eigenes Leben, ihre Leibesfrucht und das Erbe verloren, ist wie eine unverständige Närrin in ihr Verderben geraten, aus unangebrachter Neugier auf die Erbschaft. Genauso könntest du, Kriegerfürst, wie ein unverständiger Narr*

in dein Verderben geraten, aus unangebrachter Neugier auf das Jenseits. Es treiben da Asketen und Priester, die tugendhaft sind und edle Vorsätze haben, das Unreife nicht hervor, als Weise warten sie vielmehr die Reife ab. Sie brauchen das Leben. Je länger Asketen und Priester, die tugendhaft sind und edle Vorsätze haben, leben, desto verdienter machen sie sich; denn sie leben zum Wohle und zum Heile vieler, aus Mitleid zur Welt.“
(D 23, in Anlehnung an Neumann)

Zwei weitere Gründe gibt es also, warum Selbsttötung nicht zweckmäßig ist. Zum einen kann sie keinen Entwicklungsprozeß beschleunigen, der einer eigenen inneren Gesetzmäßigkeit folgt und eine bestimmte Zeit zur Vollendung benötigt. Wie in der Natur die Frucht auf die Blüte folgt, aber nach einer angemessenen Frist, so reift auch das gute menschliche Karma nur in entsprechender Dauer. Sie läßt sich nicht manipulieren.

Zum anderen ist gerade das im gesamten *samsara* so selten zu erlangende menschliche Leben eine unvergleichliche Chance. Gemessen an allen anderen Daseinsformen bietet es die besten Möglichkeiten, Wissen und Einsicht zu erwerben und danach zu handeln. Der Mensch lernt beides kennen: Glück und Leid. Er erfährt es in unterschiedlichen Graden und in häufigem Wechsel. Dabei geht es ihm in der Regel nicht dauerhaft so elend, daß er ohnmächtig und hoffnungslos in Depression und Verzweiflung versinkt. Aber auch nicht so gut, daß er nur in Euphorie und Übermut völlig sorglos dahinlebt. Seine Beobachtung lehrt ihn mit etwas Aufmerksamkeit recht schnell, das Wünschenswerte und das Unerwünschte zu unterscheiden und die Wege herauszufinden, wie man das Angenehme bekommt und das Unangenehme vermeidet. Jeder entwickelt dabei eine eigene Strategie, aber in keiner anderen als der menschlichen Daseinsweise gewinnen geistige Klarheit und ethisches Verhalten eine so herausragende Bedeutung.

Sicher, bei den meisten Menschen bleibt beides eine zu stumpfe Waffe, um den Existenzkampf erfolgreich und endgültig zu bestehen. Dennoch wird mit ihnen das tragende Fundament zur völligen Befreiung aus dem *samsaro* gelegt. Kommt der menschliche Geist mit einer geschärften und auf die Bedingtheit aller Phänomene gerichteten Aufmerksamkeit zur Reife, erreicht er eine neue und alles verändernde Qualität. Er läßt sich von nun an nicht länger von der Oberflächlichkeit der Erscheinungen täuschen und folgt ihnen nicht mehr blind. Er hört auf, bloß zu reagieren, und beginnt, sein Leben wirklich in die Hand zu nehmen und ihm eine andere Richtung zu geben.

Da kann es nicht gleichgültig sein, wieviel Zeit für den angestoßenen Wandlungs- und Vervollkommnungsprozeß zur Verfügung steht. Ein früher Tod kann ihn abbrechen, bevor die richtige Sicht der Dinge klar genug und die entsprechende Lebensweise gefestigt ist. Wer sein Leben selbst verkürzt, nimmt sich die ohnehin knapp bemessene Zeit der Übung und der Vertiefung.

Auch wenn aus den genannten Gründen der Suizid von dem Buddha verworfen wird, verdammt er ihn dennoch nicht. Wie überall, wo aus Unwissenheit und Irrtum Falsches getan wird, geht es nicht darum, mit erhobenem Zeigefinger und moralischer Entrüstung zu verurteilen. Unheilsames Verhalten straft sich selbst. Der Selbst"mörder" ist nicht zu ächten und zu brandmarken, man muß ihm helfen und die Wahrheit zeigen.

Sogar im Orden des Erwachten war nicht jeder gegen den falschen Weg des Suizid gefeit, und gravierende Mißverständnisse und Fehldeutungen müssen hin und wieder vorgekommen sein. So berichtet eine Sutte von einem Vorfall, der sich eines Tages zu Beginn der Regenzeit in der Stadt Vesali zutrug und den Tod von Dutzenden von Mönchen zur Folge hatte. Die fraglichen Ereignisse standen offenbar im Zusammenhang mit einer falsch verstandenen Belehrung über eine bestimmte Meditationspraxis.

So hatte der Buddha den Mönchen für die bevorstehenden Wochen als Meditationsobjekt die Betrachtung über die Unreinheit des Körpers gelehrt und sich anschließend in Klausur zurückgezogen. Am Ende der Periode seiner Abgeschiedenheit, vermißte er eine Vielzahl seiner Anhänger und bat seinen Aufwärter Anando um Auskunft, warum denn die Gemeinde so dezimiert war. Nun, die Mönche hatten die empfohlene Betrachtung in einer völlig irrigen Art und Weise betrieben, dadurch Ekel und Abscheu vor ihrem Körper bekommen und sich deshalb das Leben genommen. Daraufhin änderte der Buddha seine Übungsanweisungen und leitete die Mönche in der Atembetrachtung an. (S 54,9 und ähnlich Pj 1,3,1)

Im Palikanon sind viele ergreifende Bekenntnisse von Nonnen und Mönchen mit den Schilderungen ihrer inneren Kämpfe und Versuchungen überliefert. Nicht wenige sehen sich in Zeiten der Krise und des Zweifels in einer aussichtslosen Lage. Und manche von ihnen denken an einen Freitod, vollziehen aber den letzten Schritt am Ende doch nicht.

Da schildert die Nonne Siha ihre vergeblichen Versuche, zu Ruhe und Frieden zu kommen. Nach sieben Jahren des Kampfes ist sie noch immer von Leidenschaft bewegt, ihr Geist unstet und voller Verlangen. Physisch und psychisch völlig am Ende entschließt sie sich, aus dem Leben zu scheiden:

„So nahm ich dann das feste Seil,
ging tief in Waldeseinsamkeit:
'das Beste, ich erhäng' mich hier,
mag nicht zurück mehr in die Welt.'

Schon war die Schlinge gut geknüpft,
gebunden an den Ast des Baumes, -
ich zog die Schlinge fest am Hals:
da wurde ich im Herzen frei." (Thig 80/81, nach Saß)

In dieser dramatischen Situation erreicht sie das, wozu sie bisher nicht fähig gewesen ist. Sie findet die innere Befreiung im selben Moment, in dem sie alle Hoffnung auf Beendigung ihrer Qual aufgibt. Sie läßt von allem, von der Verzweiflung über ihre gegenwärtige Lage und von dem übermächtigen Willen, endlich Erlösung zu finden.

Ihr männliches Gegenstück ist Sabbadaso. Sein Lebensweg ist von ähnlichen Hoffnungen, innerem Ringen und zermürbenden Mißerfolgen geprägt. Ruhelos und ohne seinem Ziel näherzukommen, resigniert er schließlich und verläßt sein Kloster, um sich die Pulsadern zu öffnen. Er fürchtet nämlich, sonst am Ende sogar von dem bereits so lange geführten Übungsweg abzufallen und die Mitbrüder zu verraten.

„Vor fünfundzwanzig Jahren schon
zog aus dem Hause ich hinaus,
doch nicht ein Fingerschnalzen lang
errang ich Stille im Gemüt.

Fand nicht des Herzens Ruhepunkt,
vom Reiz der Sinne stets bedrängt.
Die Arme streckt ich weinend aus,
ging fort, verließ das Kloster da.

Zum Messer werd ich greifen jetzt.
Was hat das Leben noch für Sinn?
Warum gab ich die Regel auf?
Wer so wie ich, wünscht sich den Tod.

Ich nahm das Messer in die Hand
und ließ mich auf das Lager ab.
Das Messer war schon angesetzt,
die Ader mir zu öffnen selbst:

Da drang ich mit dem Geiste durch,
sah klar den Dingen auf den Grund.
Erbärmlichkeit war offenbar,
konnt nichts mehr finden an der Welt.

Da wurde ich im Herzen frei,
sieh das Gesetz der Lehre an:
drei Wissen sind erschlossen nun,
die Buddhabotschaft ist vollbracht."
(Thag 405-410, nach Saß)

Wie bei Siha ist der Moment der größten Verzagtheit zugleich der Moment der Rettung. Sabbadaso ist völlig verändert, sein Gemüt gestillt, sein aufgewühlter Geist besänftigt. Seine Befreiung ist begleitet von der blitzartigen Einsicht in die Natur der Dinge, deren Faszination und deren Schrecken mit einem Mal aufhören.

Die Überlieferung kennt neben diesen Beispielen auch mehrere Fälle der vollzogenen Selbsttötung von Mönchen. So wird etwa Channo erwähnt, der sich wegen starker körperlicher Schmerzen die Pulsadern öffnet und stirbt. Deswegen wird er von einigen kritisiert. Besonders in einem Dorf, in dem er gut bekannt ist, werden mißbilligende Worte laut. Offensichtlich sieht man darin eine Handlungsweise, die eines Mitgliedes des Ordens unwürdig ist. Der Buddha jedoch tadelt die Selbsttötung in diesem konkreten Fall nicht, ja er nimmt den Mönch sogar ausdrücklich in Schutz.

Bald danach griff Channa zum Messer. Sariputta aber ging zum Erhabenen, berichtete ihm, daß Channa zum Messer gegriffen habe und fragte, welchen Gang Channa nun gehe, welches Schicksal ihm bevorstehe. Der Erhabene erwiderte:

„Hat dir Channa nicht erklärt, daß er nicht zu tadeln sei?"
„Es gibt aber", sagte darauf Sariputta, „in dem Dorf Pubbajira im Lande der Vajji Familien, die mit Channa befreundet sind und die ihn tadeln."
„Das mag sein", sprach der Erhabene, „ich aber sage nicht, daß er deswegen zu tadeln sei. Wenn jemand, der den gegenwärtigen Leib ablegt, einen anderen Leib ergreift, dann sage ich, daß er zu tadeln ist. Das trifft aber bei dem Bhikkhu Channa nicht zu. Daß er zum Messer gegriffen hat, ist nicht zu tadeln."
(M 144, nach Schmidt)

Für den Heilgewordenen gelten demnach ganz andere Maßstäbe. Dieser kennt weder Zuneigung noch Abneigung in bezug auf weltliche Dinge. In ihm sind die Triebe völlig erloschen, die zu einer Wiederverkörperung drängen. Mit dem Körper identifiziert er sich nicht länger, von der Welt erwartet er nichts mehr, das vergängliche Leben ist als ein letztlich sinnloses und zielloses Geschehen erkannt, in dem es Vollendung und Frieden nicht geben kann: "Gier" und "Haß" sind völlig abgeklungen, "Verblendung" ist aufgelöst. Wenn er seinem "Leben" ein Ende setzt, legt er nur eine innerlich längst schon überwundene Last ab. Sein Tod betrifft nur seinen bisherigen, letzten Körper, einen aus früherem Wahn geschaffenen Daseinsrest. Die Freunde und Verwandten Channos unterliegen einer Fehleinschätzung, weil sie nur das äußere Geschehen wahrnehmen, nicht aber dessen ganz andere Bedeutung erkennen. Der Buddha weiß, daß Channo längst ein Heiliger geworden ist und sich jeder gängigen Beurteilung entzieht.

Ähnlich verhält es sich bei Vakkali (S 22,87), der schwer erkrankt ist, und bei Godhiko (S 4,23), der immer wieder vergeblich versucht, in der Meditation bestimmte Vertiefungsstufen zu erlangen. Beide greifen zum Messer, aber als Erlöste und daher ohne vordergründige Motive.

Der bloße Akt der Entleibung ist moralischer Beurteilung demzufolge nicht zugänglich, das haben bereits die bisherigen Beispiele gezeigt. Es sind die jeweils tragenden Geistes- und Gemütskräfte, die die Qualität der Handlung ausmachen. Ihnen allein kommt karmische Bedeutung zu, und sie allein sind maßgebend, ob es zur Wiederverkörperung kommt und wie die künftige Existenz ausfällt. Nur sie qualifizieren das selbstbestimmte Lebensende als heilbringend oder -hindernd.

Ein Beispiel ganz anderer Art gibt uns Ratthapalo, von dem ebenfalls schon an früherer Stelle die Rede war. Dort wurde er als gereifter Mönch dargestellt, der aber - wie nun ersichtlich - vor dem Gang in die Hauslosigkeit eine harte Auseinandersetzung um die Erlaubnis zum Eintritt in den Orden zu bestehen hatte. Zur fraglichen Zeit wurden Männer und Frauen nur unter bestimmten Bedingungen ordiniert; unter anderem mußten sie die Zustimmung ihrer Eltern einholen. Erhielten sie diese nicht, blieb ihnen nichts anderes übrig, als zunächst den Tod von Vater und Mutter abzuwarten.

Die Eltern Ratthapalos wollen die Erlaubnis unter keinen Umständen geben. Zu sehr hängen sie an ihrem einzigen Sohn und sie tun alles, um ihn von seinem Vorhaben abzubringen. Ratthapalo, seinerseits zum letzten entschlossen, tritt in den Hungerstreik. Er wirft sich auf den Boden und verweigert jegliche Nahrung: "Hier werde ich sterben oder Bhikkhu werden", ruft er aus. (M 82, nach Schmidt) Dreimal versuchen die Eltern, ihn zu besänftigen und ihn von seinem Plan abzubringen, dreimal versuchen es seine Freunde. Vergebens, er ist zum Tod entschlossen. Mit der Aussicht, sein Leben zu retten und ihn später wenigstens als Pilger im Elternhause wiederzusehen, willigen Vater und Mutter schließlich ein. Ratthapalo verläßt seine Familie.

Es ist offensichtlich, daß Ratthapalo nicht primär den Tod im Auge hat. Er ist nicht der eigentliche Zweck seines Handelns. Hier wird vielmehr die Selbsttötung angedroht und als Instrument eingesetzt, um ein sonst gefährdetes Lebensziel noch zu erreichen. Ratthapalo will sich nicht das Leben nehmen, er kalkuliert diesen Schritt aber als soziales und psychologisches Druckmittel ein. In der erwähnten Lehrrede wird sein Verhalten bemerkenswerter Weise weder explizit befürwortet noch verurteilt. Das Schweigen des Erwachten deutet eher auf eine stillschweigende Billigung im konkreten Fall hin, bei dem die zugrunde liegenden Beweggründe und das dann schnell erreichte höchste Ziel der Vollendung ein solches Vorgehen annehmbar erscheinen lassen. Hat doch auch der Buddha bei seinem Gang in die Hauslosigkeit der eigenen Familie Schmerz und Tränen bereitet - allerdings, um nur kurze Zeit später als vollendeter Lehrer zurückzukehren und seinen Verwandten den Weg zu völliger Leidlosigkeit zu zeigen.

Das Bild wird noch differenzierter, wenn wir weitere mögliche Situationen und Motive für einen freiwilligen vorzeitigen Tod in Betracht ziehen. Einige von ihnen sind in den buddhistischen Texten dokumentiert. Bemerkenswert ist, daß im folgenden nicht mehr das angestrebte eigene Glück den Ausschlag gibt, sondern das Wohlergehen anderer. Der Tod ist auch nicht länger eigentlicher Mittelpunkt der Handlung, sondern eher eine unumgängliche Begleiterscheinung. Nie ist der Geist der jeweiligen Hauptperson düster, verworren oder orientierungslos, sondern gelassen, ja heiter, hell und klar. In den fraglichen Fällen fehlt schließlich jedes Moment von Aggression, Selbstzerstörungswut, Feindseligkeit oder Haß. Vielmehr sind Güte, tiefes Mitempfinden und große Hingabe die Beweggründe für ihr Tun. Wir sehen also, daß es oft kaum mehr als Äußerlichkeiten sind, die "Freitod" und "Freitod" miteinander verbinden.

In dem berühmten *Metta-Sutta* aus dem *Suttanipata*, dem buddhistischen Hohelied der selbstlosen Liebe, veranschaulicht der

Erwachte eine solche Haltung an der Beziehung der Mutter zum Kind, wie sie sich etwa in einer Gefahrensituation ausdrückt:

> *„Wie die Mutter ihren eigenen Sohn,*
> *Ihr einzig Kind mit ihrem Leben schützt,*
> *So möge man zu allen Lebewesen*
> *Entfalten ohne Schranken seinen Geist."*
> (Sn 149, nach Nyanaponika)

Das Leben des geliebten Kindes wird als so wertvoll und schutzbedürftig empfunden, daß das Interesse an der eigenen Unversehrtheit in den Hintergrund tritt. Die Mutter unterscheidet nicht zwischen "Ich" und "Du", weil sie das Kind immer als einen Teil von sich erlebt, um den sie sich nicht minder sorgt als um sich selbst. Mehr noch, im Zweifel steht sie zurück. Sie hat bereits einen großen Teil ihres Lebens hinter sich, Sohn oder Tochter aber die Zukunft noch vor sich, für die sie die volle Verantwortung übernimmt. Ihr Leben ist dafür ein Preis, den sie gegebenenfalls gerne bezahlt.

Die Haltung der Ich-Du-Gleichheit, der Selbstlosigkeit und des grenzenlosen Mitempfindens, ist das Gegenstück zu eigensüchtigem Verlangen, das nur für sich will, dem nächsten gegenüber blind ist, das Ego in den Mittelpunkt rückt und dann in Rücksichtslosigkeit und Feindschaft umschlägt, wenn sich seiner Befriedigung Hindernisse in den Weg stellen.

Am ehesten erwarten wir eine solche uneigennützige Haltung in der Familie, in der die Bindungen der Menschen am intensivsten sind, die Nähe am größten und das Zusammengehörigkeitsgefühl am stärksten. Doch der Palikanon enthält mannigfaltige Belege dafür, daß die Metta-Gesinnung eine überragende und universelle Haltung werden kann und sich nicht etwa auf einen bestimmten sozialen Kontext oder einen kleinen Bereich besonders enger Gemeinsamkeit beschränkt. Als Ausgangspunkt und Ergebnis des ethischen Verhaltens und später als meditative Übung ist sie sogar ein wichtiger Abschnitt auf dem Weg der Befreiung.

Deshalb wundert es auch nicht, daß Liebe und Güte von dem Erwachten immer wieder hoch gelobt werden und bei seinen eigenen Läuterungsbemühungen einen bedeutsamen Platz einnahmen. Die *Jataka*, die am ehesten mit unseren Märchen und Fabeln zu vergleichen sind und lehrhafte Episoden aus früheren Existenzen des Buddha zum Inhalt haben, enthalten Dutzende von Erzählungen, die seine Herzlichkeit und seine Anteilnahme am Wohlergehen der Wesen rühmen. In vielen unterschiedlichen Rollen als Mensch oder auch als Tier stellt er dort seine geistigen und moralischen Qualitäten unter Beweis. Wie weit Anteilnahme und Großmut gehen können, sollen zwei Beispiele veranschaulichen.

Die erste Geschichte handelt von zwei Gazellenherden, die in die Gefangenschaft eines jagdbesessenen und fleischhungrigen Königs geraten sind. Sooft es ihn gelüstet, geht er auf Jagd und verfolgt, ängstigt, verletzt oder tötet die Tiere. Um den Schrekken der ständigen Bedrohung zu mindern, beschließen die Tiere, zu bestimmten Zeiten eines der ihren zu opfern. Das Los entscheidet, wer den schweren Gang antreten muß. Eines Tages trifft es eine trächtige Gazelle, die um ihres ungeborenen Jungen willen um Schonung bittet. Sie wird jedoch nicht gewährt. Sakho, der Führer ihrer Herde, lehnt mit der Begründung ab, daß ihr Los nicht auf ein anderes Tier übertragen werden kann.

In ihrer Not nun kommt sie zu Nigrodho, dem Leittier des zweiten, fremden Rudels, und klagt ihm ihr Leid. Wie zu erwarten, findet sie nun Gehör. Aber Nigrodho bringt es nicht über sich, das Leid des Todes einer anderen Gazelle aufzubürden, obwohl ihm das sein Rang als Anführer der Herde ohne weiteres ermöglicht hätte. Er faßt den Entschluß, sich selbst dem König als Opfer anzubieten, und legt seinen Kopf auf den Opferblock. Gerne will er aus Verantwortung und Mitgefühl sein

Leben hingeben, um ein anderes zu retten. Der Tod bedeutet ihm in dieser Situation nichts.

Unser Empfinden verlangt, daß eine derartige selbstlose Tat belohnt wird. Und tatsächlich findet Nigrodho Gnade vor dem König, der nicht nur ihn verschont, sondern alle anderen Gazellen ebenfalls, und der nach diesem Erlebnis für alle Zeit auf die Jägerei und Fleischgenuß verzichtet. Nigrodho ist natürlich niemand anderer als der Bodhisattva, der künftige Buddha, der schon jetzt viele der großartigen Eigenschaften besitzt, die den Weg der Buddhaschaft bereiten. (J 12)

In einer anderen Tierfabel ist ein Hase die Hauptperson. Er ist ebenfalls eine frühere Existenz des werdenden Buddha. Bei seinen Freunden, einem Affen, einem Schakal und einem Fischotter ist er sehr geachtet und wird als hochherzig und weise angesehen. Auf seinen Rat hören sie. Als wieder einmal der Uposatha-Tag heranrückt, der indische Fasten- und Feiertag also, mahnt der Hase seine Freunde, in diesen Stunden besonders großmütig und vor allem gebefreudig zu sein. Glückliche Umstände bringen drei der Freunde in den Besitz reichlicher Nahrung. Fisch und Fleisch, Früchte und Milch bringen sie nach Hause, mehr als sie selbst benötigen. Am nächsten Tag nun kommt ein Brahmane des Weges und fragt die Tiere nach Almosen. Fischotter, Schakal und Affe geben gerne ihren Teil. Nur der Hase hat es nicht so leicht wie die Gefährten, frißt er doch nur Gräser und Kräuter, ohne je Vorräte anzulegen. Was könnte er da geben? Der Hase weiß es, ohne zu überlegen: sich selbst. Er bittet den Brahmanen, Holz zusammenzutragen und Holzkohle für ein Feuer vorzubereiten. Da hinein wird er sich freudigen Herzens stürzen, um dem frommen Bettler sogar das ihm verbotene Schlachten abzunehmen. Er braucht nur das gare Fleisch zu verzehren und seinen Hunger zu stillen. (J 316) Daß es auch hier zu einem guten Ende kommt, weil der Brahmane der verkleidete Götterkönig Sakko ist, der den Hasen nur auf die Probe stellen will, sei am Rande erwähnt.

Das Bemerkenswerte in diesem *Jataka* ist die völlige Leugnung der eigenen Interessen gegenüber dem Wohlbefinden des anderen - bis zum äußersten Extrem. Zum einen ist der Brahmane ein völlig Fremder, zu dem keinerlei freundschaftliche oder verwandtschaftliche Beziehungen bestehen. Auch irgendwelche sonstigen Verpflichtungen gibt es nicht. Der Hase aber macht keinerlei Unterschied; von wem auch immer er gebeten wird, er gibt. Er gibt das nach gewöhnlichen Maßstäben höchste Gut, das eigene Leben, um eines vergleichbar geringen Anlasses willen: die Bitte um ein Almosen.

Zum anderen ist es die innere Haltung des Tieres, die ganz außergewöhnlich ist. Es tut all das nicht aus bloßem Pflichtgefühl oder mit bitterer Miene und mit Klagen. Freudigen Herzens und mit völliger Gelassenheit kann er sich opfern, weil er sich in Übereinstimmung mit seinen hohen Idealen und Ansprüchen sieht. Seine Liebe unterscheidet in keiner Weise mehr zwischen Ich und Du, Güte und Mitempfinden sind im wahrsten Sinn grenzenlos. In der Sicht des weisen Hasen ist der Tod kein Verlust und das Sterben kein Drama. Tod ist der Übergang, der ihn und die Freunde doch nur "an den Ort ihrer Verdienste" gelangen läßt.

STERBEN

"Wie des Gesättigten Wohlbehagen"

Wenn der Buddha die Unzulänglichkeit der Existenz in formelhafter Kürze umreißt, formuliert er als ersten Satz: "Geburt ist Leiden, Altern ist Leiden, Sterben ist Leiden." (D 22) Dies zielt zunächst auf das körperliche Dasein und seine schmerzliche Seite. Schon der Eintritt in das irdische Leben beginnt mit einem Schrei, aber nicht mit einem Schrei der Freude und des Entzückens über das Hiersein. Er ist vielmehr Ausdruck eines traumatischen Erlebnisses, nämlich des beklemmenden und strapaziösen Aktes des Austrittes aus dem Mutterleib. Verletzbarkeit und Treffbarkeit des Leibes, sein Verschleiß und seine Abnutzung sind von nun an treue Begleiterscheinungen des Lebens. Bis schließlich ein neuer großer Umbruch bevorsteht, ein weiterer Markstein inmitten der sonst rieselnden und allmählichen Veränderungen. Das Sterben selbst soll nun Thema sein.

Wir haben den Menschen kennengelernt als einen Komplex von physischen und psychischen Elementen. Wir haben gesehen, daß das In-dividuum, das "Un-teilbare" sehr wohl aus einzelnen Komponenten zusammengefügt ist und daß "Leben" nichts anderes ist als deren wechselvolles Spiel. Ein solches Grundverständnis von "Mensch", "Person" oder "Wesen" ist die Voraussetzung für eine angemessene Erklärung des Sterbevorganges.

Sterben aus buddhistischer Sicht ist sehr wohl der völlige Zusammenbruch der Persönlichkeit in ihrer bisherigen psychophysischen Struktur, es ist aber nicht das Ende dieser Persönlichkeit und der Lebensvorgänge als solcher. Das Eigentliche, das Empfindende, Erkennende und Wollende, trennt sich lediglich von dem Grobmateriellen. Eine leblose, alsbald gänzlich zerfallende Hülle bleibt zurück, ohne Wärme, Kraft und Bewußtsein. Als Instrument des Erlebens und Handelns wird der Körper unbrauchbar; seine Bestandteile kehren in den Kreislauf der Natur zurück, aus der sie einst als Nahrung genommen wurden. Nach den Worten des Buddha ist das Sterben der Wesen nichts anderes als "Zerfall", "Verschwinden", "Abscheiden" und "Wegwerfen des toten Körpers". (D 22, nach Dahlke)

Der sinnlichen Wahrnehmung des außenstehenden Betrachters sind enge Grenzen gesetzt, wenn er den Sterbevorgang bei einem anderen Menschen beobachtet. Denn er erblickt in der Leiche nur das ehemals Bewegte, nicht aber das Bewegende; er sieht nur den stofflichen Überrest, nicht jedoch die fortbestehende, ausgestiegene Psyche und ihre feinstoffliche Entsprechung. Beide sind für ihn transzendent.

Der Sterbende wiederum hat eine ganz andere Perspektive. Im Sterbevorgang verliert er nach und nach die Kontrolle über seinen Körper. Er kann sich nicht länger bewegen, die Gliedmaßen gehorchen nicht mehr. Die äußeren Sinneswahrnehmungen werden schwächer und hören langsam ganz auf. Das Draußen entschwindet in dem Maße, wie sich das Vermögen der Sinnesorgane zurückzieht. Schließlich ist die ganze "äußere Welt" untergegangen, aber ohne daß damit der Sterbende vernichtet und sein Bewußtsein für immer erloschen wäre. Er findet sich - vielleicht erstaunt, vielleicht verwirrt, verängstigt oder beglückt - in einer neuen Umgebung vor, die für ihn vielleicht vor wenigen Momenten noch ebenso transzendent war, wie es seine frühere Umwelt jetzt ist. Irgendwann sind die letzten Kontakte zu den bisherigen Erlebnisräumen abgeschnitten, und neue beherrschen die Szene.

Diese Beschreibung soll als ein Schema gelten, das eine erste Orientierung gibt und einen Rahmen, um alle noch folgenden Einzelheiten zuzuordnen. Dazu gehören die vielfältigen äußeren Umstände des Sterbens, die innere Haltung und die Empfindungen der Sterbenden wie auch die Möglichkeit der Vorbereitung auf die Sterbestunde.

Im samsarischen Kreislauf ist, wie an anderer Stelle beschrieben, der "höllische" Aufenthalt ein äußerstes Extrem. Er ist dadurch gekennzeichnet, daß nur Grauenvolles zum Erleben kommt, immer das genaue Gegenteil von dem, was den Wesen erwünscht ist und ihnen wohl tut. Höllischer Aufenthalt bedeutet Existieren in Schrecken und Qual. Im äußersten Fall lassen sich Leben und Sterben kaum unterscheiden: Leben ist geradezu Dahingeschlachtetwerden. Bei den Schilderungen mancher buddhistischer Texte fühlt man sich unmittelbar an christliche Parallelen erinnert, und die dramatischen Bilder aus Dantes Göttlicher Komödie tauchen vor dem geistigen Auge auf.

> *„Sodann hängen ihn die Höllenwächter mit den Füßen nach oben und dem Kopf nach unten und zerhacken ihn mit Schwertern. Sie spannen ihn vor einen Wagen und lassen ihn über eine lodernde, flammende, glühende Fläche hin und her laufen. Sie lassen ihn einen großen lodernden, flammenden, glühenden Kohlenberg hinauf- und hinabsteigen. Sie packen ihn an den Füßen und werfen ihn kopfüber in einen lodernden, flammenden, glühenden Erzkessel. Dort kocht er im aufwallenden Schaume und während er so kocht, treibt er einmal nach oben, einmal nach unten, einmal nach der Seite. Dabei empfindet er schmerzhafte, stechende und peinigende Gefühle; doch er stirbt nicht, bevor nicht jene schlechte Tat erschöpft ist.“*
> (A 3,36, nach Nyanatiloka/Nyanaponika; siehe auch M 129, M 130)

Der Betreffende ist dieser Situation ganz und gar ausgeliefert. Über ihn bricht ein Sturm zerstörerischer Kräfte und Impulse herein, die er völlig hilflos über sich ergehen lassen muß. Die Elemente der Natur zeigen sich von ihrer grimmigsten Seite.

Feste Materie zerreißt und flüssige verbrüht ihn, sonst wärmendes Feuer wird zur unerträglichen Glut, Bewegung in Luft und Raum ist ohnmächtiges Geworfensein ohne Ziel und Halt. Wo ihm Wesen begegnen, begegnen sie ihm als Todfeinde und Folterknechte. Sie sind die "Teufel", Repräsentanten von Niedertracht und Haß, von zerstörerischer Wut und mitleidsloser Brutalität.

Es ist kaum übertrieben zu sagen, daß eine solche Daseinsweise auf der physischen Ebene permanentes Vernichtetwerden ist. Hier wird geradezu das Sterben gelebt. Der Leib solcher Wesen ist der unausgesetzten Zerstörung unterworfen. Der Körper wird ständig auf grausamste Weise zerfleischt, verstümmelt, zermalmt, zerfetzt. Kaum als solcher in Erscheinung getreten, fällt er schon der Verwüstung anheim. Form und Gestalt, gerade zusammengefügt, werden wieder rüde zerbrochen. Höllisches Sein am äußersten negativen Ende der Erlebnisskala ist stakkato-artiges Sterben-Leben, spontanes In-Erscheinung-Treten und abrupter Untergang.

Wir verstehen diese Vorgänge leichter, wenn wir uns noch einmal vergegenwärtigen, daß in diesen Erlebensräumen feste und beständige Materie nicht existiert und daß formhafte Erscheinungen die unmittelbare Manifestation psychischer und geistiger Prozesse ist. Diese Erlebenswelt ist unmittelbar geist-gewirkt, sie ist spontan bildgewordene seelische Realität, die anderen als den uns gewohnten Gesetzen von Werden und Vergehen folgt.

In einer Parallelstelle (M 129) wird der Erwachte nach den Leiden in der höllischen Existenz gefragt. Nur im Gleichnis, so antwortet er darauf, kann man eine annähernde Vorstellung vermitteln. In fast identischem Wortlaut wie oben entwirft er dann das Bild: Leben mit Schrecken und Sterben mit Schrecken folgen einander in schnellem Wechsel. Der Tod ist der augenblicklichen Anfang erneuten Grausens, und das Leben nur die Fortsetzung des Sterbens. Diese Tragödie des Schmerzes dauert so lange, bis ihre karmischen Bedingungen aufgezehrt sind und diese infernalische "Welt" wieder verlassen werden kann.

Am ganz anderen Ende des Daseinsspektrums finden wir bekanntermaßen die "Sphäre der Götter". Von den fünf möglichen Daseinsbereichen ist sie - relativ gesehen - die vollkommenste. In ihr werden nur solche Wesen wiedergeboren, die sich zu großer innerer Reinheit entwickelt haben. Die höchsten dieser Wesen, die Bewohner der *arupa*-Welt, der gestaltlosen Welt also, haben mit Form in keiner Weise mehr etwas zu tun. Sie selbst besitzen weder körperliche Gestalt noch nehmen sie eine äußere, dingliche Welt wahr. An ihnen ist nichts Materielles, nichts Sichtbares oder Tastbares. Alles Gegenständliche ist ihnen völlig fremd, bei sich selbst und um sie herum. Über jegliche weltliche Dualität ragen sie hinaus. Ausschließlich von feinsten Empfindungen der Erhabenheit und des Friedens wird ihre Existenz getragen, und in ihnen manifestieren sich lediglich zwei der fünf Daseinsfaktoren: Gefühl und Wahrnehmung.

Dieser überlegene Zustand mag unermeßlich lange Zeiträume dauern und ist doch nicht unbegrenzt. Ist das Karma solcher Wesen erschöpft, beginnt ihr erneuter Abstieg im *samsara* und es kommt zum Übergang von der einen in eine andere Daseinsform. Man möchte das fast nicht Sterben nennen. Denn hier vergeht ja kein Körper, keine materielle Form zerbricht, keine sinnlich faßbare Individualität zerfällt. Zudem vollzieht sich dieser Übergang so unmerklich-merklich, daß die Bezeichnung Tod nicht recht passen will. Und dennoch ist es "Tod", das Ende des bisherigen Status und Beginn einer neuen Phase im Daseinswandel.

Ganz zaghaft löst sich die bisherige Einheit des Bewußtseins auf, eine Spaltung tritt zutage. Innen und Außen werden sichtbar, Hier und Dort. Die Zweiheit von Ich-Empfinden und Welterscheinung kehrt zurück. Raumerlebnis und Zeiterlebnis kommen auf. Sinnliche Wahrnehmung wird wieder möglich und mit ihnen das Erleben von Vielfalt. Die Welt der Formen taucht wieder im Bewußtsein der Wesen auf. In die unvorstellbare Stille und selige Geborgenheit der *arupa*-Götter brechen also nach und nach Vergröberung und Verschmutzung ein und mit ihnen mehr und mehr Zerbrechlichkeit und Vergänglichkeit. Noch wird "Sterben" nicht gleich schmerzlich erfahren, es wird als solches anfänglich gar nicht bemerkt, doch der lange kosmische Pendelschlag hin zu dem oben geschilderten anderen Extrem hebt an. (D 27)

Die *rupa*-Götter nehmen eine Stellung zwischen den ganz weltüberlegenen über und den sinnlichen Gottheiten unter ihnen ein. Ihnen ist die Begegnungswelt schon nicht mehr fremd. Auch wenn sie keinerlei Begehren oder Abneigung den Dingen gegenüber kennen, weil sie in innerem Glück ruhen und sich nicht nach sinnlicher Befriedigung sehnen, ist ihr Erleben schon differenzierter, die Polarität von Ich und Umwelt ausgeprägter. Von einer bestimmten Klasse solcher Wesen, den Brahmas, heißt es, daß sie selbst nicht auf einen eigenen Körper angewiesen sind, aber ab und an sichtbare Gestalt annehmen können. Wenn sie zuweilen aus ihren Versenkungszuständen aufsteigen und in der Dualität leben, nehmen sie deutlich ein Ich wahr, mit dem sie sich identifizieren und um dessen Vergänglichkeit und Untergang sie sich sorgen. Doch bald sind sie wieder in tiefe Sammlung getaucht, in der sie zu irgendeinem Zeitpunkt in aller Stille aus ihrem brahmischen Sein abscheiden, um vielleicht bei den sinnlichen Göttern wiederzuerscheinen. Wie Einschlafen und Aufwachen mag das Sterben dieser "Götter der reinen Formen" erscheinen. Der Tod ist ihnen kein Drama, sondern ein leichtes Hinübergehen.

Im Vergleich zu den Gottheiten der formlosen Sphäre wird das Leben der Wesen auf dem Weg in die niederen Bereiche der Existenz also allmählich reger. Ihre Lebensperioden werden kürzer, und ihr Verschwinden aus einem Daseinsbereich und das Erscheinen in einem anderen wird entsprechend häufiger. Das Sterben selbst gestaltet sich außerdem bewegter und wird immer deutlicherer als Einschnitt erfahren.

Wenn ein Deva im Begriff steht, aus der Göttergemeinschaft abzuscheiden, werden fünf Vorzeichen offenbar: Die Kränze welken, die Gewänder zerfallen, aus den Armhöhlen bricht Schweiß hervor, der Körper verfärbt sich, und der Deva fühlt sich auf seinem Göttersitz nicht mehr wohl. Wenn die Götter bemerken, daß für diesen Deva sein Abscheiden bevorsteht, wenden sie sich mit freundlichen Worten an ihn und sprechen: "Verehrter, gehe von hier aus den guten Weg ..."
(It 83, in Anlehnung Seidenstücker)

Hier ist das Sterben eines göttlichen Wesens (*deva*) der Sinnensphäre angedeutet. Wie sein Leben ist auch sein Sterben. Seine Körperlichkeit ist nicht grob-materiell und derb, sie ist viel feiner und zarter und von daher weniger zerbrechlich als die unsrige. Der Übergang von einer Daseinsform in eine andere ist ein sanfter, der sich langsam anbahnt und allmählich vollzieht. Hier gibt es keine abrupten und harten Brüche, kein zähes Ringen, keinen qualvollen Kampf oder erzwungene Resignation. Für den *deva* ist das Sterben wohl eine leidvolle Erfahrung von Vergänglichkeit, von Trennung und Verlust, sie hat aber mit Entsetzen und Verzweiflung nichts zu tun. Der Abschied ist unvermeidbar, doch ist der Neubeginn nicht schwer.

Mit dieser Charakterisierung kommen wir bereits in die Nähe menschlicher Verhältnisse. Bei den Menschen, so wurde gesagt, sind Handeln und Erleben gemischt, von äußerster Roheit bis zu achtunggebietender Hochherzigkeit finden sich alle Abstufungen. Natürlich muß die karmische Ernte dem gemäß sein, und das heißt das jeweilige Erleben. Entsprechend vielfältig sind auch die Möglichkeiten, wie sich das Sterben vollzieht und wie es empfunden wird. Der Tod spiegelt ebenfalls das vergangene

Wirken der Wesen - wenngleich sich der normale Menschenverstand vor voreiligen Schlüssen hüten sollte.

Sterben kann auf dieser Erde ein dramatisches Geschehen sein, äußerlich brutal und gewaltsam. Oft ist es vorzeitig und plötzlich, wie aus heiterem Himmel, ohne Vorwarnung und ohne die Chance der inneren Vorbereitung. Nicht selten hören wir vom Tod eines Menschen durch die wütende Hand eines anderen, grausam und bestialisch. Seit der Zeit des Buddha hat sich da sehr wenig geändert. Noch immer können die Feindschaft des Mitmenschen, aber genauso die eigene Unachtsamkeit und die Gefahren der Natur das Sterben zu einem unerwarteten und bestürzenden Ereignis machen. Schlangenbiß und Vergiftungen, Unfälle und heimtückische Krankheiten, Streit, Mord und Krieg waren schon Stichworte in einem anderen Zusammenhang. (A 8,74; M 13) Naturkatastrophen und Blitzschlag (D 16), Folter und Hinrichtung seien aus den traditionellen Texten nun noch angefügt. (M 129; D 26)

Eine ganz andere Situation zeigt sich dagegen in den folgenden Sätzen des Buddha, die er im Zusammenhang einer Schilderung der Vorgeschichte der Menschheit skizziert. Sudassana, ein Kaiserkönig aus mythischer Vergangenheit, stirbt. Er ist ein Muster überragender Humanität, die die großen Herrscher der menschlichen Urzeit auszeichnete und der man gelegentlich auch heute noch begegnen kann. Sie prägt auch die letzte Stunde des Monarchen. Es ist ein Sterben in Würde und Größe, ein Ende ohne Krampf. Der Kaiser stirbt in Frieden und lebenssatt, und natürlich führt ihn sein künftiger Weg nach oben:

> *Da ist denn jener König Sudassana bald darauf gestorben. Wie ein Hausvater oder der Sohn eines Hausvaters, der ein wohlbereitetes Mahl eingenommen hat, nach Tisch Behagen empfindet, so hat jener König Sudassana das Sterbegefühl empfunden. Nach dem Tode*

aber ist er auf gute Fährte, in brahmische Welt emporgelangt.
(D 17, in Anlehnung an Neumann)

Das Karma-Gesetz gibt die Erklärung, woher diese enormen Unterschiede kommen. Natürlich kann auch beim Sterbevorgang nur das geschehen, was zu irgendeiner Zeit von den Wesen ins Dasein geschickt wurde. Jetzt kommt es lediglich zurück, tritt nur in Erscheinung - als Frucht eines vielleicht sehr, sehr lange zurückliegenden Tuns. Der Schatten einstiger gewaltsamer Tat liegt über dem jähen Tod. Der ruhige Hingang am Ende eines langen reichen Lebens deutet auf früheres harmonisches und gewährendes Wirken.

Zu den "Früchten schlechter Lebensführung" gehört ein "unruhiger Tod". Er wird vom Erwachten neben dem "Verlust an Vermögen", "einem schlechten Ruf", "unsicherem Auftreten in jedweder Gesellschaft" und den "Daseinsabgründen nach dem Tod" genannt. Diese fünf Nachteile treffen den "Sittenlosen", während der "Sittenreine" auf ein "großes Vermögen", einen "guten Ruf", "sicheres Auftreten", "himmlische Welt" nach dem Ableben und auf einen "ruhigen Tod" zählen kann. (A 5,113, nach Nyanatiloka/Nyanaponika; ähnlich D 16)

Der Buddha hat hier die allgemeine Formel aufgestellt: Ein disharmonischer Tod und unmoralisches Verhalten zu Lebzeiten korrespondieren miteinander, ebenso ethisches Verhalten und ein Tod ohne Drama. Für die jeweiligen einzelnen Handlungsweisen gilt Entsprechendes. So liegen die Folgen etwa des Streites (A 5,212) oder des Schimpfens (A 5,211) nahe. Wenn der Alltag häufig aus Auseinandersetzungen, Spannungen und Ärger besteht und die meiste Kraft darauf verwendet wird, wie sollte da das Lebensende harmonisch und versöhnlich sein? Und umgekehrt paßt eine friedvolle Sterbestunde zu einem schlichten Dasein ohne Streit und Aggression. Wenn Konflikte im Leben keine oder kaum eine Rolle spielen, tun sie es am Ende des

Lebens genausowenig. Es sei denn, daß gerade jetzt die Resultate früherer und unbewältigter Taten zur Oberfläche kommen. Diese Möglichkeit ändert nichts an den geltenden Zusammenhängen zwischen Ursache und Wirkung, sie warnt uns aber wieder, mit wenigen Grundregeln eine komplexe Wirklichkeit verstehen und erklären zu wollen.

Wir sollten uns bei dieser Gelegenheit auch in Erinnerung rufen, daß unser Handeln auf der gedanklichen, der sprachlichen oder der körperlichen Ebene das Ergebnis vielfältiger geistig-seelischer Antriebe ist. Die Absicht ist die Tat! Ob sie uns bewußt sind oder nicht, braucht jetzt keine Rolle zu spielen. Tatsächlich sind es unsere psychischen Kräfte, die uns agieren lassen. Das vielgestaltige Motivationsbündel, das uns eigentlich ausmacht, der Komplex unseres Wollens, unser "Herz" entscheidet über unser "Schicksal". Und damit gibt es auch den Ausschlag für das Wann und Wie unseres Ablebens.

> *„Ist das Herz unbewacht, so sind auch die Taten in Werken, Worten und Gedanken unbewacht. Wer aber darin unbewacht ist, dessen Taten in Werken, Worten und Gedanken stehen offen dem Schlechten. Stehen sie aber dem Schlechten offen, so werden seine Taten in Werken, Worten und Gedanken verderbt sein; und mit verderbten Taten in Werken, Worten und Gedanken hat er keinen angenehmen Tod, keine glückliche Sterbestunde."*
> (A 3,110, Nyanatiloka/Nyanaponika; A 3,111)

Wer zeitlebens hinsichtlich seines Tuns Achtsamkeit und Klarheit entwickelt, wer sich nicht unkontrolliert allen möglichen negativen Impulsen überläßt, sondern vielmehr an sich arbeitet und zu innerer Sammlung kommt, der hat die beste Vorbereitung auf seine Sterbestunde. Einem ungetrübten Tod sehen nach der Aussage des Buddha deshalb der Geduldige (A 5,215/216) und der Freundliche (A 5,217) entgegen. Geduld und Freundlichkeit sind Aspekte von Güte oder Liebe, einer der wichtigsten und heilsamsten Haltungen im Leben. *Metta*, die Gesinnung der Ich-Du-Gleichheit, hat nicht nur unmittelbar wohltuende Folgen, weil sie froh und still macht. Ist sie Teil der Persönlichkeit geworden, prägt sie das Leben und gleichermaßen das Sterben. Sie macht die Begegnung der Menschen harmonischer und konfliktfreier, weil sie auf Ausgleich bedacht ist, die Interessen, Wünsche und Nöte des anderen sieht und einbezieht. Sie besänftigt und befriedet die Anbrandungen der weltlichen Ereignisse. Der mit ihr wachsende Einklang mit der Umwelt erleichtert die eigene Ausgeglichenheit und macht unerschütterlicher gegenüber allen Herausforderungen und Gefährdungen. *Metta* unterscheidet nicht nach Freund und Feind, lieb und unlieb, und sie führt zu Ruhe und Gleichmut - selbst im Sterben.

> *„Hat man die Güte, die gemüterlösende gepflegt, entfaltet, häufig geübt, sie zur Triebfeder und Grundlage gemacht, sie gefestigt, großgezogen und zur rechten Vollendung gebracht, so hat man elf Vorteile zu erwarten. Welche elf?*
> *Man schläft friedlich; man erwacht friedlich; hat keine bösen Träume; ist den Menschen lieb; ist den übermenschlichen Wesen lieb; die Gottheiten schützen einen; Feuer, Gift und Waffen können einem nicht schaden; schnell sammelt sich der Geist; man hat einen unverstörten Tod; und sollte man nicht zu noch Höherem vordringen, so wird man in einer Brahmawelt wiedergeboren."*
> (A 11,16, nach Nyanatiloka/Nyanaponika)

Es wundert uns nicht, wenn ein äußerlich schreckliches Ende von ebenso entsetzlichen Gefühlen begleitet ist. Wir erwarten von einem Soldaten, der in der Schlacht fällt, keinen friedvollen Tod. Genausowenig ist normalerweise das Sterben auf der Krebsstation eines Krankenhauses oder eine Hinrichtung eine würdevolle und freudige Angelegenheit. Und wenn andererseits der vorhin erwähnte Kaiser Sudassana beherrscht, ja mit Behagen stirbt, führen wir auch das fast selbstverständlich auf die - in diesem Fall günstigen - äußeren Bedingungen zurück. Dennoch wäre die Folgerung falsch, daß zwischen den beiden Faktoren, den äußeren Umständen des Sterbens und der jeweiligen Qualität des Erlebens, ein zwingender Zusammenhang besteht. Die Überlegungen des letzten Abschnittes haben das bereits angedeutet, und so kann tatsächlich selbst derjenige, der auf eine gräßliche Weise umkommt, dennoch seelisch und geistig völlig unberührt bleiben.

Ein gutes Beispiel ist Mahamoggallano, einer der Hauptjünger des Buddha. Wie sein Freund Sariputto verstarb Moggallano vor dem Erwachten. Zu diesem Zeitpunkt hatte er ein Alter von vierundachtzig Jahren, er war an das Ende des spirituellen Weges angekommen und hatte die völlige Befreiung erlangt. Doch war sein Tod keineswegs so, wie man ihn bei einem Heiligen erwartet hätte. Er wurde nämlich ermordet.

Im Orden der Jinas, einer anderen zeitgenössischen Religionsgemeinschaft, hat sich Mahamoggallano die Feindschaft einiger kleinherziger Neider und Mißgünstlinge zugezogen. Eine Gruppe von ihnen beschließt gar, den in Ungnade gefallenen Mönch aus dem Wege zu schaffen. Eine gedungene Mörderbande soll den Anschlag verüben und sich alsbald ans Werk machen. Die ersten heimtückischen Anschläge mißlingen allerdings, weil Moggallano sich angeblich mit Hilfe magischer Kräfte den Angriffen entziehen kann. Beim siebten Mal versagt diese Möglichkeit, die Banditen ergreifen und erschlagen ihn. Mit letzter Kraft schleppt er sich blutüberströmt zum

Erwachten und stirbt in dessen Gegenwart. (J 522 E; Hellmuth Hecker: Mahamoggallano, in: WW, Nr. 9-10/1976, S. 288)

Für den Außenstehenden ist das ein Ende mit Schrecken, nicht aber für den betroffenen Moggallano. Gewiß, sein Körper wurde geschunden, die Glieder zerschlagen, sein Leben im konventionellen Sinn zerstört. Der Überlieferung gemäß war dafür ein Elternmord in längst vergangenen Zeiten die Ursache. Eine ruchlose Tat also, die jetzt zur karmischen Reife gelangte und die es noch abzutragen galt. Aber der große Jünger des Buddha wurde davon in keiner Weise mehr getroffen. Als Heiliger war er längst über jegliche Anhänglichkeit an den Körper hinausgewachsen. Er lebte noch mit ihm, aber er identifizierte sich nicht mehr mit ihm. Er betrachtete ihn nicht als sich selbst oder als einen Teil seiner selbst. Er lebte nicht mehr in der Illusion des Materiellen und hatte alle gefühlsmäßigen Bindungen dahin zerschnitten. Der Mord war für ihn nur Szene eines sich bald gänzlich auflösenden Traumes. Wie konnten Trauer oder gar Entsetzen entstehen, da Leiblichkeit völlig als Wahngebilde durchschaut war und mit dem Tod nur eine letzte noch verbliebene Last abgelegt wurde? Der Gleichmut des inzwischen Heilgewordenen und von Gier, Haß und Verblendung restlos Befreiten war makellos, und sein Sterben hatte deshalb nichts Belastendes. Weil er das Todlose bereits gefunden hatte, konnte der "Tod" ihm nichts mehr anhaben.

Die gänzliche Leidfreiheit ist ein wesentliches Merkmal für das Sterben desjenigen, der Nirvana erfahren hat. Ein weiteres: Für ihn gibt es kein künftiges Sterben mehr. Anders als der gewöhnliche Sterbliche ergreift er keinen neuen Lebenskeim, es kommt nicht zu einer weiteren Geburt. Der Werdeprozeß ist ein für alle Mal beendet. Der Heilige ist dem Daseinsprozeß enthoben. Er hat den Tod endgültig überwunden, denn er hat das Verlangen nach Sein aufgegeben. Der letzte Körper wird abgelegt, kein weiterer kann entstehen, weil die Ursachen hierfür getilgt sind.

Noch viel ungewöhnlicher und für uns geradezu phantastisch mutet der Tod eines weiteren prominenten Mitgliedes des buddhistischen Ordens an. In mancherlei Hinblick ist Dabbo, der hier gemeint ist, eine ganz außergewöhnliche Erscheinung: und das schon in ganz jungen Jahren. Er begegnet als Kind dem Buddha in seiner Heimatstadt Kusinara, in welcher dieser auf seiner Wanderschaft eines Tages Station gemacht hat. In Begleitung seiner Großmutter hört der Junge eine öffentliche Belehrung, die ihn fortan nicht mehr losläßt. Gerne gibt die Großmutter bei einer späteren Gelegenheit der Bitte des Jungen nach, noch einmal den Erwachten aufsuchen zu dürfen. Womit sie allerdings nicht rechnet, ist die feste Entschlossenheit des Kindes, für immer zu bleiben und ordiniert zu werden. Dies geschieht alsbald, und seine herausragende Persönlichkeit zeigt sich schon unmittelbar danach. Dabbo wird nämlich morgens als Novize in den Orden aufgenommen und mit den Lehren vertraut gemacht, um bereits am Abend des selben Tages die Heiligkeit zu erlangen. Dabbo ist zu diesem Zeitpunkt ganze sieben Jahre alt.

Genauso erstaunlich wie seine Kindheit und die folgenden Jahre ist sein irdisches Ende. Im Alter von etwa 50 Jahren begibt sich Dabbo zum Buddha und verkündet ihm seinen bevorstehenden Tod. Noch heute will er seinen Körper für immer ablegen, sagt er seinem Lehrer, und in die endgültige Erlöschung eingehen. Vor den Augen des Buddha erhebt er sich dann in die Luft und schwebend verbrennt er seinen Leib, das feste und das flüssige Element in das Feuerelement überführend. Er löst die gröberen Daseinsaggregate in die subtileren und flüchtigeren auf. (Hellmuth Hecker: Dabbo, in: WW, Nr. 7-8/1981, S. 240 bis 255; Ud. 8, 9)

Die Überlegenheit des Heiligen geht also noch weiter. Für Dabbo lag der Zeitpunkt des Todes nicht im Ungewissen. Das Sterben überfiel ihn nicht, ja er wählte den Zeitpunkt und er wählte die Art und Weise. Während seines Lebens war eine seiner großen

Stärken der selbstlose und bescheidene Dienst für den Orden. Bis zum Schluß wollte er für andere da sein, selbst aber keine Ansprüche stellen. Er wollte nach seinem Tod keinem zur Last fallen. Man sollte sich nicht um seinen Leichnam kümmern und ihn bestatten müssen. Wie es über Anando gleichfalls berichtet wird, ließ er seinen Körper nicht zurück. Das vermag der, der dem Schein der Materie nicht länger verfallen ist und ihren Gesetzen nicht länger unterliegt. Dabbo tat nichts anderes, als ein selbst zusammengesponnenes Wahngebilde wieder zu entwirren und schließlich ganz zu entlassen.

Neben dem emotionalen Befinden des Sterbenden ist seine geistige Verfassung ausschlaggebend. Es ist ein bedeutsamer Unterschied, ob der Übergang in geistiger Klarheit und Wachheit erfolgt oder in Verwirrung oder gar Ohnmacht. Es ist nicht einerlei, ob dieser Schritt bestimmt und achtsam vollzogen wird oder in einem dumpfen Taumel.

Im ersten Fall kann der Sterbevorgang eine bewußte und im positiven Sinn folgenreiche Weichenstellung sein. Ist der Anblick der existentiellen Wahrheiten im Todesmoment stark und prägnant, mindert oder tilgt sie noch vorhandene Anhaftungen an das zu Ende gehende Leben. Die Phase der Lösung von allem bisher Gewohnten und Geliebten und der Transzendierung in ein neues Dasein wird zu einer Phase der Befreiung. Angstvolles Klammern an den eigenen Körper, an Menschen und Dinge läßt nach. In dem Maße, wie die drei Daseinsmerkmale Vergänglichkeit, Unzulänglichkeit und Substanzlosigkeit dem Sterbenden vor Augen stehen, kann er seine bisherigen weltlichen Wünsche und Anliegen leichter loslassen.

Im zweiten Fall folgt der Sterbende weiterhin dem Daseinsdurst. Der nächste Daseinskeim, der dem undurchschauten Verlangen des Wesens nach Leben und Erleben entspricht, wird ergriffen und zum neuen Instrument der Befriedigung der Triebe gemacht. Eine weitere Episode der Existenz beginnt, ohne daß die Chance der Höherentwicklung oder vielleicht sogar des

Ausstieges aus dem *samsara* genutzt wurde. Blind und unkontrolliert setzt sich der Daseinsprozeß über den Tod hinaus fort.

Der Heilige dagegen legt seinen letzten Körper mit völliger Achtsamkeit ab. Er ist sich uneingeschränkt darüber im klaren, daß keine der Welterscheinungen irgend etwas mit "Ich" oder "Mein" zu tun hat. Er hat vor seinem Tode jede Identifikation mit den fünf Daseinsfaktoren (*khandha*) aufgegeben und die innere Dynamik des Begehrens und Ergreifens zur Ruhe gebracht. Im Sterben enden nun auch alle körperlichen Prozesse für immer.

Der schon erwähnte Channo ist ein solcher Mönch. In seinen letzten Worten gegenüber seinen Mitbrüdern kommt das deutlich zum Ausdruck. Sariputto und Mahacundo nämlich sprechen am Sterbebett mit ihm und wollen wissen, wie es um ihren Weggefährten steht. Daß sein Körper sehr krank und geschwächt ist, ist offensichtlich. Aber wie geht Channo mit dieser Situation um? In welchem geistigen Zustand befindet er sich? Die Antwort deutet sich schon in der Fragestellung an, denn sie ist anders als gegenüber einem gewöhnlichen Menschen. Da ist von einer konkreten Person schon gar nicht mehr die Rede, sondern lediglich von 18 völlig unpersönlichen Elementen, deren Zusammenwirken aus der Perspektive eine Buddha das Leben ausmachen. Zu ihnen gehören die sechs Sinnesfähigkeiten wie Sehen, Hören, Riechen, Schmecken, Tasten und Denken; außerdem deren sechs objekthafte, äußere Entsprechungen, also Formen und Farben, Töne, Düfte, Geschmäcke, alles Tastbare sowie unsere Vorstellungen, Ideen und Gedanken. Schließlich gibt es nichts weiter als eine ebenfalls sechsfache Dynamik des Bewußtwerdens, die alle äußeren und alle inneren Faktoren zusammenbringt und "Ich" und "Welt" entstehen läßt.

> *„Lieber Channa! Betrachtest du das Auge, das Sehbewußtsein und die sichtbaren Dinge, das Ohr, das Hörbewußtsein und die*

Töne, die Nase, das Riechbewußtsein und die Düfte, die Zunge, das Schmeckbewußtsein und die Säfte, den Leib, das Tastbewußtsein und die tastbaren Dinge, das Denkorgan, das Denkbewußtsein und die Denkvorstellungen so: 'Dies ist mein, ich bin dies, dies ist mein Ich?'"

„Nein, lieber Sariputta! Ich betrachte das alles so: 'Dies ist nicht mein, ich bin dies nicht, dies ist nicht mein Ich.'"

„Lieber Channa, was hast du gesehen und verstanden, daß du alles jenes so betrachtest: 'Dies ist nicht mein, ich bin dies nicht, dies ist nicht mein Ich?'"

„Lieber Sariputta, ich habe gesehen und verstanden, daß alles, was ich sehe, höre, rieche, schmecke, taste und denke, vergänglich ist. Darum betrachte ich es so: 'Dies ist nicht mein, ich bin dies nicht, dies ist nicht mein Ich.'"

Darauf sagte Mahacunda zum ehrwürdigen Channa: „Lieber Channa, bedenke auch immer diesen Lehrsatz des Erhabenen: 'Wer an etwas hängt, hat Unruhe; wer an nichts hängt, hat keine Unruhe; wo keine Unruhe ist, da ist Ruhe; wo Ruhe ist, da ist keine Neigung; wo keine Neigung ist, da ist kein Kommen und Gehen; wo kein Kommen und Gehen ist, da ist kein Vergehen und Neuentstehen; wo kein Vergehen und Neuentstehen ist, da ist weder diese noch jene Welt, noch was zwischen beiden liegt. Dies ist des Leidens Ende.'"

(M 144, nach Schmidt)

Als Befreiter stirbt Channo, der, wie wir bereits wissen, wegen einer unheilbaren Krankheit Hand an sich legt. Daß hier kein normaler Mensch spricht, ist offensichtlich, und daß Sterben in diesem Fall nichts mit einem gewöhnlichen Lebensende zu tun hat, ebenfalls.

Die vorangegangenen Abschnitte machen verständlich, warum bis auf den heutigen Tag in buddhistischen Ländern am Sterbebett religiöse Texte rezitiert werden. Sie sollen den Geist des Sterbenden bis zum letzten Atemzug positiv beeinflussen und in eine heilsame Richtung lenken. Die Tradition des tibetischen Buddhismus geht noch viel weiter. Eine auch im Westen als "Tibetisches Totenbuch" bekannt gewordene Schrift enthält Anleitungen für den Sterbenden weit über sein Ableben hinaus. Neunundvierzig Tage wird der Gestorbene traditionell mit Ratschlägen, Aufmunterungen und Deutungen seines nachtodlichen Erlebens begleitet. Das soll ihm Ängste und Verwirrung hinsichtlich seines jetzigen Zustandes nehmen und die bestmögliche Unterstützung für seinen künftigen Weg geben.

Viele der bislang genannten Aspekte treffen natürlich auch auf den Tod des Buddha selbst zu, aber einige Besonderheiten seien noch ergänzt.

Bei mancher Gelegenheit kündigt der Erwachte den Zeitpunkt seines Hinscheidens an. Gegenüber Anando und seinen anderen Mönchen gibt er wiederholt zu erkennen, daß er bald ins *parinibbana* (Sanskrit: *parinirvana*) eingehen wird. Das heißt, er wird sein irdisches Leben beenden und in das endgültige Erlöschen eingehen. Von da an wird er für immer unerkennbar und unerreichbar sein.

Der Erwachte ist zu diesem Zeitpunkt 80 Jahre alt, sein Körper verschlissen und verbraucht. Schon vor einigen Monaten hat er den "Lebensgedanken" entlassen, der seinem Organismus die nötige Kraft zum weiteren Funktionieren gab. Sein Werk ist vollendet, die eigene Befreiung erreicht, seine Wirklichkeitslehre im Orden und bei den Laienanhängern fest verankert und damit jedem Suchenden und Verständigen ein gangbarer Weg zur Todlosigkeit gewiesen. Nur weniges gilt es noch zu regeln, um die Menschen in seinem Umfeld auf sein Sterben vorzubereiten und mögliche Unsicherheiten für die Zeit danach zu vermeiden.

Seine letzten Anweisungen beziehen sich vor allem auf das künftige Verhalten der Gemeinde der Mönche und Nonnen, die nun ohne den vertrauten Meister auskommen muß und nun auf sich und die Lehre angewiesen ist. Er gibt Hinweise, wie sein Tod der Bevölkerung bekanntzugeben und wie später mit seinem Leichnam umzugehen ist. Schließlich erfolgt noch eine letzte Belehrung und Mahnung, dann das große Erlöschen.

> *„Wohlan denn, laßt euch gesagt sein: schwinden muß jede Erscheinung, unermüdlich mögt ihr da kämpfen."*
> *Das war des Vollendeten letztes Wort.*
> *Da ist denn der Erhabene in die erste Schauung (jhana) eingegangen, aus der ersten Schauung emporgekommen in die zweite Schauung eingegangen, aus der zweiten Schauung emporgekommen in die dritte Schauung eingegangen, aus der dritten Schauung emporgekommen in die vierte Schauung eingegangen, aus der vierten Schauung emporgekommen in das Reich des unbegrenzten Raumes eingegangen, aus dem Bereiche des unbegrenzten Raumes emporgekommen in das Reich des unbegrenzten Bewußtseins eingegangen, aus dem Bereiche des unbegrenzten Bewußtseins emporgekommen in das Reich des Nichtdaseins eingegangen, aus dem Bereiche des Nichtdaseins emporgekommen in das Reich der Grenze*

möglicher Wahrnehmung eingegangen, aus dem Bereich der Grenzscheide möglicher Wahrnehmung emporgekommen in die Auflösung der Wahrnehmbarkeit eingegangen.
Alsbald aber hat der ehrwürdige Anando zum ehrwürdigen Anuruddho gesagt: "Zur Erlöschung gekommen, o Herr, ist der Erhabene!"
„Nicht, Bruder Anando, ist der Erhabene zur Erlöschung gekommen, (er) ist in die Auflösung der Wahrnehmbarkeit eingegangen."
Da ist denn der Erhabene aus dem Bereiche der aufgelösten Wahrnehmbarkeit emporgekommen in das Reich der Grenze möglicher Wahrnehmung eingegangen, aus dem Bereiche der Grenzscheide möglicher Wahrnehmung emporgekommen in das Reich des Nichtdaseins eingegangen, aus dem Bereich des Nichtdaseins emporgekommen in das Reich des unbegrenzten Bewußtseins eingegangen, aus dem Bereiche des unbegrenzten Bewußtseins emporgekommen in das Reich des unbegrenzten Raumes eingegangen, aus dem Bereiche des unbegrenzten Raumes emporgekommen in die vierte Schauung eingegangen, aus der vierten Schauung emporgekommen in die dritte Schauung eingegangen, aus der dritten Schauung emporgekommen in die zweite Schauung eingegangen, aus der zweiten Schauung emporgekommen in die erste Schauung eingegangen, aus der ersten Schauung emporgekommen in die zweite Schauung eingegangen, aus der zweiten

Schauung emporgekommen in die dritte Schauung eingegangen, aus der dritten Schauung emporgekommen in die vierte Schauung eingegangen, aus der vierten Schauung emporgekommen ist der Erhabene ganz unmittelbar erloschen.
Als der Erhabene erloschen war, zugleich mit der Erlöschung, war ein gewaltiges Zittern über die Erde gegangen, ein Erschauern und ein Erschaudern, und der Wolken rollende Donner dröhnten dahin.
(D 16, nach Neumann)

Selbst der Körper dessen, der das völlige Erwachen und die höchste Befreiung errungen hat, muß vergehen. In diesem Geschehen erweist der Buddha an sich selbst und ein letztes Mal die Ausnahmslosigkeit der Vergänglichkeit und die Unzulänglichkeit jeglicher Form. Was entsteht, muß vergehen. Was zusammengesetzt ist, zerfällt. Alles Gewordene hat seine Zeit und schwindet wieder.

Der Buddha, gestaltgewordene Weisheit, repräsentiert jedoch gleichzeitig eine souveräne Weltüberlegenheit und Freiheit von allem Gestalteten. Nach seinen letzten Worten hat die Verbindung zur menschlichen Welt, ja jeglicher Bezug zu Weltlichem überhaupt aufgehört. Noch einmal durchläuft der Erwachte aufsteigend und absteigend die einzelnen Stufen der meditativen Versenkung, die formhaften und die formfreien Vertiefungen (*jhana*). Er durchläuft noch einmal alle Bewußtseinsmöglichkeiten, um nun in das Nirvana, in die Unnennbarkeit einzugehen. Dieses Sterben ist der letzte, unübertreffbare und ungefährdete Sieg über Unvollkommenheit und Leiden, der den gesamten Kosmos erdröhnen läßt. Er ist auch das Ende des Sterbens selbst.

TRAUER

"Wie muss ich da kämpfen"

In den uns erinnerlichen Lebensjahren haben wir den eigenen Tod nicht erlebt, es sei denn in der Phantasie oder in der gedanklichen Vorwegnahme. Aber den Tod anderer mußten wir vielleicht ertragen oder verarbeiten lernen. Besonders wenn es sich um nahestehende oder geliebte Personen handelt, ist das Sterben ein erzwungener Abschied, gegen den jedes sich Sträuben aussichtslos ist.

Tatsächlich aber haben wir den Verlust von vertrauten Menschen unnennbar viele Male hinnehmen müssen. Nur wer sich die Realität des *samsara*, des fortgesetzten und anfanglosen Daseinswandels, vor Augen führt, mag das wirklich ermessen. Meist verschleiert Vergessen das ganze Ausmaß des schon Erlittenen. Wir erinnern uns nicht an unsere eigene lange Vergangenheit. Wir wissen nicht, wie oft wir schon von unseren Nächsten und Liebsten Abschied nehmen mußten und welcher Schmerz damit verbunden war. Wieder können diese Tatsachen in ihrem ganzen Ausmaß nur gleichnishaft angedeutet werden. So viele Tränen sind schon geflossen, daß sie ganze Meere füllen würden, sagt der Buddha:

> *„Lange Zeiten hindurch habt ihr den Tod von Mutter und Vater, Sohn und Tochter erfahren, den Verlust von Verwandten ... erfahren. Und dabei habt ihr mehr Tränen vergossen, als sich Wasser in den vier Weltmeeren befindet."*
> (S 15,1, nach Nyanatiloka)

Die natürliche Reaktion auf den Tod Nahestehender ist Trauer. Das eigene Leben ist von nun an verändert. Je enger die

Beziehung war, um so größer ist der Verlust, je stärker die Zuneigung, um so tiefer die Not. Wo gar Abhängigkeit ist, entsteht Verzweiflung.

> *Als der Erhabene einst bei Savatthi weilte, war einem Hausherrn sein geliebtes einziges Söhnchen gestorben. Seitdem dachte er nicht mehr an Arbeit und Essen, sondern ging immer wieder auf den Friedhof und rief: 'Wo ist mein einziges Söhnchen?' Dann ging er zum Erhabenen, begrüßte ihn und setzte sich zu ihm.*
> *Da sagte der Erhabene zu ihm: „Du bist nicht Herr deiner Sinne, du bist verstört."*
> *„Wie sollte ich nicht verstört sein! Mein geliebtes einziges Söhnchen ist gestorben. Seitdem denke ich nicht mehr an Arbeit und Essen, gehe immer wieder auf den Friedhof und frage, wo mein einziges Söhnchen ist."*
> *„So ist das, Hausherr! Denn daraus, daß man etwas liebhat, entspringt Kummer, Jammer, Schmerz, Gram und Verzweiflung; das ist die Folge des Liebhabens."*
> (M 87, nach Schmidt)

Dem trauernden Vater ist sein Schmerz so unmittelbar und selbstverständlich, daß er gar nicht tiefer darüber nachdenken kann, woher seine Gefühle kommen. Er hat sein vergöttertes Kind verloren und spürt jetzt eine klaffende Lücke. Doch gibt es Verlust nur dort, wo vorher eine enge emotionale Bindung war, wo vorher Zuneigung, Anhänglichkeit, Erwartung, Bedürftigkeit oder gar Abhängigkeit waren, wo in der früheren Begegnung Freude und Glück, Geborgenheit und Wohl, Zuwendung und Sicherheit gefunden wurden. In seiner schlichten Antwort dem Vater gegenüber erinnert der Erwachte daran, daß alles, was einem wert und teuer ist, notwendig auch die Wurzel des Grams in sich trägt. Weil alles Gewordene vergeht, sind leidvolle Erfahrungen die Kehrseite und die unumgängliche Folge der freudvollen Erlebnisse. Wer sich für die anhängliche Liebe entscheidet, entscheidet sich gewollt oder ungewollt für Abschied und Trauer. Das liegt in der Natur der Sache und ist unabwendbar.

Dieser Vater ist nicht in der Lage, die Belehrung des Buddha aufzunehmen, wie der Fortgang der Unterredung erweist. Zu sehr ist er in die Ansicht des naiven Weltmenschen versponnen, dem wir alle mehr oder weniger gleichen. Trotz seines Kummers begreift er nicht, daß bei seiner Art der Liebe und der Anhänglichkeit am Ende das Leiden überwiegt. Er beharrt darauf, daß alles, was einem teuer ist, Freude und Befriedigung gibt. Schließlich geht er davon, ungehalten und verstimmt über die eben gehörten Äußerung des Erwachten. Der trauernde Vater kann nicht fassen, was ihm da gesagt wird. Es geht völlig über seinen Verständnisvermögen hinaus, zumal er ansonsten in seiner eigenen Position von allen Seiten nur bestärkt wird. Die Menschen in seiner Umgebung, mit denen er sich in seiner unglücklichen Situation bespricht, geben ihm nämlich recht. Sie betonen ausnahmslos das Glückversprechende der Dinge, zu denen man Zuneigung hat. Sie haben den gleichen einseitigen Blick und sehen nur die eine Seite der Realität.

Das Hängen an der Welt und an den weltlichen Erscheinungen begleitet die Wesen bis zur Beendigung ihres Kampfes um Befreiung mehr oder weniger ausgeprägt. Trauer bei Verlust ist daher nicht nur eine Reaktion von unwissenden Menschen oder von solchen, die erst am Anfang ihrer spirituellen Entwicklung stehen. Selbst herausragende Mitglieder im Orden des Buddha waren vor derartigen Emotionen nicht gefeit. Viele von ihnen waren bestürzt und erschüttert, als der Tod des Erwachten nahte. Hier zeigt sich, wie tief verwurzelt Bindungen sein können und wie lange es dauert, um ganz frei zu werden.

Ein Beispiel aus dem nahen Umfeld des Buddha soll das erläutern. Wie schon erwähnt, hat der Buddha über viele Monate hinweg bei manchen sich bietenden Gelegenheiten mit seinem Weggefährten Anando über sein bevorstehendes Erlöschen und die verschiedenen Einzelheiten der Bestattung gesprochen. Aber all das schien noch in weiter Ferne zu liegen und hatte deshalb wenig Bedrohliches. Als jetzt der Zeitpunkt unmittelbar bevorsteht, stürzt für Anando eine Welt zusammen. Mit den kommenden Ereignissen unmittelbar konfrontiert, verliert er völlig seine Fassung.

> *Da hat nun der ehrwürdige Anando das Schutzhaus betreten, den Türkopf umklammert und ist weinend gestanden: "Wie muß ich kämpfen, ach, muß da noch ringen: und es geht mir der Meister nun zur Erlöschung hin, der sich meiner erbarmte."*
> (D 16, nach Neumann)

Die Szene macht offenbar, wie Anando, der über Jahrzehnte hinweg den Erwachten tagtäglich um sich hatte und durch ihn viele Belehrungen über die Daseinswirklichkeit erhielt, innerlich doch noch an Vergänglichem hing und sich noch nicht völlig gelöst hatte. Das bringt ihn nun in Verwirrung und innerliche Aufruhr. Um die Vergänglichkeit zu wissen, ist das eine, sie hautnah zu erleben, das andere. Die Aussicht auf die endgültige Trennung von seinem Lehrer bringt Anando aus dem Gleichgewicht. So ging es vielen im Orden, die sich intellektuell wohl der Hinfälligkeit des Lebens bewußt waren, aber noch nicht alle emotionalen Verflechtungen überwunden hatten. Sie mußte der Tod des Erwachten trotz ihres Wissens treffen, während die völlig Geheilten immer gegenwärtig hatten: "Gewordenes altert und stirbt." Wie sollte da die Person des Buddha eine Ausnahme sein? War nicht sein Körper auch entstanden und damit unausweichlich dem Vergehen unterworfen?

Die geschilderten Verhaltensweisen treffen nicht allein auf die Menschen zu, wie die Überlieferung zu berichten weiß. In eben jener Lehrrede über das Verlöschen des Buddha kommt unter anderen der ebenfalls anwesende und hellsichtige Mönch Anuruddho zu Wort. Er sagt, daß auch niedere und höhere Gottheiten in der Todesstunde des Erwachten von tiefer Trauer bewegt waren. Sie empfanden wie die Frauen und Männer auf der Erde Schmerz und Niedergeschlagenheit. Andere hingegen verblieben in Gleichmut und fanden nur ihre Einsicht in die Unvermeidlichkeit des Schwindens jeglicher weltlichen Erscheinungen erneut bestätigt.

Wie sehr die Reaktion auf den Tod eines anderen vom eigenen inneren Status abhängt und wie unterschiedlich sie jeweils ausfallen kann, sollen zwei weitere Begebenheiten veranschaulichen, die im Zusammenhang mit dem *parinibbana* des Buddha überliefert sind.

Da ist von dem greisen Pilger Subaddho die Rede, der sich in der Versammlung der Trauernden befunden hat und der sich geradezu erleichtert über den Tod des Erwachten zeigt. Hört auf zu klagen, ruft er aus, als er die Nachricht hört. Seid nicht traurig, endlich sind wir von diesem Asketen erlöst, der uns immer irgendwelche Vorschriften gemacht und uns ständig bevormundet hat. Endlich sind wir Herr über uns selbst und können tun und lassen, was uns beliebt. (D 16) Keine Spur also von Betroffenheit oder Kummer ist bei Subaddho zu finden. Eher Erleichterung, weil das Zusammenleben mit dem Verstorbenen als Bürde und Einengung empfunden wurde.

Aber nicht nur das. Vielleicht kommt sogar ausgesprochene Freude über den Tod eines Menschen auf. Das kann der Fall sein, wenn dieser ein Widersacher oder gar ein Feind des Überlebenden war. Dieses Gefühl der Genugtuung entspricht den gehegten Vorbehalten, Abneigungen und Haßgefühlen. Hier wird kein Verlust verspürt, sondern vielmehr die Erfüllung eines offenen oder verborgenen Wunsches: Recht geschieht ihm! Das gönne ich ihm!

Äußerlich geschieht immer das gleiche - ein Mensch stirbt. Doch was dieser Vorgang auf der emotionalen Ebene bei den Weiterlebenden auslöst, unterscheidet sich oft grundlegend. Trauer auf der einen und Befriedigung auf der anderen Seite haben wir kennengelernt. Wie anders dagegen der unübertreffbare Gleichmut Sariputtos, des größten Schülers des Buddha. Er erlebt den Tod seines Meisters selbst nicht mehr, weil er schon einige Jahre vor ihm stirbt. Aber wir kennen sein überragendes geistiges Format und wissen, was ihm die Sterblichkeit der Wesen und die Zeitlichkeit der Dinge bedeuten. Auf eine in diese Richtung zielende Frage nämlich sagt er von sich, daß es nichts in der Welt gibt, durch dessen Veränderung und Wandel er in Schmerz und Verzweiflung getrieben werden kann. Bei der Nachfrage, ob das auch bezüglich seines verehrten Lehrers gilt, antwortet er mit einem klaren und bestimmten "Ja". Weil Sariputto die ausnahmslose Vergänglichkeit aller Daseinserscheinungen völlig durchschaut und jede Neigung zu einem "Ich" oder "Mein" restlos aufgegeben hat, können keine dunklen und bedrückenden Gemütsbewegungen mehr aufkommen. (S 21,2)

Solange "Mein" ist - meine Mutter, mein Vater, meine Frau, mein Mann, Tochter, Sohn, Geliebter, Freund - so lange sind auch Kummer und Schmerz "mein". Der Tod jedoch kann der Lehrer des Loslassens sein, weil er das Trügerische an der Vorstellung des Besitzens bloßlegt. Was mir gehört, gehört mir allenfalls auf Zeit.

„Verloren wird's auch durch den Tod,
Wovon der Mensch glaubt: 'Es ist mein!'
Wenn weise dies mein Jünger hat erkannt,
Neigt er dem Mein-Gedanken nicht mehr zu.

Wie, was erschienen war im Traum,
Ein Mensch, der aufwacht, nicht mehr sieht,
So sieht man nicht mehr den geliebten Menschen,
Der hingeschieden ist, vom Tod ereilt.

Die Menschen, die man sah und hörte,
Die man mit diesem, jenem Namen nannte,
Nur dieser Name wird von ihnen bleiben,
Als Künder vom dahingeschwundenen Menschen."
(Sn 806-808, nach Nyanaponika)

Wer aber hat diese Lektion so gut gelernt, daß er ihre Hilfe im entscheidenden Moment zur Verfügung hat? Wem ist dieses Wissen so in Fleisch und Blut übergegangen, daß es unser Herz ganz durchdrungen hat und auch unsere Gefühle bestimmt? Immer wieder fallen wir auf die so wohltuende Illusion herein, die geschätzten Dinge und die geliebten Menschen auf Dauer behalten zu können, so daß wir bei der konkreten Herausforderung durch den Tod doch nicht ausreichend vorbereitet sind. Nicht selten ist dann der Schmerz so stark, ja geradezu unerträglich, daß man den Verlust unter keinen Umständen wahrhaben will und schlechthin aus seinem Bewußtsein verdrängt.

In der buddhistischen Tradition kennt man die berührende Geschichte von Kisagotami, in der das besonders gut zum Ausdruck kommt. Die erst spät Mutter gewordene Kisagotami hat bald ihr über alles geliebtes Kind und mit ihm den Mittelpunkt ihres Lebens verloren. Sie verfällt der Wahnvorstellung, es sei gar nicht gestorben, sondern nur krank. Natürlich will sie dem Jungen helfen und alles zu seiner Heilung unternehmen. Auf ihrer Suche nach einer geeigneten Medizin läuft sie mit verwirrtem Geist durch die ganze Stadt. Niemand kann etwas für sie tun, und überall findet sie nur mitleidige Gesichter und Kopfschütteln. Schließlich gelangt sie auch zu dem Buddha, der ihr endlich Hilfe verspricht. Es ist ein einfaches Rezept, das die

Rettung bringen kann. Sie braucht ihm lediglich eine Handvoll Sesamkörner zu bringen, die als Heilmittel dienen sollen. Die Körner müssen jedoch eine besondere Eigenschaft besitzen. Sie dürfen nicht aus einem Haus stammen, in dem jemals ein Vater oder eine Mutter, ein Sohn oder Tochter, Knecht oder Magd gestorben sind. Gerne willigt Kisagotami ein, wenn das ihr Kind wieder gesund machen kann. Wie zu erwarten, bleibt sie trotz ihres großen Eifers erfolglos, weil es keine einzige Familie gibt, die vom Tod verschont geblieben ist. Bei ihrem verzweifelten Gang durch die Straßen kommt ihr jedoch auf eine direkte und anschauliche Weise zu Bewußtsein, was bei ihr durch belehrende Worte allein nicht möglich gewesen wäre: Sie erkennt die Realität und die Universalität des Todes. Ihm kann man nicht entfliehen, man muß sich ihm stellen. Der dramatische Verlust der Kisagotami droht ihr Leben zu zerstören. Durch die Begegnung mit dem Erwachten wird er ihr aber zum Ausgangspunkt einer inneren Entwicklung, die sie auf einen spirituellen Weg und am Ende sogar zur Heiligkeit führt. (Hellmuth Hecker: Kisagotami, in: WW, Nr. 3/1972, S. 91-96)

Ganz ähnlich ergeht es auch einer anderen Frau. Patacara ist die Tochter eines wohlhabenden Bürgers aus Savatthi, die innerhalb ganz kurzer Zeit ihren Mann, beide Kinder, ihre Eltern und den Bruder verliert. In dieser Situation ist sie dem Wahnsinn nahe. Doch der Buddha lehrt sie, dieses schon fast unmenschliche Unglück in einen anderen und größeren Zusammenhang zu stellen. Im Moment ist das auf sie einstürzende Leid fast unerträglich, doch im Verhältnis zu dem Schmerz all ihrer vergangenen Leben, fällt es kaum ins Gewicht. Die schweren Jahre jetzt sind nur eine unbedeutende Episode, gemessen an den unnennbaren Verlusten, die sie selbst im Laufe ihres Daseins bereits hat ertragen müssen. Und die aktuellen Geschehnisse werden sich für sie in der einen oder anderen Weise noch unzählige Male wiederholen, solange sie das Gesetz des Sterbens und des Vergehens nicht versteht. Die traumatischen Erfahrungen sind auch für Patacara ein Wendepunkt in ihrem Leben, und sie stirbt als Geheilte. (Hellmuth Hecker: Patacara, in: WW, Nr. 3/1972, S. 97-100)

Das Abschiednehmen ist ein seelischer Prozeß, der seine Zeit braucht. Die innere Loslösung vollzieht sich nach eigenen Gesetzen, die man kennen und beachten muß. Oft genug will das Loslassen aber nicht gelingen, weil der Geist an dem geliebten Menschen festhält und die Realität nicht wahrhaben will. Der Gestorbene wird nicht aufgegeben, sein Weggang nicht akzeptiert. Eine geistige Blockade entsteht, die lähmt und gravierende Folgen hat. Da die nötige Trauerarbeit nicht geleistet wird, gerät der gewohnte Lebensrhythmus durcheinander.

Diese Tatsachen spiegeln sich im Verhalten des Königs Mundo, dessen Gattin Bhadda gestorben ist. Von diesem einschneidenden Moment an vernachlässigt er sich und seine Aufgaben. Er ißt nicht mehr, wäscht und pflegt sich nicht wie sonst und kommt seinen Amtsgeschäften nicht ordnungsgemäß nach. Statt seine Frau zu bestatten, läßt er ihren Leichnam in einem mit Öl gefüllten eisernen Sarg verwahren. Er möchte den Körper der Verstorbenen noch möglichst lange in seiner Nähe haben und ihn sehen können. So entsteht eine völlig abwegige Situation, die nur als irrational bezeichnet werden kann und die im Interesse aller bald beendet werden muß. Der Betroffene selbst ist offensichtlich hilflos und bedarf der Hilfe. Die besondere Fürsorge eines Vertrauten am Hof bringt schließlich die Wende. Er vermittelt ein Gespräch mit dem weisen Narado, dem "das Ausreißen des Leidensstachels" gelingt. Das erreicht er, indem er die neurotische Fixierung des Trauernden löst und seine Aufmerksamkeit wieder auf den Alltag und die Daseinswirklichkeit lenkt. Achtsamkeit und Kontemplation über die Zeitlichkeit aller Erscheinungen führen schließlich zum Ziel. Mundo kann nun loslassen und seine Krise überwinden. (A 5,50)

Einen vergleichbaren Fall dokumentiert ein bekanntes *Jataka.* (J 352) In ihm rettet der Bodhisattva Sujato, als Sohn eines Gutsbesitzers geboren, seinen vom Leid überwältigten Vater. Der hat über den Tod wiederum seines eigenen Vaters sich und die Welt vergessen. In seinem Kummer droht er sich vollends zu verlieren und schwermütig zu werden. Die Lage scheint aussichtslos, und nur eine List hilft. Sujato läßt ein totes Rind auf den Hof bringen, das er von nun an ständig mit Wasser und frischem Gras versorgt. Immer schaut er nach ihm und tut, als sei es lebendig. Der Vater, der das kopfschüttelnd beobachtet, glaubt schon, daß sein Sohn den Verstand verloren hat. Doch dann erkennt er, daß ihm nur ein Spiegel vorgehalten wird, in dem sich die Absurdität seines eigenen Verhaltens zeigt. Die Weisheit des Bodhisattva verfehlt ihre Wirkung nicht, sie offenbart augenscheinlich die Natur der Dinge. Was entsteht, vergeht. Gewordenes zerrinnt, Körper zerfallen. Wer das vor Augen hat, wird frei von Anhaften.

Trauer fußt auf zwei Wurzeln. Die eine ist Mangel an Einsicht in die Realität des Daseins, und die andere das daraus resultierende Festhalten an den Dingen. Ein bestimmtes Maß von beidem ist menschlich und für uns daher ganz natürlich. Vom allerhöchsten Standpunkt aus formuliert ist Trauer aber letztlich stets Ausdruck mangelnder Weisheit und unerfüllbaren Verlangens. Sie ist nicht nur selbst leidvoll, sie ist außerdem auch nutzlos, weil sie die Situation niemals zum Besseren wendet. Sie führt nicht zu innerer Ruhe, sondern manchmal sogar zu großem zusätzlichen Schmerz - seelisch und körperlich. Und nicht einmal dem Verstorbenen, der ja nur aus der Perspektive der Hinterbliebenen "tot" ist, ist geholfen.

„Sieh diese hier, die schauenden und klagenden Verwandten!
Ein jeder auch aus dieser Schar wird einmal fortgeführt wie Schlachtvieh.
So ist ja wahrlich diese Welt mit Tod und mit Zerfall geschlagen!

Drum werden Weise nimmer klagen, die die Natur der Welt erkannt.
Dessen Weg du nimmer wahrnimmst, nicht sein Kommen, nicht sein Gehen,
Ungewahr der beiden Enden, - zwecklos ist um ihn dein Klagen!
Könnte irgendeinen Vorteil man durch Klagen je gewinnen,
Würde auch ein Kluger klagen! Selber schaden wird sich nur ein Tor!
Nicht durch Weinen, nicht durch Klagen, findet je man Geistesfrieden.
Immer mehr nur wächst das Leiden, und der Leib wird aufgerieben.
Selber Schaden nur sich bringend, mager wird er, blaß an Farbe.
Nicht hilft er damit den Toten, ohne Nutzen ist sein Klagen.
Wenn der Mensch nicht Kummer aufgibt, sinkt er tiefer nur ins Leiden.
Um den Abgeschiedenen jammernd, wird vom Schmerz er ganz bewältigt.“
(Sn 580-586, nach Nyanaponika)

Zugegeben, eine solche Haltung geht weit über das hinaus, wozu ein Mensch normalerweise fähig ist. Wir alle sind zu sehr mit dem Dasein verflochten, wir wollen leben und die Schönheiten der Welt genießen. Trennung und Abschied, Sorge und Trauer sind der Preis, den wir dafür entrichten. Dieser Zusammenhang erscheint uns gar so unauflöslich, und die Niedergeschlagenheit bei einem schweren Verlust so selbstverständlich, daß uns ein anderes Verhalten geradezu gefühllos und kalt vorkommt. Zwei Beispiele, die wiederum buddhistischen Legenden entnommen sind, illustrieren das. Die beiden *Jataka* zeigen aber gleichzeitig, daß man mit Verlust auch ganz anders umgehen kann.

Dem Bodhisattva, diesmal in einer wohlhabenden Kaufmannsfamilie geboren, sterben in kurzer Zeit erst die Eltern und bald darauf der Bruder. Er zeigt sich aber keineswegs bewegt oder gar erschüttert. Seine Reaktion auf den Schicksalsschlag löst in seiner Umgebung Unverständnis und Kopfschütteln aus, denn sie entspricht ganz und gar nicht den Erwartungen.

> *Alle waren von Leid und Kummer tief bedrückt. Allein der Bodhisattva weinte und klagte nicht. Die trauernden Verwandten tadelten ihn und sprachen unter sich: „Seht euch diesen Menschen an! Sein Bruder ist gestorben, und er verzieht nicht einmal seinen Mund. Wie hartherzig muß er sein! Sein Denken ist wohl nur darauf gerichtet: 'Jetzt werde ich das gesamte Vermögen erben.' Und er hat sicher deshalb den Tod des Bruders herbeigewünscht." Aber zu ihm gewandt, sprachen sie: „Du beweinst nicht einmal deinen Bruder?"*
> *„Die Sünder, die Verbohrten und die Dummen,*
> *Die sich für große, starke Helden halten,*
> *Sie halten einen weisen Mann für töricht,*
> *Da sie die Wahrheit nicht erkennen können."*
> (J 317, nach Mehlig)

Hier tut sich eine große Kluft zwischen der allzu menschlichen Betroffenheit und dem Nicht-Berührtsein des künftigen Buddha auf, das uns vielleicht stark irritiert. Doch dürfen wir Gleichmut mit nicht Gleichgültigkeit oder Weisheit beziehungsweise tiefe Einsicht nicht mit Roheit und einer egoistischen Haltung verwechseln. Das äußere Verhalten mag einen falschen Schluß nahelegen, die zugrunde liegende Motivation jedoch nicht. Der Bodhisattva schaut nicht auf den materiellen Vorteil durch eine mögliche Erbschaft. Er ist auch nicht kalt und herzlos. Er hat vielmehr die Unvermeidbarkeit des Geschehens vor Augen und kämpft daher keinen aussichtslosen Kampf mehr.

Das folgende Ereignis zeigt dieselbe überlegene Haltung, auch wenn wir sie nur sehr schwer nachvollziehen und ihre Gefühlswerte kaum unbefangen nachempfinden können. Der Bodhisattva, in besagter Existenz Bauer und Haupt einer brahmanischen Familie, ist mit seinem erwachsenen Sohn zum Pflügen auf das Feld hinausgezogen. Wie jeden Tag vollbringen sie zusammen ihre schwere Arbeit. Da sticht plötzlich eine giftige Schlange den jungen Mann, der unmittelbar darauf zu Boden fällt. Keinerlei Hilfe ist möglich, er ist tot. Lautlos nimmt der Vater seinen Sohn auf die Arme, trägt ihn zu einem nahestehenden Baum und legt ihn im Schatten nieder. Weiter berichtet der Text:

> *Er weinte nicht und klagte auch nicht. Vielmehr dachte er bei sich: 'Was dem Verfall unterliegt, geht auch zugrunde. Was dem Tod unterworfen ist, das stirbt. Alles Geschaffene ist unbeständig und wird am Ende zerstört.' So dachte er über die Unbeständigkeit des Lebens nach und pflügte weiter.*
> *Als ein Nachbar an seinem Feld vorüberging, sprach er ihn freundlich an und fragte ihn: „Lieber Freund, gehst du jetzt nach Hause?" Als er die Frage bejahte, sagte er ihm: „Dann gehe bitte an meinem Haus vorbei und sage meiner Frau, sie solle heute nur für einen Mann das Essen kochen und auf das Feld bringen. Doch sollen heute alle vier Daheimgebliebenen auf den Acker kommen. Sie sollen ihre guten Gewänder anziehen und Blumen in den Händen tragen!"*
> (J 354, nach Mehlig)

Das Wissen um Entstehen und Vergehen und das unmittelbare Gewahrsein dieser Daseinsgesetzlichkeit in der akuten Situation werden helfen, den eingetretenen Verlust besser ertragen zu können. Die Erinnerung an die Tatsache der Fortexistenz nimmt dem Sterben zudem den Anschein, das unwiderrufliche Ende des geliebten Menschen zu sein. Sterben ist keine Auflösung ins Nichts, keine endgültige Vernichtung. Es ist als Übergang in eine nächste Existenz zu verstehen. Leben setzt sich fort, wenn auch an einem anderen "Ort" und unter anderen Umständen. Genau so formuliert der Bodhisattva in einem weiteren *Jataka* im Angesicht des Todes seiner Frau. Für ihn ist sie gestorben und außerhalb seiner Reichweite, aber ihre Existenz ist keineswegs erloschen:

> *„... jetzt gehört sie einer anderen Welt an und bedeutet mir nichts mehr. Sie ist zu anderen Wesen gegangen. Warum soll ich sie beweinen?“*
> (J 328, nach Mehlig)

Einsicht in die Realität ist das Zauberwort des Erwachten für jede schmerzliche Situation, und den Ratschlag, gerade die Vergänglichkeit immer vor Augen zu haben, erteilt er besonders oft. Verwunderlich ist es nach dem Gesagten nicht, denn wir alle sind mit dieser Tatsache permanent konfrontiert und gelegentlich trifft sie uns wie aus heiterem Himmel.

König Pasenadi von Kosalo hat gerade eine Unterredung mit dem Buddha, als er die Nachricht vom Ableben seiner Gattin Mallika erhält. Natürlich ist seine Bestürzung groß, denn seine Frau galt ihm sehr viel und beide waren lange in Liebe miteinander verbunden. Und dennoch, jede Beziehung hat einen Anfang und ein Ende, und dagegen aufzubegehren, ist völlig sinnlos. (A 5,49) Die Wirklichkeit richtet sich nicht nach unseren Wünschen, wir müssen uns nach ihr richten und sie zur Kenntnis nehmen. In sich selbst hat der Buddha die meditative Betrachtung der Unbeständigkeit zur höchsten Vollendung gebracht und zugleich ihre befreiende Wirkung erfahren. Und auf dem Hintergrund dieser eigenen Erfahrung ermahnt er nicht zuletzt auch Anando, den - wie erwähnt - der bevorstehende Tod des Meisters tief erschüttert hat:

> *„Genug, Anando, sei nicht traurig, lasse die Klage: Habe ich denn das nicht vorher schon gesagt, daß eben alles, was einem lieb und angenehm ist, sich wandeln, ändern, anders werden muß? Wie könnte das erreicht werden, daß das Geborene, Gewordene, Zusammengesetzte, dem Verfall Unterworfene nicht verfallen sollte! Das gibt es nicht."*
> (D 16, in Anlehnung an Neumann)

Ein weiterer Aspekt des Themas ist die Frage: Wie verhält man sich gegenüber Menschen, die kurz vor ihrem Lebensende stehen oder schon im Sterben liegen? Wie begleite ich sie in ihren letzten Stunden? Kann ich ihnen eine Hilfe sein, oder bin ich ihnen ungewollt eine zusätzliche Last. Wieder sind Weisheit und Torheit gleichermaßen anzutreffen, und in den Texten des Kanons werden beide angesprochen.

Menschlich verständliche und uns allzu wohlbekannte, aus der weisheitlichen Sichtweise eines Erwachten aber dennoch unangemessene Züge finden wir in dem mythologischen Bericht über die Königin Subhadda, deren Gatte im Sterben liegt. Mit der Tatsache seines Sterbens will sie sich nicht abfinden. Sie sträubt sich zunächst gegen den Gedanken, daß ihr Mann, der legendäre König Sudassana, von ihr gehen wird. Mit allen Mitteln versucht sie, seine Gedanken auf das Leben zu lenken, und erinnert ihn an all die angenehmen Seiten und Freuden des Daseins. Verzweifelt hofft sie, der Wille ihres Mannes zum Weiterleben würde dadurch bestärkt und er selbst zuversichtlicher und lebenszugewandter. Also zählt sie ihm seinen märchenhaften Besitz und seine immensen Reichtümer auf. Auf diese Weise glaubt sie ihn festhalten zu können:

> *„Sieh', o König, du hast da vierundachtzigtausend Städte mit Kusavati der Königsburg als erster: daran erquicke den Willen, am Leben laß' dir gelegen sein! Sieh', du hast da vierundachtzigtausend Paläste mit dem 'Wahrzeichen' als erstem: daran erquicke den Willen, am Leben laß' dir gelegen sein! Sieh', du hast da vierundachtzigtausend Erkerhallen mit der großen Empfangshalle als erster: daran erquicke den Willen, am Leben laß' dir gelegen sein!"*
> (D 17, nach Neumann)

Es folgen das Mobilar des Königs, seine Elefanten und Rosse, die Wagen und Juwelen, Frauen, Bürger, Kriegsherren, Kühe, Speicher mit Kleidern, Geschirr und weiteren wertvollen Dingen. Aber der sterbende König läßt sich davon nicht mehr fesseln, sein Sinn ist bereits ganz auf anderes gerichtet. Die diesseitige Welt und ihre Verlockungen interessieren ihn nicht länger. Das Loslassen fällt im leicht. Und mehr noch, er ist es, der seine Frau belehrt und sie zu einer besseren Einsicht bringt. Sudassana zeigt, wie man mit einem Sterbenden richtig umgehen sollte:

> *„Lange hindurch, Königin, bist du mir auf erwünschte, liebevolle, angenehme Art entgegengekommen und nun kommst du mir in der letzten Stunde auf unerwünschte, lieblose, unangenehme Art entgegen."*

„Wie, sagst du, König, komme ich Dir entgegen?"
„So tritt mir entgegen: 'Eben alles, was einem lieb und angenehm ist, muß sich wandeln, ändern, anders werden. Laß' dir im Sterben nichts am Leben gelegen sein; schwer stirbt, wer am Leben hängt; nicht gut geheißen wird der Tod eines solchen. Sieh', du hast da vierundachtzigtausend Städte, mit Kusavati der Königsburg als erster. Davon wende deinen Willen ab, laß' dir am Leben nicht gelegen sein ...'"
(a.a.O.)

Eine ganz andere Situation erleben wir in einem Gespräch zwischen Nakulapita und Nakulamata, deren Ehe in der buddhistischen Tradition als Beispiel einer makellosen Lebensgemeinschaft gilt. Nakulapita ist zur fraglichen Zeit von einer tödlichen Krankheit bedroht, die er am Ende aber glücklicherweise überlebt. Seine Frau Nakulamata hat im Gegensatz zu Subhadda keinerlei selbstsüchtigen und egoistischen Motive, die sie in der vermeintlichen Sterbestunde ihres Mannes falsch handeln lassen. Und sie weiß aus den vielen gemeinsamen Ehejahren, daß ihrem Mann keine Gedanken des Verlangens oder weltliche Hoffnungen den Abschied vom Leben schwer machen können. Bestenfalls die Sorge um das Wohlergehen der zurückgelassenen Frau könnten jetzt noch ein Hindernis sein. Ihr aber begegnet sie sofort mit den rechten Mitteln, und sie beruhigt schnell seinen Geist:

„Möchtest du doch, Hausvater, nicht voller Sorgen dahinscheiden! Qualvoll stirbt man, wenn man voller Sorgen ist. Getadelt hat der Erhabene den sorgenvollen Tod. Vielleicht

denkst du: 'Die Hausmutter Nakulamata wird nach meinem Tode nicht imstande sein, die Kinder zu ernähren und den Haushalt weiterzuführen.' Doch das darfst du nicht denken. Denn ich verstehe mich darauf, Baumwolle zu spinnen und Wolle zu verarbeiten, und dadurch bin ich wohl imstande, die Kinder zu ernähren und den Haushalt weiterzuführen. Mögest du daher nicht voller Sorgen dahinscheiden! Qualvoll stirbt man, wenn man voller Sorgen ist. Getadelt hat der Erhabene den sorgenvollen Tod."
(A 6,16, nach Nyanatiloka/Nyanaponika)

Um ihrem Mann ein von Ungewißheit freies Sterben zu ermöglichen und um zu verhindern, daß er sich aus Beunruhigung innerlich nur schwer von seinem jetzigen Leben lösen kann, erinnert sie ihn noch einmal an ihre große Lebenserfahrung und ihre Lebenstüchtigkeit. Nakulapita braucht keine materielle Not für seine Frau zu befürchten, auch keine Gefährdung ihres spirituellen Fortkommens. Ihre moralische Integrität ist unantastbar, ihre seelische Ausgeglichenheit ungefährdet, und ihr Wissen bezüglich der Lehre des Erhabenen gefestigt. Das zeigt die weitere Unterredung der beiden unzweideutig. Der Abschied scheint unvermeidbar, aber er ist nicht unnötig erschwert.

Die Hilfe auf dem Sterbebett ist der letzte Dienst, der einem Menschen im Leben zuteil werden kann und ein sehr wichtiger zumal. Können doch diese Minuten entscheiden, wie der "Übergang" verläuft und wie es "drüben" weitergeht. Wenn bei Sudassana und Nakulapita jeweils die gefühlsmäßige Loslösung von allem Bisherigen und Diesseitigen im Vordergrund stand und die emotionale Unterstützung und Ermutigung bei der Transzendierung, lernen wir nun einen weiteren Aspekt kennen, der von nicht minderer Bedeutung ist: die notwendige Orientierung auf Höheres und Erhabeneres nach dem Tod.

Wohl führte die Priesterkaste zu Zeiten des Buddha die Worte "Brahma" und "brahmische Welt" dauernd im Mund, aber ein brahmisches und das heißt reines und vorbildliches Leben führten ihre Vertreter keineswegs. Im Laufe der Jahrhunderte waren tieferes religiöses Wissen und eine entsprechende Praxis verloren gegangen. Man wollte den großen Göttern gleich werden, man wußte jedoch nicht mehr, wie göttliche Wesensart zu entfalten war und in die Herzen der Menschen gelangen konnte. Den Brahmanen blieben nur noch ihre ausgefeilten Rituale und Zeremonien, die großen Opferfeste und Gesänge. Aus ihnen schöpften sie die vage Hoffnung, jenseits des Todes in eine übermenschliche Welt aufzusteigen.

Das genau beschreibt die Lage des Priesters Dhananjani in seinen letzten Lebenstagen. Er ist schwer krank und voller Zweifel. Augenscheinlich bleibt ihm nichts anderes übrig, als außerhalb der eigenen Gefolgschaft Rat zu suchen. Es entbehrt nicht einer gewissen Ironie des Schicksals, daß er als Mitglied seiner selbstbewußten und oft genug überheblichen Kaste ausgerechnet Sariputto, einen Mönch des Buddha, fragen muß, welcher Weg denn zu Brahma führt. Sariputto kennt den Weg in der Tat, weil er um die karmischen Zusammenhänge von Ursache und Wirkung weiß und um das Gesetz des Wiedererscheinens der Wesen nach ihrer jeweiligen Gemütsverfassung. Wer nach dem Tod in der Welt der Brahmagötter wiedergeboren werden möchte, muß schon zu Lebzeiten eine entsprechende innere Art entwickeln oder sich wenigstens im Todesmoment zu ihr aufschwingen.

So kann der Rat Sariputtos an Dhananjani nur sein, die vier "göttlichen Verweilungen" (*brahma vihara*) anzustreben und in sich zu entfalten. Wenn es hohe und erhabene Zustände gibt, dann sind das Güte, Mitempfinden, Mitfreude und Gleichmut. Gehen sie über menschliches Maß hinaus, werden sie schrankenlos und rein, dann sind sie wahrhaftig Wohnstätten der

Götter. In ihnen soll der Sterbende Geist und Herz fest verankern. Mit ihnen soll er sich identifizieren. Dhananjani beherzigt die Empfehlung und zieht aus ihr besten Gewinn. Kaum hat Sariputto ihn verlassen, stirbt er, und sein noch in der Sterbestunde geläutertes und erhobenes Wesen läßt ihn unmittelbar in brahmischer Welt wiederkehren. (M 97)

Sariputto ist es auch, der Anathapindiko in dessen letzten Minuten beisteht. Der Kaufmann Anathapindiko ist seit langem ein treuer Anhänger des Buddha und als großzügiger Spender und Unterstützer des Ordens bekannt. Er ist der Stifter des berühmten Jetavana-Klosters in Savatthi. Nun ist seine Zeit gekommen. Trotz heftigster Schmerzen bedarf er auf dem Sterbebett aber nicht so sehr der moralischen Unterstützung. Sein Körper liegt zwar gepeinigt danieder, doch sein Gemüt ist ruhig, und vor allem ist sein Geist wach und scharf. Das bemerkt Sariputto, und er nutzt die Sterbestunde, um dem Kaufmann eine letzte und sehr grundlegende Belehrung zu geben. Eine solche wird sonst nur an fortgeschrittene Mönche und Nonnen gerichtet, die für diese letzten existentiellen Wahrheiten wirklich reif sind und aus ihnen einen unschätzbaren Nutzen ziehen können.

Systematisch, detailliert und vollständig zählt Sariputto die einzelnen Elemente auf, aus denen unsere gesamte Realität besteht. Alle Daseinserscheinungen in ihrer großen Vielfalt bestehen nur aus ihnen, und sie sind es, an denen die Wesen letztlich haften. Sariputto spricht von dem Auge und den Formen, dem Ohr und den Tönen, der Nase und den Düften, von der Zunge und dem Schmeckbaren, den Tastorganen und den tastbaren Objekten. Sariputto ruft dem Sterbenden dann noch einmal das Zusammenwirken der sechs Sinnesdränge, der Sinnesobjekte, der Erfassungsakte (*vinnana*) und die damit stattfindenden Bewußtseinskontakte in Erinnerung. Er spricht danach von den fünf Daseinsfaktoren (*khandha*), den vier Elementen (*mahabhuta*) und den in der Meditation erfahrbaren höheren Bewußtseinszuständen. Kurz, Sariputto führt Anathapindiko in einem konzentrierten Überblick die Grundbausteine der Existenz vor Augen und lenkt dessen Geist auf ihre Durchschauung und die Notwendigkeit des Loslassens. In Innersten berührt, erlangt Anathapindiko eine noch tiefere Einsicht in die Natur der Dinge als in all den Jahren bisher. Die Todesstunde wird für ihn zur Chance weisen Erkennens und einer nicht alltäglichen geistigen Klarheit. Bald darauf stirbt er, um in "erhabener Himmelswelt" wiederzukehren, wie es von ihm heißt. (M 143)

AUSBLICK

"Zwei Arten des Strebens"

Lange Zeit ist es her, so wenden sich eines Tages die Mönche an Anando, den ständigen Begleiter und Aufwärter des Buddha, daß wir vom Erwachten eine Lehrrede gehört haben. Und sie fragen nach seiner Vermittlung. Anando braucht bei dem Meister nicht zu bitten. Sein Wunsch und der seiner Mitbrüder wird bald erfüllt. Nach der Mittagsruhe sucht der Buddha die wartenden Mönche auf, um zu ihnen zu sprechen. Er hält eine denkwürdige Rede, die den Wendepunkt in seinen jungen Jahren hin zu einem spirituellen Leben und sein nimmermüdes Bemühen um höchste Vollendung zum Inhalt hat.

Sicher, betont der Erwachte an die Mönche gerichtet, der Mensch ist dem Daseinskreislauf unterworfen, er unterliegt dem Gesetz der bedingten Entstehung. Und ohne es zu ahnen, treibt er selbst das Rad der Existenz um und um. Er und kein anderer setzt die Ursachen für fortgesetztes Erleben. Immer wieder sät er Zukunft in Gedanken, Worten und Taten, und immer wieder bringt er die karmische Ernte ein. Gute und schlechte. Ist dieser Zusammenhang unauflösbar? Gibt es nie ein Ende von Unvollkommenheit und Unfreiheit?

Wir wissen, daß der Buddha unmittelbar nach seiner Erwachung nicht geneigt war, über seine Entdeckung zu sprechen. Zu tief war seine Erkenntnis, zu subtil und erhaben, als daß sie von der Masse der Menschen beachtet, verstanden oder gar befolgt würde. Er wollte nicht lehren. Nur vergebliche Mühe und Unannehmlichkeiten wären die Folge des Versuches, einem hauptsächlich an Vergnügen orientierten und haßverzehrten Geschlecht die Weisheit der Weltüberwindung nahezubringen.

Auf Bitten des Gottes Brahma und aus Erbarmen mit den leidenden Wesen wurde er dennoch der größte Lehrer der Menschheit. Er sah nämlich, daß es auch solche gab, die nur wenig

Staub auf den Augen hatten und die Wahrheit sehen konnten. Ohne Belehrung wären sie verloren, aber mit dem Wort eines Erwachten könnten sie den Weg in die Freiheit ebenfalls gehen. Sie würden entdecken, daß es für sie eine Wahl gibt:

> *„Zwei Arten des Strebens gibt es, edles Streben und unedles Streben. Unedles Streben ist es, wenn man, obwohl man selbst dem Gesetz von Geburt, Altern, Krankheit und Sterben, von Sorgen und Fehlern unterliegt, nach dem strebt, was auch dem Gesetz von Geburt, Altern, Krankheit und Sterben, von Sorgen und Fehlern unterliegt, und das sind Weib und Kind, Knechte und Mägde, Ziegen und Schafe, Hühner und Schweine, Elefanten und Rinder, Gold und Silber."*
> (M 26, nach Schmidt)

Genau das ist für gewöhnlich unsere Lebenssituation. Als Sterbliche jagen wir dem Vergänglichen nach und erwarten von ihm Glück und Zufriedenheit. Selbst der Vernichtung preisgegeben, bauen wir auf Unbeständiges. Obwohl wir nichts mehr ersehnen als die Todlosigkeit, setzen wir auf die Dinge, die untergehen müssen, weil sie entstanden und daher wandelbar sind. Das aber ist "unedles Streben", das wahre Erfüllung nicht zu bieten hat. Unsere Verblendung suggeriert dauerhaftes Wohl, das keines sein kann. Sie verspricht endgültigen Frieden durch Zeitliches. Tiefe Ahnungslosigkeit hinsichtlich der wahren existentiellen Zusammenhänge hält uns so im Bereich des Todes. Solange diese Unwissenheit nicht aufgelöst ist, läßt sie uns auf unabsehbare Zeit immer wieder eines "ungebändigten Todes" (M 125) sterben. Ungebändigt ist jeder Tod, der mit Illusion und Täuschung verbunden ist.

Der Buddha wurde zu recht als Lehrer des Todes bezeichnet. Aber mit noch größerer Berechtigung können wir ihn einen Lehrer der Todlosigkeit nennen. Sein Leben und sein mehr als vier Jahrzehnte währendes Wirken beweisen das. Wir sind mit Unzulänglichkeit konfrontiert, können es aber hinter uns lassen. Wir sind sterblich, können aber das Unvergängliche erlangen. Es ist möglich, den vorgezeichneten Weg nachzugehen und sich für das ein für allemal heilende, "edle Streben" zu entscheiden.

> *Edles Streben ist es, wenn man, obwohl man selbst dem Gesetz von Geburt, Altern, Krankheit und Sterben, von Sorgen und Fehlern unterliegt, das Nachteilige darin erkennt und nach dem strebt, was nicht diesem Gesetz unterliegt, nämlich nach dem höchsten Frieden, nach dem Nirvana.*
> (a.a.O.)

ABKÜRZUNGEN

A	=	*Anguttara-Nikaya* (Angereihte Sammlung)
D	=	*Digha-Nikaya* (Längere Sammlung)
Dh	=	*Dhammapada* (Wahrheitpfad)
E	=	Einleitungsgeschichte bei den *Jataka*
It	=	*Itivuttaka* (Sammlung der Herrnworte)
J	=	*Jataka* (Wiedergeburtsgeschichten)
M	=	*Majjhima-Nikaya* (Mittlere Sammlung)
Pj	=	*Parajika* (Teil des *Vinaya*)
S	=	*Samyutta-Nikaya* (Systematische oder Gruppierte Sammlung)
Sn	=	*Sutta-Nipata* (Sammlung der Bruchstücke oder Auslese)
Thag	=	*Theragatha* (Lieder der Mönche)
Thig	=	*Therigatha* (Lieder der Nonnen)
Ud	=	*Udana* (Sammlung der Ermahnungen, der Aussprüche, der Erzählungen)
Vis	=	*Visuddhi-Magga* (Der Weg zur Reinheit)
WW	=	*Wissen und Wandel*

QUELLEN

Die verwendeten Quellentexte sind im wesentlichen den "klassischen" und leichter zugänglichen deutschen Übertragungen entnommen. Die Verweise beziehen sich entweder nur auf die einzelnen Lehrreden (bei reinen Übersetzungswerken) oder auf die Fundstellen im einzelnen (bei der sonstigen Literatur). Nicht immer wurden die Zitate unverändert wiedergegeben, weil der sprachliche Ausdruck und die Rechtschreibung dem heutigen Empfinden oft nicht mehr gerecht werden. Zur besseren Lesbarkeit wurden allzu häufige Wiederholungen weggelassen beziehungsweise die Texte an manchen Stellen gestrafft. Dankenswerterweise hat Ekkehard Saß eine Reihe von Versen eigens für dieses Buch aus dem Pali übersetzt. Entsprechend der zum Teil unterschiedlichen Gewohnheit der Autoren finden sich bei den Eigennamen verschiedene Varianten. Insgesamt beschränkt sich der Text auf die Wiedergabe weniger grundlegender Pali-Begriffe.

Buddhaghosa: Visuddhi-Magga. Der Weg zur Reinheit, aus dem Pali von Nyanatiloka, Uttenbühl 1997 (Jhana Verlag)

Dahlke, Paul: Suttapitaka. Buch der buddhistischen Urschriften, drei Bände, Zehlendorf-West 1920-1923 (Neu-Buddhistischer Verlag)

Debes, Paul/Ingetraut Anders: Meditation nach dem Buddha, Bindlach 1987 (Buddhistisches Seminar)

Debes, Paul/Ingetraut Anders: Meisterung der Existenz durch die Lehre des Buddha, Bindlach 1982 (zweite, überarbeitete Auflage 1997/Buddhistisches Seminar)

Debes, Paul/Ingetraut Anders-Debes: Wissen und Wandel. Zweimonatsschrift, Hamburg/Bindlach, ab 1955 (Buddhistisches Seminar)

Franke, R. Otto: Dighanikaya. Das Buch der langen Texte des buddhistischen Kanons, Göttingen 1913 (Vandenhoeck & Ruprecht)

Geiger, Wilhelm/Nyanaponika Mahathera/Hellmuth Hecker: Die Reden des Buddha. Gruppierte Sammlung, Herrnschrot 1997 (Verlag Beyerlein & Steinschulte)

Grimm, Georg: Buddhistische Meditationen, Pfullingen 1962 (Baum-Verlag)

Grimm, Georg: Der Samsaro. Die Weltenirrfahrt der Wesen, Büdingen-Gettenbach 1960 (Lebensweiser-Verlag)

Mehlig, Johannes: Buddhistische Märchen, Leipzig/Wiesbaden 1982 (Insel-Verlag/Drei Lilien Verlag)

Neumann, Karl Eugen: Die Reden Gotamo Buddhos, drei Bände, Zürich/Wien 1956-1957; Neuauflage des ersten Bandes (Mittlere Sammlung), Herrnschrot 1995; Neuauflage des zweiten Bandes (Längere Sammlung), Herrnschrot 1996 (Verlag Beyerlein & Steinschulte)

Nyanaponika: Sutta-Nipata. Frühbuddhistische Lehrdichtungen, Herrnschrot 1996 (Verlag Beyerlein & Steinschulte)

Nyanatiloka: Das Wort des Buddha, Konstanz 1978 (Verlag Beyerlein & Steinschulte)

Nyanatiloka: Der Weg zur Erlösung, Herrnschrot 1998 (Verlag Beyerlein & Steinschulte)

Nyanatiloka/Nyanaponika: Die Lehrreden des Buddha aus der Angereihten Sammlung, fünf Bände, Freiburg 1984 (Aurum Verlag)

Schäfer, Fritz: Udana, Dicken 1985 (Bodhi-Blätter)

Schmidt, Kurt: Buddhas Reden. Majjhimanikaya, Leimen 1989 (Kristkeitz Verlag)

Seidenstücker, Karl: Itivuttaka. Das Buch der Herrnworte, Leipzig 1922

VERLAGSPROGRAMM

Der Ehrwürdige Nyānaponika als Autor

Geistestraining durch Achtsamkeit. Die buddhistische Satipaṭṭhāna-Methode. 200 Seiten. DM 27,80.

Kommentar zur Lehrrede von den Grundlagen der Achtsamkeit. Mit Subkommentar in Auswahl übersetzt. 151 Seiten. DM 15,80.

Im Lichte des Dhamma. Buddhistische Texte. Herausgegeben von Kurt Onken. 294 Seiten. DM 34,80.

Der einzige Weg. Buddhistische Texte zur Geistesschulung in rechter Achtsamkeit. Aus dem Pāli und Sanskrit übersetzt und erläutert. 144 Seiten. DM 16,80.

Die Wurzeln von Gut und Böse. Aus dem Pāli übersetzt, kommentiert und eingeleitet. 146 Seiten. DM 17,80.

Der Ehrwürdige Nyānaponika als Herausgeber

Das Wort des Buddha. Eine systematische Übersicht der Lehre des Buddha. Ausgewählt, übersetzt und erläutert von Nyānatiloka. 118 Seiten. DM 15,80.

Buddhistisches Wörterbuch. Kurzgefaßtes Handbuch der buddhistischen Lehren und Begriffe von Nyānatiloka.
200 Seiten. DM 24,80.

Der Weg zur Erlösung. In den Worten der buddhistischen Urschriften. Ausgewählt und erläutert von Nyānatiloka.
268 Seiten. DM 21,80.

Die Lehrreden des Buddha

Die Lehrreden des Buddha und die Aussagen seiner zeitgenössischen Mönche und Nonnen sind die genaueste Überlieferung der Lehre des Erwachten. Sie bilden das Fundament aller buddhistischen Schulen. Wer zu einem tieferen Verständnis der Lehre des Buddha kommen will, sollte diese Texte studieren. Hier findet sich die klarste Quelle der Wahrheit, wie sie nur ein aus dem Wahne Erwachter darzulegen vermag.

Die Reden des Buddha. **Mittlere Sammlung.** Übersetzt von K.E. Neumann.
Die wohl wichtigste Lehrredensammlung überhaupt.
1200 Seiten Leinen. ISBN 3-931095-00-2. DM 98,–.

Die Reden des Buddha. **Längere Sammlung.** Übersetzt von K.E. Neumann.
Enthält einige der umfangreichsten und schönsten Lehrreden. Der Kommentarteil Neumanns in diesem Band ist eine herausragende Arbeit, die dem Leser einen riesigen Schatz von Aussagen Weiser und Mystiker aller Zeiten, besonders der christlichen Mystiker darreicht, die ihresgleichen sucht.
1063 Seiten, Leinen. ISBN 3-931095-15-0. DM 98,–.

Die Reden des Buddha. **Gruppierte Sammlung.** Aus dem Palikanon übersetzt von Wilhelm Geiger, Nyānaponika Mahāthera, Helmut Hecker. Erste deutschsprachige Gesamtausgabe.
Nach Themen der einzelnen Lehraussagen geordnet und daher besonders als Studiengrundlage geeignet. Diese Sammlung wurde auf dem 1. Konzil vom Kreise um Mahā Kassapo geordnet. Vorwiegend auf die Ruhe zugeschnitten, auf Meditationen. Bemerkenswert sind die besonders vielen symbolischen Gleichnisse. Von Mahā Kassapo leitet sich der Schauungs(Zen)-Buddhismus ab.
1480 Seiten, Leinen. ISBN 3-931095-16-9. DM 158,–.

Sutta Nipāta. **Frühbuddhistische Lehrdichtungen,** mit Auszügen aus den alten Kommentaren. Übersetzt, eingeleitet und erläutert von Nyānaponika. Hier werden die Lehraussagen des Buddha in konzentrierter Gedichtform dargeboten, die in ihrer Fülle an Schönem und Wahrem wohl einmalig sind.
400 Seiten, Paperback. ISBN 3-931095-06-1. DM 27,80.